V&R

Christina Krause / Rüdiger-Felix Lorenz

Was Kindern Halt gibt

Salutogenese in der Erziehung

Mit 23 Abbildungen und 2 Tabellen

Vandenhoeck & Ruprecht

Bibliografische Information der Deutschen Nationalbibliothek

Die Deutsche Nationalbibliothek verzeichnet diese Publikation in der
Deutschen Nationalbibliografie; detaillierte bibliografische Daten sind im
Internet über http://dnb.d-nb.de abrufbar.

ISBN 978-3-525-40423-2

© 2009, Vandenhoeck & Ruprecht GmbH & Co. KG, Göttingen / www.v-r.de
Alle Rechte vorbehalten. Das Werk und seine Teile sind urheberrechtlich
geschützt. Jede Verwertung in anderen als den gesetzlich zugelassenen Fällen
bedarf der vorherigen schriftlichen Einwilligung des Verlages. Hinweis zu §52a
UrHG: Weder das Werk noch seine Teile dürfen ohne vorherige schriftliche
Einwilligung des Verlages öffentlich zugänglich gemacht werden. Dies gilt auch
bei einer entsprechenden Nutzung für Lehr- und Unterrichtszwecke.

Printed in Germany.

Satz: PTP-Berlin, Protago TEX-Production GmbH (www.ptp-berlin.eu)
Druck und Bindung: ⊕ Hubert & Co GmbH und Co KG, Göttingen

Gedruckt auf alterungsbeständigem Papier.

Inhalt

Geleitwort

Ohne es zu ahnen, habe ich die Geburt der Idee der Salutogenese miterlebt (*salus* lateinisch für das »Heil« und *genesis* griechisch für die »Entstehung«).

Ich kannte Aaron Antonovsky ungefähr seit 1962. Er kam mit seiner zweiten Frau Helen, die Entwicklungspsychologin war, nach Tiberias, um dort Allgemeinärzte zu interviewen. Aaron und Helen arbeiteten zu der Zeit beide am »Gutman Institute for Applied Social Research« in Jerusalem. Damals war ich junger Dorfarzt, wie die meisten Ärzte als Angestellter der Arbeiter-Krankenkasse, und ich bekam ein ziemlich bescheidenes monatliches Gehalt. Ich hatte viel über das damalige Gesundheitssystem und die Patienten zu klagen und ließ mich darum gern interviewen. Aaron Antonovsky leitete diese soziologische Studie über israelische Ärzte. Nach dieser Begegnung blieben wir sporadisch in Kontakt.

1964 begann meine Spezialisierung in der Psychiatrie, die unter anderem vorsah, für ein halbes Jahr im Bereich einer anderen Wissenschaft zu arbeiten, und so beschloss ich, diese sechs Monate in der Gesundheits-Soziologie bei Antonovsky zu verbringen. Aaron schlug ich seinerzeit vor, die Wahrnehmung und die Anpassung von Frauen an die Menopause in verschiedenen ethnischen Gruppen bzw. Subkulturen als eine kritische Lebensphase zu erforschen. Im Gegensatz zu meiner seinerzeit sehr krankheitszentrierten Einstellung betrachtete Antonovsky diese Lebensphase als eine ganz normale Veränderung im Lebensverlauf von Frauen. Wir können auch sagen, es handelt sich um eine übliche Entwicklungskrise mit Zugewinn und Verlusten. Auch nachdem eine Frau keine Kinder mehr bekommen kann, ist eine weitere Reife und Entwicklung auf vielen Gebieten sehr wohl möglich. In diesem Lebensabschnitt, den C. G. Jung so treffend als den »Blick auf das Leben im Lichte der Nachmittagssonne« nannte, spielen eine große Zahl von inneren und äußeren Ressourcen eine Rolle, die teilweise aus der (frühen)

Kindheit, aber teilweise auch aus späteren Phasen des Erwachsenenlebens stammen.

In Kenntnis dessen, was Antonovsky später im Zusammenhang mit der Stressforschung geschrieben hat, kann man es so formulieren: Wird diese kritische Lebensphase als ein Stressereignis oder als eine Herausforderung erlebt?

Mit unseren heutigen Erkenntnissen könnten wir sagen, dass die Bewältigung derartiger Entwicklungskrisen von den allgemeinen Bewältigungsressourcen abhängig ist, die eine Person im Laufe des Lebens entwickeln konnte. Damals hatten wir allerdings noch keine Kenntnisse darüber, wie sich das Kohärenzgefühl (Sense of Coherence, SOC) entwickeln kann. Wie wir wissen, kam Antonovsky bei seiner weiteren Forschung zur Frage der Salutogenese erst später nach zusätzlichen Untersuchungen bis zur Formulierung des Kohärenzkonstrukts.

Wir meinten, dass eine Person, die ihre frühen psychosexuellen und psychosozialen Entwicklungsphasen bis zur reifen Identität erfolgreich bewältigt hat, auch derartige Herausforderungen in ihrem späteren Leben gut meistert. Wir stellten uns seinerzeit auch die Frage nach den Determinierungen (im Gegensatz zur freien Wahl), wonach also durch die psychische Entwicklung in der Kindheit schon der Verlauf von späteren Lebensphasen festgelegt bzw. vorbestimmt sein könnte. Doch diese Überlegungen waren zu einseitig.

Die Ergebnisse unserer Forschungen zeigten vielmehr, dass die Bewältigung späterer Lebenskrisen durch multiple Faktoren bestimmt wird, worunter zum Beispiel auch kulturell bedingte Faktoren und akute Sorgen zu verstehen sind. Diese Bewältigung kann mit Ereignissen und Lebensfragen zusammenhängen, etwa welches Verhalten von einer Frau in einer bestimmten Kultur erwartet wird, oder etwa die akute Sorge um den Sohn, der beim Militär dient. Diese und viele andere Faktoren bestimmen die Wahrnehmung von schwierigen Entwicklungsabschnitten im Leben und die notwendige Anpassungsleistung.

In der Rückschau können wir insgesamt sagen, dass eher Menschen mit einem hohen und flexiblen Kohärenzgefühl schwierige Entwicklungsphasen in ihrem Leben positiv bewältigen. So geht es bei herausfordernden Bewältigungsleistungen um ein viel brei

teres Spektrum von Lebenserfahrungen, die als Ressourcen dienen können, die teilweise aus der Gesellschaft, der Kultur, der
Lebensgeschichte und der Familie stammen und teilweise auch aus
den aktuellen Lebensumständen. Die Basis, auf der diese inneren und äußeren Ressourcen entstehen, ist, wie wir in diesem
Buch lernen, ein Basisgefühl von Selbstwert und von Zugehörigkeit.

Ich halte dieses Buch für eine sehr klare und gut verständli-
che Einführung in die Grundbausteine psychischer Entwicklung
von Kleinkindern, Kindern, Jugendlichen, Adoleszenten und jungen Erwachsenen, die die Entstehung des Kohärenzgefühls ermöglichen. Der Anfang liegt in der dyadischen Mutter-Kind-Beziehung
und gleich darauf folgend auch in der triadischen Vater-Mutter-
Kind-Beziehung. Im überwiegend befriedigenden Erleben dieser
Beziehungen entstehen das so bedeutsame Selbstwertgefühl und das
ebenso wichtige Zugehörigkeitsgefühl. Diese Basiserlebnisse ermöglichen schließlich die Entwicklung des Kohärenzgefühls, dass als das
zentrale Konzept der Salutogenese anzusehen ist. Heute könnte man
sagen, dass ein fundamentales Weltbild, ein Im-Leben-Stehen, so wie
es sich über das Kohärenzgefühl ausdrückt, der Schlüssel zur positiven Bewältigung unterschiedlichster Herausforderungen im Leben
ist.

In diesem lesenswerten Buch von Christina Krause und Rüdiger-
Felix Lorenz wird beschrieben, wie sich das Kohärenzgefühl langsam, Schritt für Schritt, entwickelt. Dieser Prozess vollzieht sich
im Laufe der Interaktionen und Beziehungen in den unterschiedlichen Lebensabschnitten: zwischen den Eltern und dem kleinen
Kind; in der weiteren Entwicklung zwischen den Lehrern und anderen Erziehern; zwischen den Jugendlichen, in ihren Peergruppen,
im Zusammenleben mit den Eltern, in der Schule mit Lehrern und
anderen Bezugspersonen und der weiteren Sozialisation als junge
Erwachsene.

Man könnte weiterführend sagen, dass das Kohärenzgefühl
sich auch danach fortentwickeln kann und die Bewältigung von
zukünftigen bio-psycho-sozialen Stationen im Lebenszyklus mit-
bestimmt. Ich bin sicher, dass das Kohärenzgefühl auch eine positive Anpassung an die Probleme und Symptome des Alterns ermöglicht.

Dieses Geleitwort möge als ein konstruktiver, wenn auch rückblickender Beitrag zum Verstehen einer Forschungsrichtung sein, die ich vor mehr als 40 Jahren zusammen mit Aaron Antonovsky beginnen konnte.

Benyamin Maoz, Even Yehuda (Israel)

Vorwort

Wann wird man unsere Kinder
in der Schule lehren, was sie selbst sind?
Jedem dieser Kinder sollte man sagen:
Weißt du, was du bist?
Du bist ein Wunder!
Du bist einmalig!
Auf der ganzen Welt gibt es kein zweites Kind,
das genauso ist wie du.

Pablo Casals

Wir erleben gegenwärtig einen unerquicklichen Streit darüber, ob Kinder zu mehr Disziplin erzogen werden müssen, damit sie nicht zu »kleinen Tyrannen« werden oder ob sie nicht viel mehr Fürsorge und Anerkennung brauchen, damit sie sich in der Gemeinschaft nützlich machen können. Die Positionen können unterschiedlicher nicht sein. Wollen wir starke, sich durchsetzende oder mitfühlende, solidarische Kinder? Oder sollen sie sowohl das eine als auch das andere sein?

In einer Zeit, in der die gesellschaftlichen und politischen Ansprüche großen Veränderungen unterliegen, wird es zunehmend wichtiger, eine Erziehungshaltung zu praktizieren, die sich in einer vertrauensvollen Beziehung am Wohl und an der Entwicklung des Kindes orientiert. Doch in diesen herausfordernden Zeiten fühlen sich Eltern nicht selten hilflos und greifen nach Erziehungsratgebern, die inzwischen viele Regale in den Buchhandlungen füllen. Erzieherinnen und Erzieher in Kindergärten und Schulen fühlen sich mit den lauten und rücksichtslosen Kindern überfordert und werden krank. Aber auch der Gesundheitszustand der Heranwachsenden ist alarmierend: Es sind vor allem die psychosomatischen Störungen, die zugenommen haben. Kinder leiden unter Angst, unter Depression, Hyperaktivität, Allergien, Migräne und Hautkrankheiten. Diese Störungen sind sichere Zeichen dafür, dass es ihnen nicht gut geht und dass wichtige Bedürfnisse nicht erfüllt werden. Aber sie bekommen doch jeden Wunsch erfüllt, werden

Sie jetzt denken. Und schon sind wir bei der Frage, welche Bedürfnisse es eigentlich sind, deren Befriedigung für das Wohlbefinden
so wichtig ist. Die Erziehenden scheinen sich da immer unsicherer
zu werden. Schon in den 1980er und 1990er Jahren wurde offensichtlich, dass Eltern und andere an der Erziehung von Kindern
Beteiligte Hilfe brauchen. So griffen sie gern nach den Büchern, die
in großer Zahl erschienen wie zum Beispiel:»Das Geheimnis glücklicher Kinder« (Biddulph, 16. Auflage 2002),»Kinder fordern uns
heraus« (Dreikurs und Soltz, 14. Auflage 2006),»Was Kinder stark
macht« (Zimmer 2001),»Wie man Kinder von Anfang stark macht!«
(Haug-Schnabel und Schmid-Steinbrunner, 2. Auflage 2002),»Kinder für die Krise stärken« (Jaede 2007),»Was die Kinderseele stark
macht« (Reeg-Herget 2008).

Es handelt sich dabei im weitesten Sinne um Ratgeberliteratur,
das Buch von Biddulph wird zum Beispiel als der»meistgekaufte
Elternratgeber der Welt« angeboten. Außerdem fällt auf, dass es vor
allem darum geht, Kinder stark zu machen. Dahinter stehen Erziehungsziele wie Autonomie und Selbstbestimmung.

Wir wollen mit unserem Buch diese Reihe nicht fortsetzen. Vielleicht können wir aber etwas zur Schlichtung des eingangs erwähnten Streits beitragen, wenn wir die Frage, was Kinder gesund hält,
diskutieren. Das in der Medizin vorherrschende Gesundheitsverständnis, nach dem der Mensch entweder als gesund oder als krank
gilt, hat den Blick vorwiegend auf Normabweichungen und Unzulänglichkeiten gelenkt und Methoden und Techniken entwickelt, um
Defizite behandeln und»Normalität« herstellen zu können. Dem
israelischen Sozialmediziner Aaron Antonovsky kommt das Verdienst zu, einen Perspektivenwechsel vorgenommen zu haben. Er
war der Ansicht, ein Individuum lasse sich nicht per se als krank
oder gesund beschreiben. Vielmehr sei sein ganzheitliches Befinden auf einem Gesundheits-Krankheits-Kontinuum einzuordnen.
Seine wegweisenden Fragestellungen lauteten: Welche Faktoren sind
entscheidend dafür, dass Menschen trotz vielfältiger Belastungen,
die sie in ihrem Leben zu bewältigen haben, gesund bleiben? Über
welche Eigenschaften und Fähigkeiten verfügen Menschen, um ihre
Gesundheit erhalten zu können?

Dieses an der Salutogenese, also an der Entstehung von Gesundheit orientierte Modell ermöglicht die Beantwortung der Frage, was Kinder gesund hält, aus einer weiterführenden Perspektive. Wir möchten Sie dazu einladen, die in diesem Buch aufgeworfenen Fragen zur Förderung der Entwicklungspotenziale und Bewältigungskompetenzen mit zu diskutieren.

Im ersten Kapitel stellen wir Antonovskys Forschungen vor und beantworten die Frage, welche Bedeutung die Salutogenese für unsere Fragestellungen hat.

In den Kapiteln 2 und 3 diskutieren wir die Quellen, die (seelische) Gesundheit ermöglichen. Dabei konzentrieren wir uns auf die in der Person liegenden Voraussetzungen, die unser Wohlbefinden bedingen: das Selbstwertgefühl und das Zugehörigkeitsgefühl. Wir verstehen Selbstwert- und Zugehörigkeitsgefühl als entscheidende Gesundheitsfaktoren: Sie sind einerseits das Ergebnis unserer Erfahrungen von Sicherheit, Resonanz und Teilhabe, und sie ermöglichen uns andererseits, Vertrauen in die eigenen Fähigkeiten und in unsere soziale Mitwelt zu entwickeln und zu bewahren. Das Bedürfnis des Menschen nach Wertschätzung, nach Kompetenz und Anerkennung spiegelt sich wider in seinem Selbstwertgefühl. Können diese grundlegenden Bedürfnisse befriedigt werden, dann kann Selbstwertschätzung entstehen und zu einer wichtigen Grundlage des Wohlbefindens werden. Werden die Bedürfnisse nach Angenommensein und Dazugehören befriedigt, dann kann sich das Zugehörigkeitsgefühl entwickeln.

Der Mensch ist ein soziales, auf Gemeinschaft angelegtes Wesen. Bereits Aristoteles sprach von dem Menschen als einem »Zoon politikon«. Und gerade das Salutogenese-Modell ermöglicht, wie kein anderes vergleichbares Modell, im Rahmen von Gesundheitsförderung nicht nur die individuellen, sondern auch die sozialen Ressourcen in einer Gemeinschaft (der Kindergruppe, der Schulklasse, der Gemeinde, der Gesellschaft) zu stärken. Der gesellschaftliche Umbruch, in dem wir uns zu Beginn des neuen Jahrtausends befinden, verlangt neben den technologischen, ökonomischen und ökologischen Konsequenzen auch eine Umgestaltung im Zusammenleben der Menschen auf unserer Erde. Die weltweite Finanz- und Wirtschaftskrise lässt uns hautnah erleben, welche Folgen es hat, wenn Erziehungsziele wie Autonomie, Selbstbestimmung und Leistungsstreben im Vordergrund stehen. Die Frage, ob wir »auf dem Weg zu einer Gesellschaft der Ichlinge« seien (Keupp)[1], die den egozentrischen Eigennutz vor das Gemeinwohl stellt, scheint berechtigt. Unsere Verantwortung als Erwachsene besteht zudem darin, die eigenen Zukunftsängste nicht hinter dem Vorurteil zu verbergen, dass die heranwachsende Generation Urheber des Anspruchsdenkens und des Werteverfalls sei. Dadurch eröffnen sich Chancen, die eigenen Sorgen in einer Gesellschaft des Umbruchs ernst zu nehmen und die Möglichkeiten einer gesunden Entwicklung unserer Kinder zu thematisieren.

Gesundheitspsychologische Forschungen[2] zeigen, dass die soziale Unterstützungsressource eine der wichtigsten Quellen von Gesundheit ist und nicht nur unser Stresserleben reduzieren hilft, sondern uns auch vor Krankheit und Tod schützt. Insofern müssen Konzepte, die primär auf die Förderung der Autonomie bei den Heranwachsenden gerichtet sind, kritisch hinterfragt werden, da sie nicht selten soziale Realitäten ausblenden.

Kapitel 4 widmet sich der Frage der Lebensorientierung, die Niederschlag findet in dem so genannten Kohärenzgefühl, dem zentralen Baustein des Salutogenese-Konzepts. Dabei geht es um die subjektive Kompetenz eines Menschen darauf zu vertrauen, dass verschiedenste Lebensereignisse und die sich daraus ergebenden Anforderungen in einem sinnvollen Zusammenhang stehen und somit verstehbar und beeinflussbar sind. Das Ausmaß des Kohärenzgefühls entscheidet mit darüber, ob die Belastungen des Lebens als bedrohlich, vielleicht sogar unüberwindlich oder als Herausforderungen, die bewältigt werden können, gesehen werden. Damit unsere Kinder ein starkes Kohärenzgefühl ausbilden können, müssen sie schon früh Erfahrungen machen können, die die Herausbildung von Widerstandressourcen ermöglichen. Auf diese Weise entwickeln sie Vertrauen in verlässliche Strukturen, auf die sie Einfluss nehmen können, und sie gewinnen die Überzeugung, dass ihr Tun für die eigene Person und die Mitwelt Sinn macht.

In Kapitel 5 fragen wir danach, unter welchen Bedingungen Widerstandsressourcen entstehen und zur Entwicklung eines Kohärenzgefühls beitragen können. Die drei von Antonovsky benannten Komponenten Konsistenz, Belastungsbalance und Teilhabe werden wir aus entwicklungspsychologischer Perspektive diskutieren und im abschließenden sechsten Kapitel danach fragen, wie sie in der

Familie, in der Schule und in der Gesellschaft insgesamt gefördert und umgesetzt werden können.

Wir freuen uns, Sie auf dem gemeinsamen Ausflug in die Salutogenese begleiten zu können, und wünschen uns, dass Sie für Ihre vielfältigen, verantwortungs- und anspruchsvollen Aufgaben im tagtäglichen Umgang mit Ihren Kindern und Jugendlichen, ob in der Familie, Kindertagesstätte oder Schule, möglichst viele unserer Überlegungen gewinnbringend mitnehmen können.

Christina Krause und Rüdiger-Felix Lorenz

Kapitel 1:
Was heißt Salutogenese und wozu nutzt uns dieses Modell?

Was also ist der Mensch?
Er ist das Wesen,
das immer entscheidet,
was es ist.

Viktor E. Frankl

Die Geschichte »Wie Findus zu Pettersson kam«, die uns der Architekt und Kinderbuchautor Sven Nordqvist[3] schildert, macht deutlich, wie uns zunächst etwas ganz Fremdes am Ende so bedeutsam wird, so dass wir uns gar nicht mehr davon trennen wollen.

Uns begegnet Findus, der kleine, quirlige Kater, der unablässig auf der Suche nach Neuem die Welt zu entdecken sucht und dabei kein Abenteuer scheut. Pettersson, der alte, erfahrene und manchmal einsame Mann, bekam Findus von einer mitfühlenden Nachbarin eines Tages in einem kleinen Karton geschenkt. Da ihm der Umgang mit dem kleinen

Abbildung 1: Aus: Sven Nordquist: Wie Findus zu Pettersson kam © Verlag Friedrich Oetinger, Hamburg, 2002 – mit freundlicher Genehmigung.

Kater noch fremd war, wollte Pettersson ihm Kaffee anbieten, wovon ihm die Nachbarin abriet, und bald nahm alles seinen Gang. Der Alte erzählte dem kleinen Kater ganz viele Geschichten, und sie wurden schließlich zu Freunden, die in treuer Verbundenheit das Leben miteinander wohl bis heute teilen.

Und so verhält es sich manchmal auch mit den Wörtern, die als Fremdwörter aus einer fremden Sprache zu uns gelangen und alsbald ganz selbstverständlich in unseren Sprachgebrauch eingehen. Das ist in allen Kultursprachen der Fall, und manchmal kann man den Fremdwörtern nicht einmal mehr ihre Herkunft ansehen, weil sie schon so lange und so selbstverständlich in unserer Muttersprache zu Hause sind. Wir denken da an Wörter, die lateinischen Ursprungs sind, wie zum Beispiel *Mauer* von *maûrus* oder *Fenster* von *fenestra*. Langer Rede, kurzer Sinn: Wir möchten Ihnen jetzt ein neues Wort vorstellen; es heißt *Salutogenese*.[4]

Beginnen wir mit dem zweiten Teil des Wortes. Menschen, die sich in der Kirchensprache auskennen, ist das Wort *Genesis* als 1. Buch Mose geläufig, welches mit der Erschaffung der Welt in Zusammenhang gebracht wird. Es kommt aus dem griechisch-lateinischen Sprachgebrauch und steht für *Entstehung* und *Entwicklung*. Was entsteht, entwickelt sich? – so könnten wir fragen. Dafür müssen wir uns den ersten Teil des zusammengesetzten Wortes anschauen und können – etwas abgewandelt – *Salute* sagen, was wir als alte Grußformel kennen, die den Gegrüßten *Heil*, *Wohlsein* und *Gesundheit* wünschen soll. Sie ist aus dem lateinischen Sprachgebrauch entnommen, worin das Wort *salus* steckt.

Aus den zusammengesetzten Wörtern *salut* und *genese* ergibt sich mit einer kleinen Buchstabenergänzung *Salut-o-genese*, und dieser Begriff will auf die Entstehung bzw. Entwicklung von *Gesundheit* hinweisen. Vielleicht haben Sie schon einmal den Begriff *Pathogenese* gehört, der sich genau auf eine andere Entstehungs- und Entwicklungsmöglichkeit bezieht, nämlich die der Krankheit, und der von dem griechischen Wort *pathos* abgeleitet ist, was *Leiden* oder *Krankheit* bedeutet.

Aaron Antonovsky – ein Leben für die Gesundheit

Es war der israelische Medizinsoziologe und Gesundheitswissen-schaftler Aaron Antonovsky, der den Begriff *Salutogenese* schuf. Er wurde im Jahre 1923 in Brooklyn in den USA geboren und studierte nach dem Besuch des Brooklyn-College Geschichte und Wirtschaft an der Yale University. Dieses Studium musste er für den Dienst in der amerikanischen Armee während des Zweiten Weltkrieges unterbrechen, und so bezeichnete Antonovsky auch einmal seine weitere Laufbahn als eine »Odyssee als Stressforscher«[5]. In Yale kam er anlässlich eines Referates zu einem Seminar über »Kultur und Persönlichkeit« mit seinem Lehrer und Doktorvater Hollingshead und damit mit der Medizinsoziologie und der Stressforschung in Kontakt. Mit diesem Referat hatte er bereits seine Abkehr von dem medizinischen Ansatz der *Psychosomatik* dokumentiert, die sich mit Beeinträchtigungen von Organ- und Körperfunktionen durch krank machende psychische und soziale Belastungen beschäftigt. Zudem hatte er sich mit den negativen Folgen auseinandergesetzt, die chronische Stressoren für die psychische Gesundheit schwarzer Amerikaner haben, und so wurde er im Jahre 1956 zum Leiter der Forschungsabteilung des Anti-Diskriminierungs-Ausschusses des Staates New York ernannt.

Im Jahre 1960 emigrierte Antonovsky mit seiner Frau Helen in die damals geteilte und bis heute umkämpfte Stadt mit dem hebräischen

Abbildung 2: Aaron Antonovsky

Namen *Jeruschalajim*. Jerusalem, »der *heilige Ort*, die *Wohnung des Friedens*«, arabisch *El Kuds*, eine Stadt, deren Geschichte so detailliert dokumentiert ist, wie die keiner anderen Stadt, die schon immer eine geheimnisvolle Anziehungskraft auf die Menschen ausübte und die zugleich als Zankapfel der hier residierenden Weltreligionen gilt.

In dieser Stadt erhielt Antonovsky am medizinischen Zentrum der hebräischen Hadassah-Universität eine Stelle am Institut für Angewandte Sozialforschung und hier begann er sich mit Themen der Medizinsoziologie eingehender auseinanderzusetzen.

In einem seiner Forschungsprojekte untersuchte Antonovsky zwischen 1960 bis 1970 zusammen mit dem Facharzt für Psychiatrie, Benyamin Maoz, zunächst das Verhalten von Frauen in der Menopause und deren Anpassung an diesen Lebensabschnitt. Unter anderem nahmen Frauen im Alter zwischen 45 bis 54 Jahren, die aus Mitteleuropa stammten, an dieser Studie teil. Es handelte sich dabei um eine Gruppe von Frauen, die vor 1939 nach Palästina gekommen, und eine weitere Gruppe, die in der Shoah, dem Vernichtungsprogramm des Nazi-Regimes, nahezu alle in den Vernichtungslagern gewesen waren. Dabei ging die Forschergruppe von der Annahme aus, dass die Frauen, deren Leib und Leben durch die Shoah bedroht war, wesentlich größere Schwierigkeiten damit haben müssten, sich an die Menopause anzupassen. Diese Annahme wurde bestätigt, war doch die Anpassung jener Frauen, denen es vergönnt war, bereits früher nach Palästina zu emigrieren, weitaus besser gelungen. Dennoch, und das war das Erstaunliche: Eine nicht unerhebliche Minderheit der Frauen hatte sich trotz des erlebten Grauens recht stabil auf die neue Lebensphase einstellen können. Dieses Forschungsergebnis brachte Antonovsky auf die Frage, wie es den Frauen dieser Gruppe trotz des Erleidens der Shoah gelungen war, die neuen Anforderungen des Lebens zu meistern. Was gab diesen Frauen die Kraft, das Unfassbare in guter Anpassung zu überstehen?

Antonovsky widmete sich als Stressforscher darüber hinaus speziellen Themen, insbesondere dem Zusammenhang zwischen dem Stresserleben in Bezug auf Gesundheit sowie Krankheit.[6] Was der kanadische Forscher Hans Seyle (1907–1982) mit den Begriffen *Disstress* und *Eustress*, dem krank machenden bzw. gesund erhaltenden Stress, im Jahre 1974 herausgearbeitet hatte, war schon sehr lehrreich. Allerdings beschäftigte auch er sich auf seine Weise mehr

noch mit den auf den Menschen bedrohlich wirkenden Stressein-
flüssen. Noch interessanter ist allerdings beispielsweise die Frage,
welche *psychosozialen* Faktoren den Menschen gesund erhalten oder
ihn krank machen. Gemeint sind alle Faktoren, die seelischer (psychischer) oder gesellschaftlicher (sozialer) Natur sind und auf den
Menschen einwirken. Es geht also um die Frage, wie Menschen die
Herausforderungen des Lebens bewältigen können, um gesund zu
bleiben, statt krank zu werden.

Da Antonovsky selbst Einwanderer in Israel war, kam er auf die
Idee, an einer eigenen Studie teilzunehmen, die die psychosozialen Einflussfaktoren von nordamerikanischen Einwanderern, die
an koronaren Herzerkrankungen (zum Beispiel Herzinfarkt) litten,
untersuchte. Man nahm an, dass die Probleme, die den Erkrankten
Schwierigkeiten bereiteten, als Stressbelastungen aufzufassen sind
und zur Krankheit geführt haben mussten, weil unter anderem fehlende Sprachkenntnisse das Leben im Einwanderungsland erschwer-
ten. Antonovsky selbst hatte diese Schwierigkeit nicht, denn er hatte
schon einige Jahre zuvor Hebräisch gelernt. Die Teilnehmer an dieser Studie sollten nun die zwei wichtigsten Probleme, die sie als Einwanderer erlebt hatten, benennen und darüber berichten, wie sie
diese bewältigt hatten. Durch diese Studie kam Antonovsky zu der
Erkenntnis, dass es nicht der Stressor selbst sein kann, der den Menschen krank macht, sondern dass es immer das subjektive Erleben
dieses Stressors ist. Der Mensch erlebt einen Zustand der Anspannung, der an sich aber noch nicht schädlich ist, weil er zum Beispiel
als Herausforderung erlebt werden kann. Erst wenn wir nicht mehr
weiter wissen, wenn wir keine Lösung mehr finden, wenn dadurch
auch die Anspannung anhält und wenn wir die Situation nicht mehr
unter Kontrolle haben, erst dann besteht die Gefahr, dass eine Vielzahl körperlicher und seelischer Erkrankungen hervorgerufen werden.

Im Jahre 1972 siedelte Antonovsky von Jerusalem nach Beer-
Sheva, an die Ben Gurion University of the Negev, um. Dort ging
er der Frage nach, was den Menschen dazu verhilft, sich in die
gesunde Richtung des fortwährend stattfindenden Wechselspiels
zwischen Gesundheit und Krankheit hin zu orientieren. Wesentlich war dabei die konsequente Abwendung von der ausschließlich pathogenetischen, also einer auf die Entstehung von Krank-

heit ausgerichteten Denkweise. Nach wie vor werden die Menschen nicht hinsichtlich ihres Gesundheitsstatus untersucht, weil Gesundheit als Normalstatus und jede Abweichung zwangsläufig als Krankheit definiert wird. Heilsame Faktoren werden vorausgesetzt und daher keiner besonderen Betrachtung unterzogen, während die Frage, was Gesundheit begünstigt, bisher noch keine besondere Bedeutung in der Forschung hatte und immer noch als untergeordnete Frage in der medizinischen Denktradition behandelt wird. Gleichwohl folgerte Antonovsky: »Ich bin sicher [...], daß mir niemand unterstellt, ich wolle die Abschaffung der traditionellen pathogenetisch orientierten Forschung. Ich bin sogar für eine Weiterführung von Arbeiten, die sich mit Stressoren als Risikofaktoren für bestimmte Krankheiten beschäftigen, vorausgesetzt, daß wenigstens bis zu einem gewissen Ausmaß vermittelnde Einflußgrößen [hin zur gesunden Entwicklung, Amn. d. Verf.] berücksichtigt werden.«[7]

Im Jahre 1977 entschloss sich Antonovsky anlässlich eines Forschungsaufenthaltes an der Universität von Berkeley in den USA, sein erstes Hauptwerk mit dem Titel »Gesundheit, Stress und Bewältigung: Neue Perspektiven geistigen und physischen Wohlergehens«[8] zu schreiben, das 1979 erschien. In diesem Buch entwickelte Antonovsky sein Konzept einer generell ausgerichteten Einstellung des Menschen gegenüber der Welt, die er auch als *Lebensorientierung* bezeichnete. Seine Überlegungen führten ihn schließlich zu der Bezeichnung *Sense of Coherence* (SOC), dem *Kohärenzgefühl*, welches eine Haltung des Individuums zum Ausdruck darüber bringt, dass die Anforderungen des Lebens in der Welt im Vertrauen auf die eigenen Fähigkeiten zu bewältigen sind. Seine Ehefrau, die Anthropologin und Entwicklungspsychologin Helen Antonovsky, arbeitete in dem Forscherteam engagiert mit. Sie hatte ihrem Mann den Begriff *Kohärenzgefühl* vorgeschlagen.

Anlässlich eines zweiten Forschungsaufenthaltes in Berkeley im Jahre 1983 entstand Antonovskys zweites Hauptwerk mit dem Titel »Zur Entmystifizierung der Gesundheit – Wie Menschen Stress bewältigen und gesund bleiben können«[9], in dem er darstellt, wie sich das Kohärenzgefühl im Laufe des Lebens herausbildet. Er hatte darüber hinaus einen Fragebogen zur Messung des Kohärenzgefühls entwickelt und bereits in seinen Forschungen angewendet.

In Deutschland wurden die Werke Antonovskys zunächst nicht wahrgenommen, doch heute hat sein Gesamtwerk unter Fachleuten international einen so hohen Bekanntheitsgrad, dass es viele neue Forschungsvorhaben angestoßen hat.

Antonovskys Denken war geprägt durch sein tiefes Bekenntnis zum jüdischen Glauben. »Ich bin tief und überzeugt jüdisch. 2000 Jahre jüdische Geschichte, die ihren Höhepunkt in Auschwitz und Treblinka fand, haben bei mir zu einem profunden tiefen Pessimismus in Bezug auf den Menschen geführt. Ich bin tief überzeugt, daß wir uns alle immer im gefährlichen Fluß des Lebens befinden und niemals sicher am Ufer stehen.«[10] Der letzte Satz seines Zitats bezieht sich auf die oftmals gehegte Vorstellung von Menschen in Heilberufen, dass Hilfe, die nur effizient genug ist, stets das ersehnte Ziel der Heilung verspricht. Das unterstellt zugleich die immerwährende Hoffnung der Erreichbarkeit eines Zustandes der *Homöostase*. Damit wird unterstellt, dass Organismen wie auch die Menschen fähig sind, einen inneren Gleichgewichtszustand herzustellen, allerdings ist er niemals zu realisieren, denn: »Ich gehe davon aus, dass Heterostase, Ungleichgewicht und Leid inhärente Bestandteile menschlicher Existenz sind, ebenso wie der Tod.«[11]

Nachdem Antonovksy im Jahre 1992 das Vernichtungslager Auschwitz besichtigt hatte, schilderte er, dass aus seiner Sicht die Nazis durchaus ein stark ausgeprägtes Kohärenzgefühl gehabt haben können, handelten sie doch im Rahmen ihres Weltbildes und ihrer Ideologie, indem sie deren Ziel stützten. Seine Folgerung war klar: Das Kohärenzgefühl hat nichts mit Ethik zu tun. Menschen mit einem hoch ausgeprägten Kohärenzsinn sind nicht vor unethischen Verhaltensweisen geschützt. Maoz[12] schildert Antonovsky als »einen der ehrlichsten Menschen, die ich kannte«. Sein politisches Engagement führte ihn schließlich in die Friedensbewegung, in der er für ein befriedetes Israel durchaus mit streitbaren Argumenten eintrat und sich dafür mit Steinen bewerfen ließ.

Am Ende seines Arbeitslebens sollte Antonovsky noch einmal einer besonderen Herausforderung standhalten müssen, denn inzwischen wurden seine Aktivitäten in der Ben Gurion University of the Negev in Beer-Sheva in Frage gestellt, was ihn wohl sehr verletzt haben musste. Er verstarb im Jahre 1994 im Alter von 71 Jahren in Beer-Sheva. Er hatte maßgeblich zum Aufbau der gemeindenah orientierten medizinischen Fakultät beigetragen, deren Mitbegründer er war.

Salutogenese und Pathogenese – ein Kontinuum

Wir könnten uns nun fragen: Geht es stets um Salutogenese *oder* Pathogenese, um Gesundheit *oder* Krankheit? Doch wenn wir die Frage so stellen, dann tappen wir in eine Falle hinein. Diese Falle lässt uns in gewohnten Mustern von Gegensatzpaaren, also im Entweder-Oder-Denken verharren. Sobald wir aber den Blick hin zum Sowohl-als-auch-Denken wenden, dann ergeben sich viel mehr Möglichkeiten hin zu Perspektiven, die uns weiterhelfen.

Der Ansatz der Salutogenese will hinterfragen, was uns trotz Konfrontation mit den alltäglichen Gesundheitsrisiken gesund erhält bzw. was uns dabei hilft, nicht zu erkranken. Wir möchten den Gedanken noch ein wenig ergänzen, denn Salutogenese fragt in gewisser Weise auch danach, was uns trotz Beeinträchtigungen dennoch gelingt. Das hilft uns bei der Betrachtung des Schicksals weiter, welches gerade Findus widerfuhr.

Nehmen wir einmal an, dass Pettersson einen Moment nicht auf Findus achtet, der sich in seinem Bewegungsdrang im Sprung vom Schrank auf die Tischkante die rechte hintere Pfote bricht. So etwas passiert ja leider, besonders einem jungen und unerfahrenen Kater, der den Flug mit dem Schwanz noch nicht sicher genug navigieren kann.

Nach unserem bisherigen Denken ist jetzt Findus am Bruch seiner Pfote erkrankt und muss das Krankenlager hüten. Pettersson, ein gewissenhafter und ebenso fürsorglicher Mann, geht natürlich mit dem kleinen Kater zum Tierarzt in die nächste Stadt. Der Tierarzt verabreicht dem Kater eine schmerzstillende Injektion, schient ihm die Pfote und wickelt sie mit einem Salbenverband fürsorglich ein. Findus steht auf, humpelt ein wenig, bis er sich schließlich wieder seiner Umgebung widmet und das Behandlungszimmer des Tierarztes zu erkunden sucht. Fast selbstvergessen geht er umher, doch sobald er wieder einen Sprung machen will, weil er so leidenschaftlich gerne springt, bemerkt er die Einschränkung des Schienenverbandes, und der Schmerz signalisiert ihm, dass er auf seine Schmerzgrenze achten muss. Er erkennt, dass er immerhin laufen kann, das zwar eingeschränkt, doch seine Freude daran, Neues zu erkunden, ist nicht beeinträchtigt. Er muss nur langsamer, sozusagen auf leisen Pfoten laufen.

Er ist nicht wirklich erkrankt mit seiner gebrochenen Pfote, sondern er ist, in seinem Tatendrang die Welt weiter zu erkunden, lediglich eingeschränkt, und dabei hilft ihm nicht nur die Schiene mit dem Salbenverband, die das Handicap auszugleichen sucht. Seine Erkrankung behindert ihn zwar ein wenig, doch gleichzeitig bietet ihm seine Entdeckerfreude einen Ausgleich, die ihn gewissermaßen für sein Leid entschädigt. So beschäftigt sich das Modell der Salutogenese vor allem mit den schützenden Faktoren; wir können sie auch *Gesundheitsfaktoren* nennen, die uns befähigen, mit Belastungen besser umzugehen.

Antonovsky[13] spricht von einem *Kontinuum*, von einem lückenlosen Zusammenhang zwischen Gesundheit und Krankheit und meint damit, dass wir immer beides sind; wir sind, wenn wir krank sind, nicht nur krank, sondern zugleich auch gesund und umgekehrt. Es verhält sich so wie mit den zwei Seiten ein und derselben Medaille. Wir sehen die eine Seite, die untrennbar mit der anderen in Verbindung steht. Das ist eine wichtige Erkenntnis, denn wären Salutogenese und Pathogenese voneinander unabhängige Dimensionen, so könnten wir gleichzeitig ganz gesund und schwer erkrankt sein, oder umgekehrt nicht krank und trotzdem nicht gesund sein. Antonovsky formuliert das so: »Wir sind alle sterblich. Ebenso sind wir alle, solange noch ein Hauch von Leben in uns ist, in einem gewissen Ausmaß gesund.«[14] Und da wir so vielen Herausforderungen im Leben ausgesetzt sind, ist es schon bemerkenswert, welche Bewältigungsmöglichkeiten dem Menschen zur Verfügung stehen, mit ihnen umzugehen. Wonach die Salutogenese letztendlich fragt, ist die Art und Weise, mit diesen Herausforderungen des Lebens fertig zu werden, und was den Menschen trotz gesundheitsschädlicher Einflüsse und ihrer negativen Einwirkungen gesund erhält.

Dies ist der große Vorteil dieses Denkansatzes, und die Frage, wozu die Salutogenese nützlich ist, wäre eigentlich schon beantwortet. Doch schauen wir uns noch ein wenig genauer an, wie wir heute eigentlich behandelt werden. In der Tat hat dieser Gedankenansatz noch nicht hinreichend und überzeugend den Einzug in unser Gesundheitssystem gefunden, denn noch immer herrscht der so genannte *biomedizinische* Ansatz vor, und das wollen wir nun näher erläutern.

Wenn die Frage auch nicht immer so direkt ausgesprochen wird, so steht sie doch im Raum, sobald Sie sich einer medizinischen Behandlung unterziehen müssen. Wir meinen die Frage: »Wo fehlt es Ihnen denn?« Sie werden als ein biologischer Organismus betrachtet, dem etwas fehlen muss und dessen Funktionen von der statistischen Norm abweichen. In unserer Leistungsgesellschaft werden vorgegebene Normen zum Maßstab für Gesundheit erklärt, denen sich niemand entziehen kann und die zu allgegenwärtigen Zwängen werden. Wir müssen nicht nur körperlich fit sein, indem wir die Störanfälligkeit unseres Körpers möglichst schnell ausschalten, sondern wir müssen auch im Umgang mit wechselnden gesellschaftlichen Strukturen schnell funktionieren, um morgen hier und übermorgen dort sein zu können. Gelingt uns das nicht, so werden unnötig entstehende Kosten befürchtet, die das Gesundheitssystem (richtiger wäre hier der Begriff Krankheitssystem) belasten.

Krankheit wird in unserer Gesellschaft nach heutigem Verständnis noch immer als Unzulänglichkeit und Schwäche betrachtet und muss daher mit allem erdenklichen Aufwand von Experten bekämpft werden. »Aufgrund des hohen Stellenwerts, den die Gesundheit in unseren Gesellschaften hat, und der daraus folgenden Angst, krank zu werden [...], haben es diejenigen leicht, die mit Werbeaufwand und Lobbyisten Krankheitsbilder ausweiten und neue Krankheiten erfinden.«[15] Und in der Medizin gibt es immer wieder neue Technologien zum Austausch von Organen und Körperteilen: Der Mensch ist heute – so gesehen – ein Mischwesen, teils Mensch, teils Maschine.

Im anerkannten Lehrbuch der Psychosomatischen Medizin setzen sich von Uexküll und Wesiack mit dieser Auffassung auseinander: »Für Ärzte hat das Erklärungsmodell der Maschine nicht nur die Anziehungskraft klarer Deutungs- und Handlungsanweisungen. Es hat auch den Vorteil, immer modern zu sein; denn sobald technologische Entwicklungen noch kompliziertere und noch leistungsfähigere Maschinen bereitstellen, kann die Medizin ihr Bild des ›Maschinen-Menschen‹ weiter verfeinern, ohne ihr Prinzip der mechanischen Erklärbarkeit der Lebensvorgänge aufgeben zu müssen.«[16] Es wird dabei nicht nur der Fokus auf die sicher segensreiche Maschine gelegt, die den Patienten zum Beispiel bei der Narkose beatmet, sondern der Mensch selbst wird ebenfalls wie eine Maschine definiert und behandelt, deren Funktionen stets wiederherzustellen sind.

Dieses Gedankengut hat Tradition, denn schon Descartes (1596–1650) sprach von der »Maschine unseres Körpers«, die den »Unterschied« ausmache, »der zwischen der Seele und dem Körper ist, mit dem Ziel, zu erkennen, wem von beiden wir jeweils die Funktionen zuteilen müssen, die wir in uns haben.«[17] Dieser biomedizinische Denkansatz behandelt unseren Körper noch immer ganz nach dem Verständnis des Maschinenmodells von Descartes. Hier wird nach einem dualistischen, also nach einem gegensätzlich ausgerichteten Prinzip gedacht, gefühlt und gehandelt: gesund/krank, Arzt/Patient, bewusst/unbewusst. Selbst Sigmund Freud vermochte sich diesem Denkmuster nicht zu entziehen. Die entscheidende Kritik am biomedizinischen Modell macht sich also an der Vernachlässigung psychischer und sozialer Prozesse bei der Entstehung, dem Verlauf und der Behandlung von Krankheiten fest. Faltermaier und seine Mitarbeiterinnen sprechen in diesem Zusammenhang von der »Dichotomie« des zuvor schon angesprochenen Entweder-oder-Denkens und stellen dazu fest: »Die einfache dichotome Trennung zwischen gesund und krank erfüllt möglicherweise mehr die Funktion, eindeutige und qualitativ messbare Kategorien für eine Intervention in der Praxis abzugeben und damit das Handeln des Professionellen zu erleichtern, als die komplexe Wirklichkeit des betroffenen Menschen wiederzugeben.«[18]

Auf der Suche nach dieser komplexen Wirklichkeit des Menschen behandeln wir ihn noch immer als Körper, der nach physikalisch-chemischen Gesetzen funktioniert. Wir vermessen ihn nach Länge, Breite und Tiefe, wiegen ihn und erfassen die gewonnenen Daten, aus denen wir zum Beispiel einen statistischen Mittelwert bilden; der Körper des Menschen ist so gesehen ein *Gegenstand* der Naturwissenschaften und der Medizin.

Zur weiteren Verortung des Menschen in seiner komplexen Wirklichkeit benötigen wir zusätzliche Betrachtungsdimensionen. Der in seine Lebenswelt hineingeborene Mensch ist als einzigartiges Wesen, dessen Würde und Integrität in ihm selbst begründet liegen, Organismus und Subjekt zugleich. Er ist sich seiner selbst bewusst und vermag im eigenleiblichen Spüren, über sich und zum Beispiel sein gesundheitliches Befinden nachzudenken. Er ist in der Lage, sich selbst und seine Lebensbedingungen zu gestalten; sein Erleben basiert auf subjektiven Tatsachen (z. B. Schmerz, Trauer, Ärger, Freude). Wir können schließlich sagen, dass der Mensch als Leibsubjekt in seinem Erleben von Gesundheit wie auch Krankheit untrennbar mit seiner Lebenswelt verflochten ist. Er ist in seiner Orientierung auf seine Lebenswelt Gestalter und Gestalteter zugleich, er bewegt, beeinflusst, zugleich wird er bewegt und durch sein soziales und kulturelles Umfeld beeinflusst.

All das vollzieht sich vor dem Hintergrund unserer Lebenserfahrungen. Der individuelle Umgang mit der Gesundheit ist einerseits abhängig von den Vorerfahrungen und dem Gelernten darüber, wie mit Gesundheit umzugehen ist, während andererseits durch das soziale Umfeld Vorgaben zum Umgang mit Gesundheit gemacht werden.

Janosch schrieb die anrührende Geschichte vom kleinen Tiger, der einmal krank war. Sie heißt »Ich mach dich gesund, sagte der Bär«. Nicht nur die Pfoten schmerzten, die Beine auch, ja eigentlich hatte er überall Schmerzen. Der Bär wickelte den ganzen Körper des kleinen Tigers in einen Verband ein, lediglich sein Kopf durfte frei bleiben, um herausschauen zu können. Dem Tiger ging es bald wieder besser, doch er bekam Hunger, und der Bär kochte ihm eine Bouillonsuppe mit Kartoffeln und Mohrrüben und stellte ihm eine Himbeernachspeise in Aussicht. Als er gesättigt war, verbesserte sich der Zustand des Tigers, doch er wurde bald müde, und der kleine Bär half ihm auf das Sofa und bedeckte ihn mit der wunderschön bepunkteten Leopardendecke. Der Schlaf hatte seinen Zustand gebessert, doch dann ging es ihm wieder schlechter, weil er sich Besuch wünschte. Der Bär benachrichtigte sofort die Tante Gans, die auch schnell kam und dem kleinen Tiger ein wenig Gänsewein zur Genesung verabreichte. Gleich ging es ihm wieder besser, doch dann verschlechterte sich sein Zustand wieder, weil er sich noch mehr Besuch wünschte. Das geht eigentlich immer so weiter, und da die Geschichte so schön ist, empfehlen wir Ihnen, sie selbst einmal nachzulesen und sie Ihren Kindern und Freunden auch gleich vorzulesen.

Dieses Beispiel[19] illustriert anschaulich, welche Kräfte sich in uns entfalten, wenn wir uns hinwenden zum Menschen, der nicht nur als funktionierender und verdinglichter Körper zu betrachten ist. Als menschliche Wesen sind wir in unserer Bewegung auf die Welt

Abbildung 3: © 2009, Janosch film & medien AG, Berlin

gerichtet. Das ermöglicht uns zugleich soziale Erfahrungen, indem wir mit den Mitmenschen in Kontakt treten. Als Körper-Seele-Geist-Wesen empfinden wir nicht nur Miss- oder Wohlbefinden, sondern wir können auch »den Anderen am eigenen Leibe« spüren und uns dadurch berührt fühlen.[20]

So wie der Bär in der Geschichte vom kleinen, kranken Tiger berührt ist, so lässt er sich anrühren und fühlt, was der Tiger braucht, um gesund zu werden. Er spürt, was dem Tiger wichtig ist, befragt ihn und bettet ihn sanft auf sein weiches Sofa.

Diese kleine Geschichte führt uns zu weiteren Betrachtungsdimensionen, die der komplexen Wirklichkeit des Menschen näher kommen. Es geht um die Erkenntnisse des Sozialmediziners Engel[21], der das *bio-psycho-soziale Modell* entwickelte. Dieses Modell geht von einem Wechselspiel biologischer, psychologischer und sozialer Faktoren aus. Für die Entstehung und den Verlauf von Krankheiten werden neben den biologischen Voraussetzungen zum Beispiel für eine Viruserkrankung auch psychische Faktoren wie Angst, Ärger und Trauer ebenso in den Blick genommen wie Faktoren, die unser Denken über die Krankheit mit einbeziehen. Wir haben ganz bestimmte Vorstellungen darüber, ab wann wir überhaupt zum Arzt gehen und wie schnell wir wieder gesund sein wollen. Darüber hinaus bestimmen sozialgesellschaftliche Faktoren das Geschehen wie zum Beispiel das Wissen darüber, dass die Solidargemeinschaft die Kosten für die Behandlung übernimmt und dass unser Arbeitgeber einen verantwortungsvollen Umgang mit der Krankheit im Sinne einer baldigen Genesung erwartet.

Zudem wissen wir heute, dass psychische und soziale Faktoren maßgeblich die Wahrnehmung der Symptome wie zum Beispiel das Schmerzerleben, den Umgang mit dem Schmerz selbst, ja sogar die Diagnose und die Behandlung beeinflussen. Selbst die Unterscheidung zwischen gesund und krank kann heute nicht mehr unabhängig vom subjektiven Erleben einer betroffenen Person und von sozialen und moralischen Werten oder Normen gesehen werden. Alle diese Faktoren spielen folglich beim Umgang sowohl mit unserer Gesundheit als auch mit unserer Krankheit eine Rolle.

Das bio-psycho-soziale Modell betont darüber hinaus die aktive und eigenverantwortliche Rolle des Menschen bei der Erhaltung und Förderung seiner Gesundheit. Die Forschungsaktivitäten richten sich auf die Untersuchung jener Faktoren, die ein gesundheitsförderliches Verhalten beeinflussen, wie zum Beispiel die Konzentration auf eine gesunde Ernährung oder das Aufgeben gesundheitsschädlicher Verhaltensweisen zugunsten sportlicher Aktivitäten. Dabei sind Untersuchungen zur psychischen Widerstandsfähigkeit, der *Resilienz*, die Erforschung der Bedeutung sozialer Integration und Unterstützung ebenso bedeutsam wie die Mobilisierung von Hilfsquellen (Ressourcen).

Findus und der kleine Tiger bewältigen ganz unterschiedlich ihr Erleben. Nachdem der Kater seine gebrochene Pfote sorgfältig geschient und im Salbenverband versorgt bekommen hat, beginnt er sofort wieder – zwar auf leisen Pfoten – seine Umwelt zu erkunden. Anders ergeht es dem kleinen Tiger, dem es zeitweise besser geht, nachdem die Tante Gans und der Hase zu Besuch gekommen waren. Schließlich muss er im Krankenhaus für Tiere am verrutschten Fellstreifen operiert werden. Und er wird mit einem ganzen Besucheransturm belohnt, der ihn schnell wieder gesund macht. Es kommen die Tante Gans, die gelbe Harmonikaente und der Plüschpfotenhase, die mit Gänsewein, Kuchen und Pilzen für das leibliche Wohl des kleinen Tigers sorgen.

Stresserleben und Stressbewältigung

Zum besseren Verständnis, welche Bedeutung der Rückgriff auf Hilfsquellen hat bzw. wofür Ressourcen denn eigentlich benötigt werden, wollen wir noch einen Exkurs in ein beachtenswertes Gebiet machen, mit dem wir alle zu tun haben. Da Antonovsky Stressforscher war, müssen wir uns mit der Frage auseinandersetzen, was Stress eigentlich ist. Der Begriff *Stress* ist auf die altfranzösische Bedeutung von *destresse* und auf den lateinischen Begriff *distingere* für *beanspruchen* bzw. *einengen* zurückzuführen. Hier wird etwas beansprucht oder auch belastet, was auch mit den Zusammenhängen in der Mechanik bzw. der Statik verglichen werden kann. Diese Lehren vom Gleichgewicht der Kräfte und vom Spannungs- und Verschiebungszustand von Tragwerken veranschaulichen sehr gut das Verständnis von Stress.

Ausgehend von den menschlichen Bedürfnissen,[22] auf die wir später noch ausführlicher zurückkommen werden, können wir uns leicht vorstellen, dass der Mensch für das Fortbestehen seiner Existenz ganz grundlegende Bedürfnisse wie zum Beispiel seinen Durst und seinen Hunger, aber auch das Bedürfnis, eine Unterkunft zu haben, in der er Schutz suchen kann, zu befriedigen sucht.

Janosch schrieb noch eine andere aufschlussreiche Geschichte, die von der »Fiedelgrille«[23] handelt.

Die Fiedelgrille hatte den ganzen Sommer über – so, wie es Grillen nun einmal tun – ihre Kunst der Musik gewidmet und selbst auf Tanzvergnügungen ihr Können, auf der Fiedel zu spielen, dargeboten. Bei allen ihren Bemühungen vergaß sie jedoch für den Winter vorzusorgen. Es fehlten ihr Vorräte, warme Kleidung und was das Schlimmste war, sie hatte nicht für eine angemessene Unterkunft gesorgt. Es wurde langsam kalt, und auf der Suche nach einem geeigneten Quartier wurde sie vom Hirschkäfer und sogar von der Maus abgewiesen.

Selbst die Fiedelgrille war vor dem hereinbrechenden Winter auf der Suche nach einem geeigneten Quartier, allein schon, um nicht erfrieren zu müssen. Der Mensch hat in diesem Zusammenhang im Laufe seiner Entwicklung bis heute kluge Erfindungen gemacht. Er hat zunächst ganz einfache Unterkünfte wie Höhlen ausgebaut und auch Zelte errichtet, um sich – der Natur abgeschaut – schließlich

Abbildung 4: © 2009, Janosch film & medien AG, Berlin

selbst zunächst simple, später kompliziertere Konstruktionen für
Unterkünfte zu bauen. Diese Konstruktionen haben, bedingt durch
ihre Bauart, unterschiedliche Belastbarkeiten bzw. sie müssen vielfältigen Beanspruchungen standhalten. Es ist ja ein Unterschied, ob
es sich um ein zweigeschossiges Einfamilienhaus oder um einen Wol-
kenkratzer handelt. Solange die Belastung der Zwischendecke eines
Hauses nicht überschritten wird, hält sie den Anforderungen stand.
So bestimmt die Belastbarkeit maßgeblich, ab welchem Gewicht die
Geschossdecke eines Hauses Schaden nehmen kann. Wenn wir nun
aus diesem Bild zur Frage des Stresses zurückkehren, dann kann
er als die Belastung bezeichnet werden, die zu einer Schädigung
führt, falls die Belastungsgrenze überschritten wird. Das muss – um
im Bild zu bleiben – keineswegs zwangsläufig zum Bruch der Haus-
decke führen, vielmehr entsteht durch die Belastung eine Spannung,
die erst einmal eine Rissbildung zur Folge haben kann.

Übertragen auf den Menschen betrachtet Antonovsky den *Stress* als einen Zustand, der zwar durch eine Belastung hervorgerufen werden kann, was aber nicht zwangsläufig geschehen muss. Der menschliche Organismus ist im Gegensatz zu einem statischen System in der Lage, sich mit der Stressanforderung, nennen wir sie den *Stressor*, auseinanderzusetzen, indem er zusätzliche Kräfte mobilisiert, um die entstehenden Spannungen, die vom eigentlichen Stresszustand zu unterscheiden sind, abzubauen. Die Auseinandersetzung mit einem Stressor – wir können dieses Geschehen auch *Bewältigungsversuch* nennen – ist nunmehr maßgeblich davon abhängig, wieweit es dem Menschen gelingt, den durch den Stressor hervorgerufenen *Spannungszustand* abzubauen oder sogar zu seinem Vorteil zu nutzen, so dass er gar nicht erst in den Stresszustand übergeht, der letztendlich für die Gesundheit als bedrohlich betrachtet werden muss.

Antonovsky beschreibt diesen Vorgang als eine Spannung, die durch eine ansteigende psychophysiologische Aktivität hervorgerufen wird. Zu diesen Aktivitäten gehören zum Beispiel die Beschleunigung der Atmung wie auch des Herzschlages, und während sich die Blutgefäße verengen, steigt der Blutdruck an. Die Muskeln öffnen die Wege durch Hals und Nase, um mehr Luft in die Lunge zu lassen, und an die Eingeweidemuskulatur ergeht die Botschaft, bestimmte Körperfunktionen, zum Beispiel die Verdauung, einzustellen. Dabei ist nun leicht vorstellbar, dass ein Andauern dieser Anspannungssituation für den Menschen bedrohlich werden kann, wenn nämlich dadurch der eigentliche Stress hervorgerufen wird und ein Abbau des Spannungszustandes nicht mehr gelingt.

Sie können sich das auch vergegenwärtigen an dem Beispiel eines Schülers, der, weshalb auch immer, in einem Unterrichtsfach Angst hat und es einfach nicht zustande bringt, sich die Inhalte zu erschließen. Wenn dieser Spannungszustand nun länger andauert oder wenn er in dauernder Angst lebt, wird er sich »leicht in seiner Situation ›festfahren‹, ›verrennen‹, [...] ist ›eingeengt‹ und kommt ›aus seinem gedanklichen Käfig‹ nicht heraus«, so schreibt Spitzer.[24] Durch den andauernden Spannungszustand gerät der Schüler in die eigentliche Stressreaktion, die das Lernen unter diesen Bedingungen verhindert.

Als der Mensch noch als Jäger und Sammler durch die Natur streifte, musste er sich umsichtig vor Gefahren, insbesondere vor angreifenden Tieren, schützen, die er ja im unmittelbaren Kampf tötete, um sich zu ernähren. Der Mensch lernte, sich bei akuter Gefahr an die Extremsituation durch geschicktes Flucht- und Angriffsverhalten anzupassen, was ihn in die Lage versetzte zu überleben. Im Laufe der Evolution haben wir auf diese Weise Mechanismen entwickelt, die die besten Überlebensmöglichkeiten in Notfallsituationen bieten. Diese Mechanismen werden heute als *Stressreaktion* bezeichnet, die der Neurologe und Physiologe Walter Bradford Cannon (1871–1945) als wesentliche Faktoren im Kampf- und Fluchtverhalten unter Mitwirkung der Hormone Adrenalin und Noradrenalin erstmals beschrieb. Die Arbeiten des kanadischen Arztes Hans Selye untersuchten erstmals, wie eine pathologische Stressreaktion durch einen Stressor im Zusammenhang mit chronischem Stress hervorgerufen wird. Dieser Dauerstress führt schlimmstenfalls durch stressbedingte Erkrankungen zum Tod, zumal die Stresshormone die Wirkung der körpereigenen Abwehrkräfte verhindern.

Selye war es übrigens auch, der die Begriffe des *Eustresses* als Handlungsherausforderung und des *Disstresses* als Angst, die Fluchtbedürfnisse und Blockierungen hervorruft, einführte. Diese Differenzierung ist wegen der in ihr enthaltenen Vereinfachung nicht mehr haltbar, weil Stress heute vor allem im Zusammenhang mit der individuellen Bewertung und der Einwirkungsdauer betrachtet wird. Hierfür ein Beispiel: Die Wahl eines Schülers zum Schulsprecher kann durchaus als Stressor gesehen werden. Der Schüler mag zwar nach seiner Wahl zum Schulsprecher zunächst sehr aufgeregt sein und Angst vor dem Scheitern an dieser Aufgabe verspüren, doch gleichzeitig kann er seine Freude und die Entwicklungschancen als eine Herausforderung sehen. So vermag ihn die Neugier zu neuen Ufern zu treiben und ihn zugleich dazu zu motivieren, dass sein Einsatz im Engagement für die Schülerschaft lohnenswert ist.

Ein weiterer Aspekt ist bei dem Stresserleben bedeutsam. Dass der Tod eines nahen Angehörigen ein erheblicher Stressor ist, darüber sind wir uns wohl alle einig. Wenn nun aber ein Schüler Stress erlebt und deshalb blockiert ist, weil er zu Hause in einem Schulfach von seinem Vater schon seit Jahren Nachhilfe bekommt und immer wieder für seine schlechten Leistungen nicht nur getadelt, sondern auch immer wieder heftig geschlagen wird, dann kann er den plötzlichen

Tod des Vaters auch anders erleben. Wenn es ihm gelingt, die Situation als Neuanfang für sein Leben ohne weitere körperliche Bedrohung zu interpretieren, so kann er durchaus den Tod des Vaters betrauern und zugleich die innere Befreiung von den Fesseln der Gewalt verspüren. Becker stellt dar, dass dies »einer ›Neuinterpretation der Situation‹ entsprechen könne, »sodass sie ihren Stresscharakter verliert«[25].

An diesem Beispiel wird deutlich, dass Stressoren keinesfalls grundsätzlich als krank machende Faktoren betrachtet werden dürfen, sondern dass das Bewältigungsverhalten in Abhängigkeit von der Bedeutung, die wir dem Stressor verleihen, eine maßgebliche Rolle spielt, die vor allem die Spannungsreduzierung ermöglichen hilft.

Diese Überlegungen wurden erstmals von Lazarus[26] weiterführend ausgearbeitet, dessen Ansatz sich insbesondere auf die *Bewältigung* konzentrierte. Im englischen Sprachgebrauch wird für Bewältigung das Wort *coping* (*to cope* = bewältigen, gewachsen sein, meistern) benutzt. Die Darlegungen von Lazarus und seinen Mitarbeitern leuchteten Antonovsky ein, weil sich der Stress in einer Art Beziehung zwischen dem Menschen und seiner Umwelt entwickelt. Der Mensch selbst ist es, der darüber entscheidet, ob das Ereignis als bedeutungslos, als positiv oder als ein Geschehen bewertet wird, das die aktuell zur Verfügung stehenden Bewältigungsmöglichkeiten übersteigt. Entscheidend für den weiteren Verlauf im Bewältigungsprozess ist lediglich das Geschehen, welches tatsächlich als stresshaft eingeschätzt wird. An dieser Stelle sind nun drei Wege der *Bewertung* möglich: Die erste Richtung läuft auf die Klärung hinaus, ob bereits ein Schaden oder dergleichen eingetreten ist. Auf der zweiten Bewertungsstufe hinterfragen wir, ob ein Schaden oder eine Beeinträchtigung droht, und auf der dritten Stufe wollen wir herausfinden, ob wir die Auseinandersetzung mit dem Stressor sogar als lohnenswert und als Herausforderung betrachten können. In dieser Bewertungsphase prüft der Mensch, welche Ressourcen ihm zur Bewältigung zur Verfügung stehen.

Antonovsky führt in diesem Prozess der Bewertung noch eine weitere Dimension ein, und zwar die des »Feedback und der Korrektur«, was er im Ergebnis als die »tertiäre Bewertung«[27] darstellt. Hierzu ein Beispiel:

Bettina hat ein Referat in dem Fach Religion zu halten. Sie sorgt sich im Vorfeld, ob die Inhalte für die Zuhörer und Zuhörerinnen korrekt und gut verständlich sind. Sie bittet daher ihre Mitschülerin Carolin, sich das Referat übungsweise im Vorfeld einmal anzuhören. Dabei bemerkt Carolin die Stellen der Unsicherheiten und der nötigen Korrekturen, die Bettina selbst schon vermutet hatte. Sie meldet ihr zurück, an welchen Stellen des Referates Korrekturen vorzunehmen sind. Das hilft Bettina natürlich sehr, denn auf diese Weise kann sie ihr Referat mit Carolins Hilfe verbessern. Ihre eigene Beurteilung erweist sich als gerechtfertigt, und in der sozialen Unterstützung vermag sie die nötigen Verbesserungen in das Referat einzubauen, um so einer negativen Beurteilung durch die Lehrerin vorzubeugen. Es kann auch anders ausgehen. Hätte sie sich Carolin zur Rückmeldung nicht gesucht und ihr Referat ohne die hilfreichen Empfehlungen gehalten, dann wäre wohl auch die Beurteilung schlechter ausgefallen. Bei diesen unterschiedlichen Vorgehensweisen spielt ein bedeutender Faktor der sozialen Unterstützung eine wichtige Rolle. Doch dazu später mehr.

Stressbewältigung ist generell eine spannende Thematik und steht mit der Spannungsbewältigung in unmittelbarem Zusammenhang. Die Bewältigung kann in eine problembezogene, instrumentelle und in eine emotionale Bewältigung unterschieden werden. Die instrumentelle Bewältigung ist – wie die Bezeichnung schon vorgibt – auf alle Bemühungen ausgerichtet, die eine Veränderung der Situation verursachen. Die emotionale Bewältigung hingegen sucht mit den Gefühlen in der Situation zurechtzukommen. Instrumentell betrachtet holt sich Bettina für ihr Referat die (soziale) Unterstützung durch Carolin und geht vielleicht noch in die Bibliothek, um weiter Informationen einzuholen, oder aber sie bittet die Lehrerin um eine Fristverlängerung, um Zeit zu gewinnen. Die emotionale Bewältigung ist nicht minder wichtig, denn Bettina kann zum Beispiel erst einmal ihren Ärger darüber zum Ausdruck bringen, dass sie vielleicht nur wenig Zeit zur Ausarbeitung des Referates hatte, sie kann sich zwischenzeitlich ablenken und sie kann humorvoll reagieren, indem sie sich sagt, dass Gott ihr ein Missgeschick im Fach Religion sicher verzeihen würde.

Bei den vielen unterschiedlichen Theorien über den Stress gibt es – wie oben schon angedeutet – eine weitere Theorie, die sich mit den kritischen Lebensereignissen[28] und der darauf folgenden Beeinflussung unserer Gesundheit und möglicher Erkrankung auseinandersetzt. Es geht dabei um Ereignisse, die uns allen im Leben widerfahren können wie zum Beispiel der Tod eines nahen Angehörigen oder auch die Heirat. Diese Ereignisse stellen aus der Sicht des hier referierten Forschungsansatzes Veränderungen dar, die eine Anpassungsleistung erfordern. Die Herangehensweise erscheint zwar einleuchtend, aber zugleich auch kritikwürdig, weil eine Heirat als positive Lebensveränderung sicher eine andere Qualität der Anpassungsleistung im Zusammenhang mit Gesundheit und Krankheit erfordert als eine betriebsbedingte Entlassung mit der Folge möglicher Arbeitslosigkeit. Auch der Schüler, dessen Vater ihn wegen schlechter Schulleistungen schlug, wird eine andere Anpassungsleistung durchleben als die Tochter, die ihren Vater innig liebte.

Ob es nun in der Forschung darum geht, die kritischen bzw. bedeutsamen Lebensereignisse zu kategorisieren oder die alltäglichen Ärgernisse, die sich hochschaukeln können, zu erfassen, immer ist mit Blick auf den Menschen zu bedenken, dass jedes Ereignis – sei es noch so belanglos – in Abhängigkeit von der individuellen Bewertung und Bewältigung zu betrachten ist. Wir verändern unabhängig vom Ereignis immer wieder unsere Art des Umgangs mit einem Stressor. Der Bewältigungsprozess selbst besteht somit aus der Bewertung eines Ereignisses und der darauf folgenden Handlung, um mit dem Geschehen situationsgerecht umzugehen.

Der Umgang mit Stressoren, das heißt die Strategie der Bewältigung, hat also viele Gesichter. Daher noch einmal anders ausgedrückt: Bei einem erfolgreichen Bewältigungsversuch kann sich der zuvor angesprochene Spannungszustand nach einiger Zeit wieder lösen und der Stress entsteht erst gar nicht, so dass auch keine gesundheitliche Schädigung zu erwarten ist. Ein Gesundheitsrisiko entsteht allerdings bei einem misslungenen Bewältigungsversuch, wenn der Spannungszustand bestehen bleibt und schließlich in den Stresszustand übergeht. Das wäre dann der chronische Stress.

Ressourcen – Quellen der Hilfe

In der Geschichte von der »Fiedelgrille« wird auch aufgezeigt, was es mit den generalisierten Widerstandsressourcen im Sinne von Antonovsky auf sich hat.

Nach langer Suche fand die Fiedelgrille den Maulwurf, der sie nicht einmal klar erkennen konnte, weil er kurzsichtig oder inzwischen gar blind geworden war. Er tastete sie und die Geige zunächst einmal ab, um sie schließlich freudig in seine warme Kellerwohnung einzulassen. So geschah es, dass der Maulwurf in den Genuss der Kunst der Fiedelgrille kam und beide sich gute Speisen zubereiteten. Sie lasen die Zeitung bei Blaubeerwein auf dem Sofa, zuweilen frisierte die Grille den Maulwurf und sie bereiteten sich ein Festessen, um die kalte Jahreszeit miteinander zu genießen.

Die Fiedelgrille und der Maulwurf waren in der Lage, eine entspannte Atmosphäre herzustellen, und in der kalten Winterzeit sorgten sie füreinander, indem beide das einbrachten, worüber sie verfügten. Der Maulwurf konnte sich an der Kunst der Fidelgrille erfreuen und stellte dafür seine Wohnung und die eingekellerten Nahrungsmittel zur Verfügung. Sie vermochten auf diese Weise den herausfordernden Kräften der Natur zu trotzen, statt ihnen wehrlos ausgeliefert zu sein.

Beide stellten sich wechselseitig die ihnen jeweils zur Verfügung stehenden *Hilfsmittel* – wir können sie auch *Ressourcen* nennen – bereit, die Antonovsky als die »generalisierten Widerstandsressourcen«[29] bezeichnet und die er den »generalisierten Widerstandsdefiziten« gegenüberstellt, die wir in einem anderen Zusammenhang noch näher erläutern werden. Bisher wurde, vor allem in der Medizin, von den Risikofaktoren, die uns krank machen, ausgegangen, während durch Antonovsky angeregt die Schutzfaktoren verstärkt in den Vordergrund rückten. So kann nun aus gesundheitswissenschaftlicher Perspektive gefolgert werden: Wir vermögen unsere Gesundheit dann zu bewahren oder zu fördern, wenn es uns gelingt, unsere Ressourcen je nach Anforderungssituation des Lebens zu nutzen. Und Gesundheit selbst kann als Ressource im Umgang mit Belastungen (Anforderungen) betrachtet werden. Eine Definition von Ressourcen könnte lauten:

»Ressourcen sind Mittel bzw. Hilfsmittel zur Erledigung oder Bewältigung von Anforderungen und Aufgaben. Sie werden in zielorientierten Handlungen eingesetzt.«[30]

Dabei ist herauszustellen, dass Ressourcen nicht nur in Problemsituationen oder gar in Notfällen ihre Wirkung entfalten, sondern dass sie als Potenzial die Möglichkeit bieten, Handlungsspielräume, Entwicklungs- und Wachstumsmöglichkeiten in unterschiedlichen Zusammenhängen zu erschließen.

Im Beispiel der Fiedelgrille trotzen diese Kräfte nicht nur der Gefahr der Erkältung, weil vielleicht die warme Kleidung gefehlt hätte, sondern die gesund erhaltenden Kräfte stellen sich auch in der Kunst des Geigespielens dar. Dieses Beispiel illustriert anschaulich, was Antonovsky meint: Die Widerstandsressourcen sind gegenüber den krank machenden Faktoren abzugrenzen. Schiffer sagt zu diesem Sachverhalt: »Antonovskys grundsätzliche Kritik am herkömmlichen medizinischen Denken geht dahin, dass es sich bloß daran orientiert, wie krank machende (pathogene) Faktoren vermieden oder bekämpft werden können, an gesundheitsförderlichen (salutogenetischen) Kräften aber nicht interessiert ist.«[31] Und so berichtet er weiter über das intuitive Wissen von Müttern, auch die Väter erwähnt er, die ihrem erkrankten Kind nicht nur die Medizin reichen, sondern in der Sorge um die Gesundheit das Kind nicht allein lassen und vielleicht eine schöne Geschichte vorlesen. Wer schon einmal im Krankenhaus war, weiß, welche Kraft sich in der Freude über den Besuch des Freundes zu entfalten vermag, während das mitgebrachte Buch vielleicht noch eine Weile den Kontakt über die Abwesenheit hinaus aufrechterhält.

Um welche Ressourcen handelt es sich nun und unter welchen Bedingungen entwickeln sie sich?

Antonovskys Forschung beschäftigte sich lange Zeit mit der Suche nach Faktoren, die die Spannungsbewältigung erleichtern und somit auf den Erhalt oder die Förderung von Gesundheit einwirken. Diese Faktoren, wir können sie auch im Sinne von unterschiedlichen Ausprägungsgraden als *Variablen* bezeichnen, definiert er als die *generalisierten Widerstandsressourcen*, wobei *generalisiert* bedeutet, dass diese Ressourcen in Situationen aller Art eingesetzt werden können. Vielleicht stören Sie sich am Begriff *Widerstand* und meinen, es han-

dele sich dabei um eine negativ besetzte Aktivität wie es beispielsweise in der psychoanalytischen Theorie der Fall ist. Dort bedeutet Widerstand, dass sich eine Person unbewusst weigert, sich mit
unangenehmen psychischen Inhalten auseinanderzusetzen. Antonovsky wollte allerdings mit dem Begriff »Widerstandsressourcen«
die Wirkung der »Bewältigungsressourcen«[32] beschreiben, wie er sie
auch an anderer Stelle bezeichnete. Der Begriff soll ausdrücken, dass
durch die dem Menschen zur Verfügung stehenden Ressourcen seine
Widerstandsfähigkeit erhöht wird. Im Gegensatz zur pathogenetischen Perspektive der psychoanalytischen Theorie sagt er aus seiner salutogenetischen Sicht: Das Konzept der generalisierten Widerstandsressourcen »bezieht sich hauptsächlich auf die Merkmale im
Umgang mit und der Bewältigung des Stressors«[33]. Und weiter erläutert Antonovsky: »Das gemeinsame an allen generalisierten Widerstandsressourcen sei, so schlug ich vor, den unzähligen uns ständig
treffenden Stressoren eine Bedeutung zu erteilen.«[34] Zur individuellen Bewertung der Stressoren wollen wir in diesem Zusammenhang
noch einmal hervorheben, dass sich zum Beispiel die Scheidung der
Eltern für ein Kind auch positiv auswirken kann, wenn sich so nach
jahrelangem, oftmals heftigem Streit ein entlastender Neubeginn
ergibt.

Genau genommen haben die Widerstandsressourcen zweierlei
Bedeutung: Sie nehmen prägend Einfluss auf unsere Erfahrungen
im Lebensverlauf und sie wirken als Potenzial, das in Situationen
aktiviert werden kann, wenn immer es für die Bewältigung der durch
die belastenden Lebenszustände (Stressoren) und das durch sie her-
vorgerufene Spannungserleben erforderlich ist. Es handelt sich um
Wirkfaktoren bzw. Ressourcen, die eine erfolgreiche Spannungsbewältigung unterstützen und damit einen Einfluss auf den Erhalt oder
die Verbesserung unserer Gesundheit haben.

Es gibt zur Frage der Schutzfaktoren noch eine weitere bemer-
kenswerte Perspektive, die der *Resilienzforschung*, in deren Zusammenhang vor allem die Studie von Werner und Smith[35] zu erwähnen
ist, die die Entwicklung von benachteiligten Heranwachsenden auf
der hawaiischen Insel Kauai zum Gegenstand hatte. *Resilienz* ist ein
Begriff, der schon wie beim Begriff *Stress* in einem unmittelbaren
Zusammenhang mit der Mechanik bzw. der Statik erklärt wurde. Die
Resilienzforschung will die schützenden Bedingungen in der Person

selbst oder deren Umgebung beschreiben und erklären, wie Menschen es schaffen, trotz ungünstiger biologischer, psychosozialer und materieller Bedingungen ihr Leben zu bewältigen und befriedigend zu gestalten. Ganz im Sinne dieses Konzeptes ist auch Antonovsky darum bemüht, die Widerstandskräfte oder Bewältigungsfaktoren des Menschen zu verstehen, die er unter dem Einfluss der permanent im Fluss des Lebens an ihn herangetragenen Stressoren einsetzt und die darüber hinaus verstanden werden als »Merkmal der Person, der Gruppe oder der Umgebung, das eine wirksame Spannungsbewältigung erleichtern kann«[36].

In der Literatur[37] werden folgende generalisierte Widerstandsressourcen unterschieden:

- Körperliche Ressourcen: Sie beinhalten vor allem genetische, konstitutionelle und immunologische Aspekte.
- Personale Ressourcen: Diese Ressourcenebene bezieht sich auf Wissen (Intelligenz), emotionale Stabilität, zugleich auch Ich-Identität, Selbstwirksamkeit, Kontrollüberzeugungen, Selbstvertrauen, Selbstwertgefühl wie auch Handlungskompetenzen und soziale Kompetenzen.
- Materielle Ressourcen: Hierunter fallen allgemein materieller Wohlstand wie Geld und Güter.
- Soziale Ressourcen: Als Ressourcendimension umfasst dieser Bereich die sozialen Bindungen, die Eingebundenheit in soziale Netzwerke.
- Gesellschaftlich-kulturelle Ressourcen: Diese Ressourcen basieren auf politisch-kultureller und spirituell-philosophischer Eingebundenheit.

Nachfolgend wollen wir nun an einem Beispiel unter Zuhilfenahme eines Buches von Dan Short und Claudia Weinspach[38] und eines weiteren Buches von William Hudson O'Hanlon und Angela L. Hexum[39] darstellen, welche Kraft und Bedeutung Ressourcen entfalten können.

Hyland wurde in einer einfachen Holzhütte einer schon vor langer Zeit aufgegebenen Silberminenstadt in der Region der Sierra Nevada im Jahre 1901 als zweites von insgesamt neun Kindern geboren. Er hatte schwerwiegende Sehmängel und eine Leseschwäche. Er vermochte ein geschriebenes Symbol nicht richtig zu interpretieren, und als er 17 Jahre alt wurde, kam ein weiterer Schicksalsschlag hinzu, er erkrankte an der seinerzeit so gefürchteten Poliomyelitis, der spinalen Kinderlähmung. Schon zur Zeit des Heranwachsens hatte er sehr mit seinen Nachteilen gegenüber anderen kämpfen müssen, aber das schien alles nichts genützt zu haben, fand er sich doch bald gelähmt im Bett wieder.

Was ihm jedoch blieb, war sein unstillbarer Wissensdurst, den er von Kindheitstagen an verspürte. Vom Bett aus studierte er die Geräusche der Umgebung, indem er vom Klang der Schritte darauf zu schließen suchte, wer zu ihm kam. Als sein Schaukelstuhl sich einmal »von allein« zu bewegen begann, beschäftigte er sich systematisch mit der Frage, wie Muskelaktivität erzeugt wird, und er begann sich daran zu erinnern, wie es wohl zu spüren gewesen sein mag, wenn er etwas in seine Hand nahm. Nach sehr langsamen Fortschritten vermochte er die Bewegungen der Finger nach und nach wieder mit eigener Kraft zu steuern. Er beobachtete die Bewegungen seiner jüngsten Schwester und brachte sich schließlich selbst bei aufzustehen. Seine Bewegungsstudien setzte er bei einer Kanutour fort, zu der er sich von Freunden mit seiner Ausrüstung zum Fluss tragen ließ und entgegen dem Rat der besorgten Eltern startete. Mit seinen Armen zog er sich – wenn immer er wollte – an das Ufer und wartete, bis Passanten kamen. Dabei fand er heraus, dass er immer dann Hilfe und Unterstützung bekam, wenn andere Menschen nachfragten und wenn er es ihnen erlaubte. Natürlich benötigte er noch eine lange Zeit der Rehabilitation, bis er wieder an Krücken gehen und deutlich sprechen konnte, um alsbald sein Studium in Psychologie und Medizin zu absolvieren.

Hyland arbeitete schließlich in psychiatrischen Abteilungen verschiedener Kliniken, auch in der Forschung, und wurde vor allem bekannt durch seine Erfolge auf dem Gebiet der Theorie und Praxis der Hypnose.

Trotz weiterer gesundheitlicher Rückschläge insbesondere im Jahre 1953, als er am Postpoliomyelitis-Syndrom mit sehr heftigen Muskelkrämpfen erkrankte und oftmals bettlägerig war, gab er auch seine Reisen im Zusammenhang mit seinen Lehrtätigkeiten nicht auf. Selbst als er schließlich noch an der Muskelatrophie, dem Muskelschwund, erkrankte und alsbald auf den Rollstuhl angewiesen war, setzte er seine Lehrtätigkeit und die Betreuung seiner Patienten und Patientinnen fort.

Im Angesicht seines Krankheitsprozesses mit den heftigen und chronischen Schmerzen vermochte dieser alternde Mann mit viel Energie und Hoffnung, die er auch seinen Patienten und Patientinnen oftmals sehr humorvoll zu vermitteln suchte, mit Durchhaltevermögen und Flexibilität sein Leben sinnstiftend zu gestalten. Mit seiner zweiten Frau, die ihm zu seinen drei Kindern fünf weitere Kinder schenkte, verband ihn eine innige Zuneigung, die er damit würdigte, dass er – wenn immer es möglich war – das Berufsleben in das Familienleben zu integrieren suchte. Auf diese Weise praktizierte er ein soziales Miteinander, welches ihm viele wertschätzende Freundschaften bescherte. Eine seiner wesentlichen Fähigkeiten entwickelte er in der Auseinandersetzung mit seiner Krankheit, indem er seine Patientinnen und Patienten stets ermunterte, auf das zu schauen, was ihnen gelingt. Auf diese Weise machte er sie zu den Agenten eigener Veränderung und ermunterte sie so, ihre Selbstgestaltungspotenziale und ihre Selbstgestaltungskräfte[40] zu aktivieren.

Hylands Mutter war eine sehr konsequente und klare Frau. Obwohl ihre Tante von ihr verlangt hatte, ihrem Sohn nicht den Namen Hyland zu geben, blieb sie bei ihrem Vorhaben. Die Meinung der Tante, dass nur berühmte Vorfahren der Familie den Namen Hyland hatten und deshalb nicht der behinderte Junge diesen Namen tragen solle, wurde von Hylands Mutter nicht geteilt, und sie gab ihm diesen Namen als zweiten Vornamen, der mit seinem vollen Namen Milton Hyland Erickson (1901–1980) hieß.

Erickson ist ein gutes Beispiel dafür, nun zu erkunden, unter welchen Bedingungen sich seine Ressourcen entwickelt haben mögen und wie sie ihm letztendlich zur Bewältigung seiner Aufgaben zur Verfügung standen.

Ericksons Vater Albert verließ bereits mit 15 Jahren sein Elternhaus, nachdem dessen Vater gestorben war. Er zog aus, um Farmer zu werden, und heiratete im Alter von 20 Jahren Clara, die ihm neun Kinder schenkte. Es ist sicher leicht vorstellbar, dass sich die Eltern harten Bedingungen zu stellen hatten, zumal sie noch einmal fortzogen, um den Kindern bessere Ausbildungschancen zu bieten. So heißt es, dass Milton eine Lehrerin hatte, die ihn sehr förderte, indem sie vor allem auf seine Seh- und Leseschwächen einzugehen wusste.

Intuitiv hatte die Mutter dem Jungen gegen die Widerstände der Tante den Namen Hyland gegeben, der sich wie ein Programm im Sinne einer sich selbst erfüllenden Prophezeiung auswirken sollte. Sein Leben war durch Entschlossenheit, Zufriedenheit und Hoffnung wie wohl auch das seiner Eltern charakterisiert. Vor allem vermochte er sich systematisch bedeutsame Ziele zu setzen, zu deren Erreichung er alle Kräfte mobilisierte. Und das fing bereits früh an, indem er mit seinen Seh- und Leseschwächen umzugehen lernen musste und nach seiner Erkrankung an der Poliomyelitis systematisch seine Muskulatur trainierte. Stets war er damit beschäftigt, seine noch vorhandenen Ressourcen zum Einsatz zu bringen, wobei er sich insbesondere auf erreichbare Ziele konzentrierte. Früh hatte er gelernt, im Geschwisterkreis soziale Verhaltensweisen zu trainieren, was sich später auf seine fortwährende Suche nach sozialen Kontakten positiv auswirken sollte. So wurde er bekannt dafür, dass er auch mit Menschen, die er therapiert hatte, lang anhaltende Beziehungen pflegte. Auf diese Weise war er selbst eingebunden in ein nachhaltig funktionierendes soziales Unterstützungsgefüge.

Seine eigenen physischen Beeinträchtigungen nutzte Erickson in besonderer Weise. Vor dem Hintergrund seiner Erfahrungen wollte er die Menschen – bei allem Leid – in dem Glauben an ihre Fähigkeiten und Potenziale mit viel Humor Hoffung und Zuversicht bestärken. Dabei setzte er sich systematisch mit ihren Kompetenzen auseinander und lud immer wieder dazu ein, die Herausforderungen unter Rückgriff auf die vorhandenen Potenziale anzunehmen.

Das Beispiel zeigt deutlich, wie Erickson seine Selbstgestaltungspotenziale zu nutzen wusste, indem er die nötigen Selbstgestaltungskräfte im Wissen um seine Stärken entwickeln konnte.

Die Leitlinien der Weltgesundheitsorganisation (WHO) verweisen auf ein aktives Eintreten für Gesundheit unter einer ressourcengerichteten Perspektive, die im Rahmen der Kompetenzförderung das größtmögliche Gesundheitspotenzial zu verwirklichen sucht. Es geht maßgeblich darum, die Menschen zur Gestaltung ihrer Lebensvollzüge zu befähigen und sie in ihren Kompetenzen zum Erhalt ihrer Gesundheit zu bestärken. Zentral hierfür stehen unter anderem die *personalen Ressourcen*, deren gesundheitsförderliche Persönlichkeitsmerkmale den Risikofaktoren gegenüberstehen. Die *Selbstwirksamkeitserwartung* steht für die Überzeugung, die Herausforderungen des Lebens bewältigen zu können bzw. über die zur Bewältigung notwendigen Ressourcen zu verfügen. Selbst die Optimismusforschung leistet ihren Beitrag, wonach der *dispositionelle Optimismus* für die Haltung steht, dass sich die Dinge schon zum Positiven hin entwickeln werden. Oben hatten wir die *Kontrollüberzeugungen* unter den personalen Ressourcen aufgeführt. Sie beziehen sich auf das Ausmaß und die Einschätzung der Möglichkeiten zur Steuerung der Lebensvollzüge, um das Wünschenswerte zu realisieren. Die Hervorhebung positiver *Selbstwertgefühle* als personale Ressource ist für den Einfluss auf die Stärke und die Art der von einer Person eingesetzten Bewältigungsstrategien kaum zu unterschätzen, und die Gesundheit schlechthin »gründet in Integriertheit, Kohärenz und Zugehörigkeit«.[41]

Zur Überleitung zum nächsten Kapitel wollen wir deshalb die Bedeutung der individuellen Ressourcen noch einmal hervorheben und einen Blick in die »Ottawa-Charta« aus dem Jahre 1986[42] werfen, in der dieser Denkansatz bekräftigt wird:

»Gesundheitsförderung zielt auf einen Prozess, allen Menschen ein höheres Maß an Selbstbestimmung über ihre Gesundheit zu ermöglichen und sie damit zur Stärkung ihrer Gesundheit zu befähigen. [...] Gesundheit steht für ein positives Konzept, das in gleicher Weise die Bedeutung sozialer und individueller Ressourcen für die Gesundheit ebenso betont wie die körperlichen Fähigkeiten. [...] Gesundheitsförderndes Handeln bemüht sich darum [...] größtmögliches Gesundheitspotenzial zu verwirklichen. Dies umfaßt sowohl Geborgenheit und Verwurzelung in einer unterstützenden sozialen Umwelt, den Zugang zu allen wesentlichen Informationen und die Entfaltung von praktischen Fertigkeiten als auch die Möglichkeit, selber Entscheidungen in Bezug auf die persönliche Gesundheit treffen zu können. Menschen können ihr Gesundheitspotenzial nur dann weitestgehend entfalten, wenn sie auf die Faktoren, die ihre Gesundheit beeinflussen, auch Einfluß nehmen können.«

Kapitel 2:
Die personale Ressource Selbstwertgefühl

> Zum Besten der Menschheit kann niemand beitragen,
> der nicht aus sich selbst macht,
> was aus ihm werden kann und soll.
>
> Johann Gottfried von Herder

Die Frage »Was erhält den Menschen gesund?« ist die Frage nach den Ressourcen, also jenen Faktoren, die auch als Schutzfaktoren bzw. Gesundheitsfaktoren bezeichnet werden. Wir haben in den vorangegangenen Kapiteln fünf Gruppen von Schutzfaktoren herausgearbeitet: die gesellschaftlich-kulturellen Faktoren, die materiellen Faktoren, die sozialen Faktoren, die personalen Faktoren und die körperlichen Faktoren.

Die Gruppe der personalen Faktoren steht im Mittelpunkt unseres Buches, diese Schutzfaktoren sollen ausführlich diskutiert werden. Die Bedeutung des Körperlichen, unseres biologischen Wesens also, war bereits weiter oben Thema. Wenn wir im Folgenden unser Gehirn als Ort unseres Bewusstseins betrachten, wird noch einmal deutlich, dass Körper und Psyche, Leib und Seele, untrennbar verbunden sind. Jedes Leben hat ein materielles Substrat. Es hat sich von der Entstehung des Lebens vor etwa vier Milliarden Jahren bis heute zwar enorm verändert, trotzdem gibt es vom Einzeller bis zu seinen vielfältigen Weiterentwicklungen gemeinsame Elemente, wie zum Beispiel die Vermehrung durch Zellteilung und die Weitergabe des genetischen Materials an die neuen Zellen.

Wenn wir nach den personalen Gesundheitsfaktoren suchen, werden wir immer wieder auf das *Selbstwertgefühl* und das *Zugehörigkeitsgefühl* stoßen. Im Folgenden wollen wir deshalb versuchen, diesen beiden *Gefühlen* zu begegnen und zu verstehen, welche Bedeutung sie für das Wohlbefinden haben und wie sie entstehen.

Zunächst fällt auf, dass von Gefühlen die Rede ist, das heißt, ein Mensch hat das Gefühl, dass er wertvoll ist, und er hat das Gefühl, dass er dazugehört – zu einer Person, zu einer Gemeinschaft, einer Kultur oder einem Land. Gefühle sind etwas Subjektives und oft nicht einmal der Person selbst zugänglich, die sie erlebt. Trotzdem regulieren sie – mehr, als uns manchmal lieb ist – unser Handeln. Die Hirnforschung hat inzwischen sogar herausgefunden, welche Bereiche unseres Gehirns reagieren, wenn wir Angst haben, und welche, wenn wir Glücksgefühle erleben.

Nicht nur die Ergebnisse der Hirnforschung haben unsere Sichtweise auf den Menschen und seine Möglichkeiten zur Gestaltung des Lebens erweitert und in gewisser Weise revolutioniert, sondern auch die Gesundheitsforschung hat ihren Teil dazu beigetragen. Antonovsky, der in diesem Buch an vielen Stellen zitiert wird, hat den *Sense of Coherence* als eine wichtige Quelle für unsere Lebensorientierung definiert und in seinen Büchern beschrieben. Im Deutschen wird Sense of Coherence häufig mit *Kohärenzgefühl* übersetzt. Wieder haben wir es mit einem Gefühl zu tun und das ist auch sinnvoll, weil es um eine Grundorientierung, um ein dynamisches Gefühl des Vertrauens in die Erklärbarkeit, die Bewältigbarkeit und die Bedeutsamkeit des eigenen Handelns geht. In diesem Sinne ist das Kohärenzgefühl eine Grundstimmung, ein Gefühl von innerem Zusammenhalt. Es ist aber auch die Steuerungsinstanz, die auf die Ressourcen zurückgreift und diese bei erfolgreicher Anwendung weiterhin stärkt. Deshalb werden wir im Kapitel 4 dieses Konzept ausführlich erläutern.

Was ist Selbstwertgefühl?

»Ich bin ich, und so wie ich bin, bin ich okay.« Wer das von sich sagen kann, könnte ein Mensch mit einem guten Selbstwertgefühl sein. Anscheinend können das auch viele Menschen von sich sagen. Aber es stimmt doch bedenklich, wenn wir hören, dass schon 14-Jährige zum Schönheitschirurgen gehen, um sich verändern zu lassen, weil sie eben nicht mit sich zufrieden sind, weil sie ihr Aussehen nicht akzeptieren können. Was eigentlich bestimmt das Selbstwertgefühl? Das Aussehen? Der Besitz? Die Leistungen? Das ist eine schwer zu beantwortende Frage. Versuchen wir zunächst zu klären, was wir mit *Selbstwertgefühl* meinen.

> Das Selbstwertgefühl ist die gefühlsmäßig verankerte Beziehung eines Menschen zu sich selbst und schließt die Akzeptanz der eigenen Person sowie Zuversicht in die eigenen Möglichkeiten ein.

Es ist also die Beziehung zu sich selbst. Das ist interessant, weil es die Fähigkeit voraussetzt, sich selbst sozusagen von außen sehen zu können. Die meisten Kinder scheinen im Alter von zwei Jahren diese Fähigkeit zu erwerben. Das haben in den 1970er Jahren Lewis und Brooks-Gunn[43] durch ihre Untersuchungen mit der »spot-on-the-nose«-Technik herausgefunden.

Kleinen Kindern wurde unbemerkt ein roter Fleck auf ihre Nase oder Wange getupft. Danach wurde das Verhalten der Kinder beim Betrachten ihres Spiegelbildes beobachtet. Es sollte herausgefunden werden, in welchem Alter die Kinder erkennen, dass sie sich selbst im Spiegel sehen. Die Forscher erkannten das Vorhandensein von Selbst-Erkennen daran, dass die Kinder sich an ihre eigene Nase oder an ihre eigene Wange fassten. Es gab dabei durchaus Entwicklungsunterschiede, die Spanne der erwarteten Reaktion reichte von 9 Monaten bis zur Vollendung des 2. Lebensjahres. Zwischen dem 15. und 18. Lebensmonat war der Zuwachs am größten und die meisten Kinder konnten diese Aufgabe lösen.

Das Verhalten der Kinder in diesen Experimenten ließ den Schluss zu, dass die Fähigkeit zum Selbsterkennen im zweiten Lebensjahr entsteht. Schon wenige Monate später – im Zusammenhang mit der Entwicklung der Sprache – beginnen Kinder, das Personalpronomen »Ich« zu verwenden, was ein weiterer Beweis für die Entstehung des Selbst sein könnte.

Wir können uns also sozusagen selbst beobachten, selbst erkennen, selbst kontrollieren und selbst beurteilen. Und wir können uns selbst mögen oder auch nicht.

> Das Selbstwertgefühl entsteht aus dem Erleben von Angenommenwerden, von Kompetenz, von Partizipation und von Anerkennung.

Wie ich bin

Schauen wir uns einmal an, was Tom zu dem Thema »Wie ich bin«
über sich aufgeschrieben hat. Es ist ein Beispiel aus einer Studie, die
wir zur Erforschung der Selbstentwicklung durchgeführt haben.[44]
Die Kinder wurden aufgefordert, alles, was sie über sich wissen, auf-
zuschreiben. Das Ziel der Untersuchung war, herauszufinden, wie
sich von Jahr zu Jahr das Wissen über die eigene Person verändert. Das konnten wir anhand der Niederschriften sehr gut analysieren. Aber auch ein anderes Ergebnis war interessant: Aus den
Aussagen in der freien Selbstbeschreibung war deutlich zu erkennen, welches Selbstwertgefühl das Kind hat und wie es sich über die
Schulzeit hinweg entwickelt und verändert. Wird die eigene Person
akzeptiert? Hat das Kind Vertrauen in seine eigenen Möglichkeiten? Erlebt es sich als kompetent und anerkannt? Lesen Sie selbst[45]
(Abbildung 5):

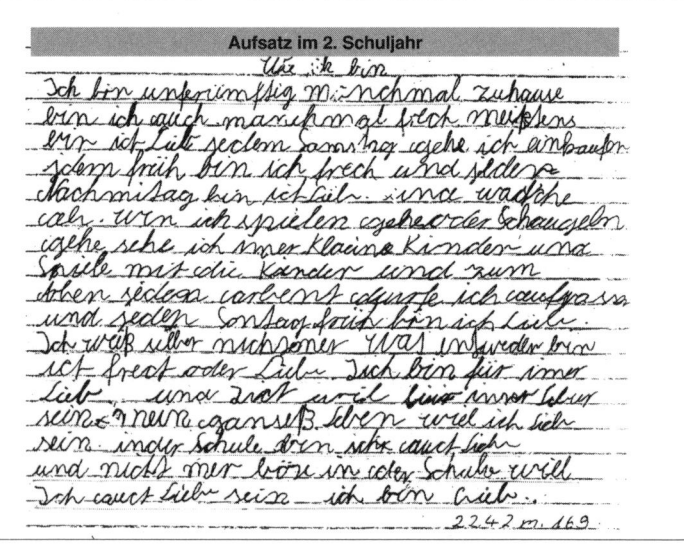

Abbildung 5: Aufsatz von Tom im zweiten Schuljahr

Hier der leicht korrigierte Text (um ihn leserlich zu machen) aus
Abbildung 5:

Ich bin unvernünftig manchmal zuhause bin ich auch manchmal frech meistens bin ich lieb jeden Samstag gehe ich einkaufen jeden früh bin frech und jeden Nachmittag bin ich lieb und wasche ab. Wenn ich spielen gehe oder schaukeln gehe sehe ich immer kleine Kinder und spiele mit die Kinder und zum Abend jeden abend durfte ich aufpassen und jeden Sonntag früh bin ich lieb. Ich weiß selber nicht was entweder bin ich frech oder lieb. Ich bin für immer lieb und ich will für immer lieb sein mein ganzes Leben will ich lieb sein in der Schule bin ich auch lieb und nicht mehr böse in der Schule will ich auch lieb sein ich bin lieb.

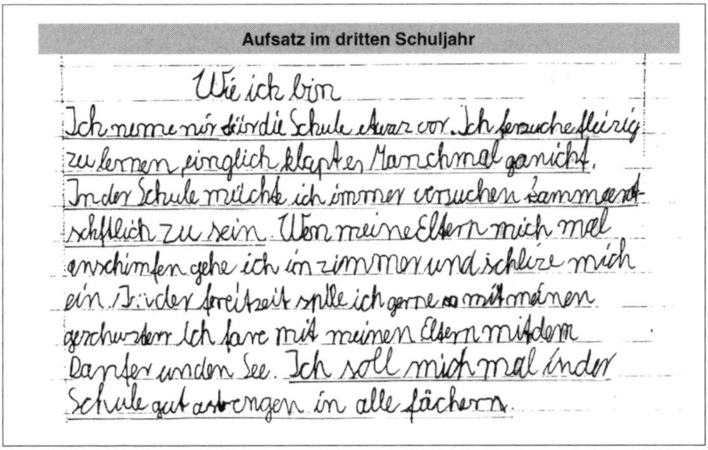

Abbildung 6: Aufsatz von Tom im dritten Schuljahr

Im dritten Schuljahr schreibt Tom (Abbildung 6):

Ich nehme mir für die Schule etwas vor. Ich versuche fleißig zu lernen, eigentlich klappt es Manchmal gar nicht. In der Schule möchte ich immer kameradschaftlich sein. Wenn meine Eltern mich mal anschimpfen gehe ich in Zimmer und schließe mich ein. In der Freizeit spiele ich gerne mit meinen Geschwistern ich fahre mit meinen Eltern mit dem Dampfer um den See. Ich soll mich mal in der Schule gut anstrengen in allen Fächern.

Im vierten Schuljahr schreibt Tom (Abbildung 7; Text leicht gekürzt):

Wenn ich in die Schule bin habe ich meistens keine Lust. Ich bin auch ein schlechter Schüler. Ich könnte mich etwas verbessern. Ich habe auch drei Freunde die heißen [...] In der Freizeit spiele ich oft mit meinen Freunden. In der Familie bin ich manchmal faul. Ich muß jedes Wochenende den Eimer raus schaffen. Ich habe in der Woche vier Tage keinen Abwasch. Manchmal in den Ferien tu ich auch gerne Wäsche waschen [...].

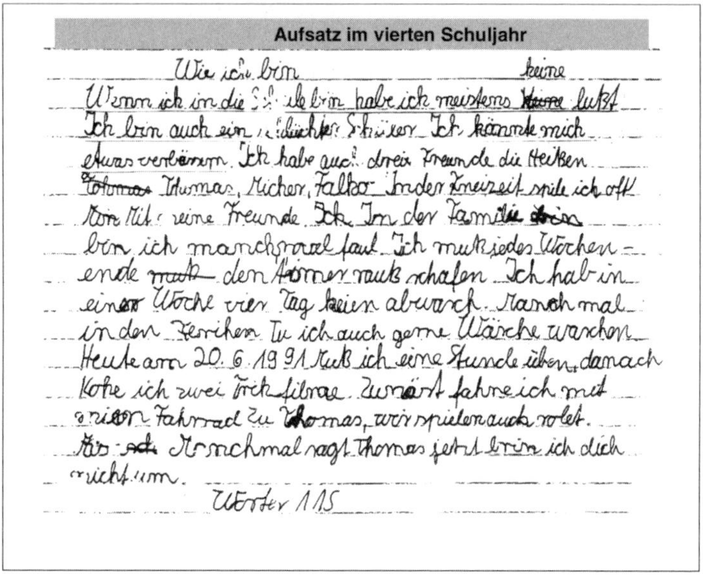

Abbildung 7: Aufsatz von Tom im vierten Schuljahr

Es ist sehr schnell zu erkennen, dass dieser Junge schon im zweiten Schuljahr den Glauben an sich selbst verloren hat. Er hat das Gefühl, dass er nicht lieb genug ist. Deshalb betont er immer wieder, dass er doch lieb sein möchte. Obwohl er sich im dritten Schuljahr ganz anders ausdrückt (das Wort »lieb« kommt nun nicht mehr vor), ist gut erkennbar, dass er sich zwar viel vornimmt, aber dass es eben manchmal überhaupt nicht klappt. Vor allem in der Schule scheint er Misserfolge zu erleben, und schließlich sagt er im vierten Schuljahr sehr klar »Ich bin ein schlechter Schüler«. Das ist ein deutlicher Hinweis auf ein gestörtes Selbstwertgefühl.

Bevor wir auf die Frage eingehen, was das Selbstwertgefühl bestimmt, wollen wir einen Ausflug in unser Gehirn machen, wo letztendlich all das produziert wird, was wir unter Denken, Fühlen und Handeln verstehen, wo jene Prozesse ablaufen, die uns zu einem mit Bewusstsein ausgestatteten Wesen machen. So sind wir uns zum Beispiel bewusst darüber, in welcher Welt wir leben und dass sich diese Welt gerade rasant verändert, dass sogar das Leben auf der Erde bedroht ist, und wir wissen vieles über die Gründe dieser Entwicklung. Aber wir wissen auch *einiges* – aber nicht alles – über uns selbst. Wir wissen, wer wir sind, woher wir kommen und was wir können bzw. nicht können, wie wir aussehen, was wir gerne tun, wer unsere Freunde sind und vieles mehr. Das Besondere an uns Menschen ist, dass wir uns auch bewusst darüber sind, *dass* wir etwas über uns wissen. In dieser Besonderheit liegt aber auch die Schwierigkeit, vor der Hirnforscher stehen. Sie wollen das erforschen, womit sie forschen. Das Gehirn ist sowohl das Subjekt als auch das Objekt in diesen Untersuchungen. Ebenso verhält es sich, wenn wir etwas über das Selbst erfahren möchten. Stellen Sie sich vor, sie sind in einer Psychotherapie, weil Sie Hilfe brauchen. Sie möchten gern wissen, warum Sie in Panik geraten, wenn Sie in einen Fahrstuhl steigen, und was Sie dagegen tun können. Sie selbst als Subjekt wollen nun über sich als Objekt nachdenken. Das ist aus vielen Gründen eine komplizierte Angelegenheit.

Wenn Sie sich jetzt einmal ganz in Ruhe hinsetzen und reflektieren, was Sie alles über sich wissen, dann werden Sie auch bemerken, dass Sie dieses Wissen in manchen Situationen gar nicht einsetzen, dass Sie manchmal wider besseres Wissen handeln. Meist bewerten wir das, was wir getan haben, erst nachträglich. Dabei entstehen Gefühle wie Scham und Stolz. Wir werden an anderer Stelle noch einmal auf diese Problematik zurückkommen.

Gibt es ein Ich?

Jeder von uns sagt viele Male am Tage »Ich«. Wenn wir den Satz mit »Ich« beginnen, dann sprechen wir von uns, über uns oder auch mit uns. »Ich denke, dass ich ... «, ist eine klare Ich-Botschaft. »Wenn ich mich auf eine Prüfung vorbereiten muss, dann hilft es mir am meisten, wenn ... «. Dieser Satz ist eine Mitteilung über die eigene Person, über persönliche Erfahrungen. Manchmal sprechen wir auch mit uns selbst: »Warum habe ich das bloß gemacht?« Und wenn in unseren Sätzen das Wort »Ich« nicht vorkommt, dann ist das Ich trotzdem die Instanz, die spricht. Das ist alles ziemlich kompliziert und eines der gegenwärtig besonders stark diskutierten Themen. Daran beteiligen sich schon seit langem Philosophen, Psychologen und Theologen. Neu hinzugekommen sind Naturwissenschaftler, insbesondere Hirnforscher. Einige von ihnen behaupten, dass es kein Ich gebe, weil es im Gehirn nirgends lokalisiert werden kann.[46]

Die Frage »Wer bin ich?« ist so alt wie die Menschheit und wird die Menschen wohl auch immer begleiten. Wir wissen heute viel über den Mond und über andere Planeten und Sterne, aber über uns selbst wissen wir noch immer ziemlich wenig. Irgendwie sind wir uns selbst ein Rätsel, dessen Lösung aber sehr spannend wäre. Zumindest war die Bedeutung der Auseinandersetzung mit der eigenen Person schon zu Zeiten von Sokrates (469 bis 399 v. Chr.) erkannt. Der Philosoph lebte und wirkte in Athen und gilt als eine der Hauptgestalten der griechischen Philosophie. Er wurde zum Tode verurteilt und hingerichtet (vergiftet), weil er mit seinen Ideen Anstoß bei den Herrschenden erregte. Sokrates befasste sich vorrangig mit der Erforschung des Menschen und der Möglichkeit seiner Selbsterkenntnis. Die Inschrift des Apollotempels in Delphi »Erkenne dich selbst« diente ihm als Ausgangspunkt seiner Philosophie.

Der Überlieferung zufolge waren am Eingang des Tempels von Delphi die Inschriften »Erkenne dich selbst« und »nichts im Übermaß« angebracht. Insbesondere die erste, bekanntere Aufforderung deutet die eigentliche Absicht an, nämlich die Lösung individueller Probleme durch die Auseinandersetzung mit der eigenen Person. Die Erkenntnis der Innenwelt diente damit als Zugang zur Problemlösung in der Außenwelt.

Nach Sokrates ist Selbsterkenntnis die Voraussetzung, um zum richtigen Wissen zu gelangen. Er fragte nicht nur danach, was der Mensch wissen kann, sondern auch danach, was er nicht wissen kann. Bekannt ist in diesem Zusammenhang sein Ausspruch: »Ich weiß, dass ich nichts weiß.« Er vertrat die Meinung, dass Selbsterkenntnis und das Bemühen darum die Voraussetzung sein müssen, um herrschen zu dürfen. Dies erregte zu seiner Zeit so viel Anstoß, dass es ihn das Leben kostete. Man warf ihm sogar die Verführung der Jugend vor.

Die Frage nach dem Ich und der Selbsterkenntnis beschäftigte nach ihm weiterhin die Philosophen, später dann die Psychologen und heute nun auch die Medizin, hier vor allem die Neurowissenschaften.

Stimmt es eigentlich, dass die Erkenntnis der Innenwelt den Zugang zur Außenwelt erleichtert und außerdem bei der Konfliktlösung hilft? Spätestens seit der Entwicklung der Psychoanalyse wird die Selbstreflexion genutzt, um einen besseren Zugang zu sich selbst und der Welt zu bekommen. Sigmund Freud sprach erstmals 1896 von »Psychoanalyse« und benutzte diese Methode in der Behandlung seiner Patienten. Es ist inzwischen eine Binsenweisheit, dass Konflikte besser gelöst werden können, wenn ich über meinen eigenen Anteil daran nachdenke. Der (erwachsene) Mensch ist somit fähig, über sich selbst zu reflektieren.

Werner Siefer und Christian Weber gehen in ihrem Buch »Ich. Wie wir uns selbst erfinden« der Frage nach, ob es dieses Ich überhaupt gibt und wie es entsteht.[47] An vielen Beispielen zeigen sie, dass wir nur mit Hilfe unseres Gedächtnisses ein selbständiges Leben führen können. Wir brauchen unser Gedächtnis, um so etwas wie ein Ich zu erleben. Nur mit Hilfe des autobiographischen Gedächtnisses wissen wir, wer wir sind, zu wem wir gehören und welche Rolle wir in dieser Welt spielen. Wenn das nicht mehr funktioniert, wenn dieses Gedächtnis gestört ist (z. B. bei der Alzheimer-Krankheit), dann erkennt die Person eben nicht mehr die eigenen Verwandten, die Verankerung in Zeit und Raum ist mehr oder weniger verloren gegangen und das Wissen über sich selbst wird immer lückenhafter.

Gibt es also das Ich oder Selbst im Gehirn? Allein das Vorhandensein eines Gedächtnisses beantwortet die Frage noch nicht ausreichend. Denn auch Tiere, ja eigentlich alle Lebewesen, haben ein Gedächtnis. So ist nachgewiesen, dass Mikroorganismen sich beharrlich in Richtung der Nahrungsquelle bewegen, das heißt, dass sie über einen Geruchs- oder Geschmackssinn verfügen, der ihnen sagt, wo die Nahrung ist, und außerdem können sie sich das merken und diesen Geruch von anderen unterscheiden. Diesen Vergleich können sie nur erfolgreich durchführen, weil sie den Geruch oder Geschmack in ihrem Gedächtnis gespeichert haben. Aber bewusst ist das den Mikroorganismen natürlich nicht, während wir Menschen wissen, dass wir ein Gedächtnis haben, dass wir uns manches gut merken können und manches auch wieder schnell vergessen. Irgendwann in der Evolution ist der Schritt zum Ich gemacht worden, wann das war, wissen wir nicht genau.

Wie sich das Ich von der Geburt bis zum Erwachsenenalter entwickelt, darüber ist dagegen mehr bekannt. Wie das Beispiel von Tom gezeigt hat, können schon Kinder über sich selbst nachdenken. Das heißt, dass das Ich über das Ich reflektieren kann. Um zwischen dem Ich und dem, was das Ich über sich weiß, unterscheiden zu können, wird der Begriff *Selbst* benutzt. Es ist sicherlich auch sinnvoll, zwischen Ich und Selbst zu unterscheiden. Warum? Weil das Ich allgegenwärtig ist, es ist die handelnde, fühlende, denkende Person. Einiges davon, was dieses Ich denkt, fühlt und tut, nehmen wir wahr, erkennen wir als zu uns gehörend und speichern es in unserem autobiographischen Gedächtnis ab. Aber schon seit Freud wissen wir, dass nicht alles, was uns als denkende, fühlende und handelnde Person ausmacht, von uns selbst bewusst wahrgenommen wird. Nur das, was wir von uns wissen, macht unser Selbst aus.

Das Selbst im Gehirn

Tragen wir einmal zusammen, was wir inzwischen aus der Hirnforschung ziemlich gesichert wissen: Menschliche Wesen sind auf Kommunikation eingestellt, sie gedeihen nur in der menschlichen Gemeinschaft. Damit die Kommunikation von Anfang an gelingt, haben sie in ihrem Gehirn speziell dafür vorgesehene Nervenzellen. Es muss irgendwann in der Geschichte der Menschwerdung von großem Vorteil gewesen sein, sich auf Mitmenschen verlassen zu können, für andere zu sorgen und in der sozialen Gemeinschaft zu leben. Zumindest können wir nur von denen abstammen, die das verstanden hatten. Wir wissen zwar schon lange aus der Entwicklungspsychologie, dass bereits Säuglinge ihre Bezugspersonen nachahmen und dass diese Fähigkeiten anfangs zu ihren wichtigsten Lernvoraussetzungen gehören. Denn gelernt wird immer, die Anregungen dazu kommen aber aus der Welt, in die das Kind hineingeboren wird. Sicherlich ist in dieser Welt nicht immer alles ideal für das Heranwachsen eines Kindes, aber solange es sich sicher sein kann, dass es Menschen oder zumindest einen Menschen gibt, für den es das Liebste ist, kann es auch schwierige Situationen meistern.

Jeder Psychotherapeut weiß, dass psychisch beeinträchtigte Personen nichts nötiger brauchen als mehr Selbstwertgefühl. Das kann sich darin äußern, dass sie nicht mehr an sich und ihre Möglichkeiten glauben, weil sie sich als Versager sehen, ihre Ressourcen nicht kennen oder verleugnen, weil sie ihre Welt und die anderen Menschen als gegen sich gewandt erleben. Wenn es das Selbst im Gehirn nicht gäbe, wenn wir uns unserer nicht selbst bewusst sein könnten, warum hat dann der Verlust des Gefühls, wertvoll zu sein, derartige Folgen?

In unserem Gehirn – genauer gesagt in den beiden Schläfenlappen – haben wir ein paariges Zellgebiet, wo alle Informationen, die unser Gehirn erreichen, erst einmal bewertet werden. Es wird *Amygdala* (Mandelkern) genannt. Diese wichtige Fähigkeit unseres Gehirns hat so manchem unserer Vorfahren das Leben gerettet, und das gilt auch für uns. Stellen Sie sich vor, Sie würden nicht ausweichen, wenn ein Auto auf Sie zurast! Keine Sorge, Sie haben Ihr Gehirn und Ihren Mandelkern, der kann diese Situation in der Regel blitzschnell einschätzen und veranlassen, dass Sie genau das Richtige machen und zur Seite springen. Unsere Urahnen konnten nur überleben, wenn sie die Gefahren, die ihnen bei der Suche nach Nahrung begegneten, schnell erkennen konnten. Heute sind es natürlich ganz andere Gefahren, die überall lauern. Denken wir zum Beispiel an eine Prüfung. Wir alle haben schon erlebt, wie furchtbar schlecht es uns geht, wenn wir das Gefühl haben, dass wir versagt haben. Warum haben die meisten Menschen Angst vor einer Prüfung? Kein Prüfer und keine Prüferin werden dem Prüfling wehtun. Was also ist in Gefahr? Wenn es nicht unsere leibliche Existenz ist, dann kann es nur unsere psychische sein. Wir befürchten eine Blamage, eine Verletzung unserer persönlichen Integrität, einen Angriff auf unser Selbstwertgefühl. Damit dies nicht passiert, werden die unterschiedlichsten Strategien eingesetzt. Man spricht auch von *selbstwertdienlichen Strategien*.

Wohlbefinden und Selbstwert

Wie beeinflusst das Selbstwertgefühl unser Wohlbefinden? Um diese Frage zu beantworten, zunächst ein paar Gedanken zu den Begriffen *Gesundheit* und *Wohlbefinden*. Was Menschen unter gesund verstehen, hat sich immer wieder verändert. So gab es durchaus Zeiten, in denen Leibesfülle als ein Zeichen von Gesundheit galt. Auch heute noch gibt es auf unserer Erde Kulturen, wo das so ist. Es wird eigentlich gut verständlich, wenn wir uns die Lebensumstände der Menschen ansehen. Wenn Lebensmittel knapp sind, sind nur jene Menschen gut genährt, die nicht Hunger leiden müssen, weil sie zum Beispiel zu den Privilegierten gehören. Auf den Bildern von Peter Paul Rubens, der zur Zeit der Barock-Epoche seine Bilder malte, sind die Frauen, nach heutigen Maßstäben beurteilt, dick. Man nahm seinerzeit an, dass die Leibesfülle ein Zeichen von Gesundheit sei und man dadurch weniger der Gefahr der Schwindsucht – einer damals sehr verbreiteten Krankheit – ausgesetzt sei. Rubens malte das damalige Schönheits- und Gesundheitsideal.

Zweihundert Jahre später sind dicke Menschen diejenigen, die eher als Schlanke gefährdet sind, einen Herzinfarkt zu erleiden oder an Diabetes zu erkranken. Der dünne, sportliche Leib gilt als schön. Auch wenn die Model-Idole inzwischen junge Menschen zu ungesunden Hungerkuren und Exzessen von Fitness-Training veranlassen, scheinen sie sich wohl zu fühlen. Sie sind zufrieden, wenn sie dem Ideal entsprechen, das ihnen vorgegaukelt wird. Am Beispiel der Essstörungen – etwa der Magersucht – ist gut zu erkennen, dass das Wohlbefinden immer ein subjektives Gefühl ist. Und dieses wiederum wird sowohl von körperlichen, psychischen als auch sozialen Aspekten bestimmt. So wird die magersüchtige Jugendliche wahrscheinlich meinen, den sozialen Werten zu entsprechen und die notwendige Anerkennung und Selbstwertstärkung zu finden. Ihre psychischen Probleme sind ihr oft nicht bewusst. Es wäre zum Beispiel zu untersuchen, welche anderen Wege möglich oder nicht möglich gewesen wären, um diese Bedürfnisse befriedigen zu können. Die körperlichen Schäden sind gravierend, werden aber nicht wahrgenommen oder zugunsten der sozialen Anerkennung ignoriert. Die Zusammenhänge sind oft sehr kompliziert. Interessant ist aber, dass Essstörungen moderne Krankheiten sind, und sie sind in jenen Ländern verbreitet, in denen Lebensmittel in ausreichendem Maße zur Verfügung stehen.

Viele schätzen die chinesische Medizin. Bis zum Ende des 20. Jahrhunderts waren die chinesischen Menschen ein Vorbild, was ihre gesunde Lebensweise betraf. Sie können in Shanghai zum Beispiel unendlich viele kleine Massage-Stuben finden, wo Sie für fünf Euro eine Stunde lang massiert werden. Oder Sie gehen morgens in einen Park und treffen viele Menschen – Alte und Junge – beim Tai Chi, einem Bewegungssport, der seit einiger Zeit auch in Deutschland ausgeübt wird. Aber in den letzten zwei Jahrzehnten geschieht in China Ungeheuerliches: McDonald's hat Einzug gehalten, und den Stress der westlichen Welt hat der Wirtschaftsboom auch mitgebracht. Chinesische Frauen lassen sich operieren, um nicht mehr so asiatisch auszusehen. Es gibt inzwischen auch Essstörungen und diese Erkrankungen stellen eine zunehmende Gefahr in China dar.[48]

Wenn das Selbst in Gefahr ist

Erinnern wir uns noch einmal an die Prüfungssituation. Was der Prüfling erlebt, kann auch als Stress bezeichnet werden. Bei Stress fühlt sich die betreffende Person eingeengt, steht unter Druck und hat außerdem Angst. Die Situation oder der Stressor wird immer von der Person selbst bewertet, das heißt, wenn sie meint, überfordert zu sein, wenn sie meint, dass sie das nicht schaffen wird, und etwas »Schlimmes« befürchtet – letztlich ihr Wohlbefinden gefährdet ist –, dann entsteht dieses einengende Gefühl. Das wiederum ist in einer Prüfung besonders verhängnisvoll, weil auch das Denken eingeengt wird. Unter Stress und Angst geht die Kreativität verloren.

Abgesehen von der Prüfungssituation, die bei den meisten Menschen Stress auslöst, ist unser tägliches Leben voller Stressoren. Aber – und das ist wichtig – sie werden unterschiedlich erlebt. Was von der einen Person als Stress erlebt wird, kann von der anderen als Herausforderung angenommen werden.

Aaron Antonovsky hat sich in seinen Arbeiten mit Stress beschäftigt und meint, dass Menschen mit einem hohen Kohärenzgefühl zu jenen gehören, die mit Belastungen besser umgehen können.

Stellen Sie sich vor, eine Schülerin wird für die Ausbildung zur Konfliktschlichterin vorgeschlagen. Diese Aufgabe wird von der Schülerin mit einem starken Kohärenzgefühl als Herausforderung erlebt und löst aufgeregte Spannung aus. Sie empfindet darüber Freude und Stolz. Eine Schülerin mit einem schwachen Kohärenzgefühl wird der neuen Aufgabe wenig Optimismus entgegenbringen, Emotionen wie Verunsicherung und Angst sind eher wahrscheinlich.

Das hängt auch damit zusammen, welche Erwartungen an diese neue Aufgabe gestellt werden. Die Schülerin mit einem schwachen Kohärenzgefühl wird sich vor Augen führen, dass sie nun eine unbekannte Aufgabe übernehmen muss, dass sie mit ihren Mitschülern und Mitschülerinnen über Konflikte verhandeln muss, dass sie also viel mehr Verantwortung haben und im Blickfeld anderer Personen stehen wird. Das sieht natürlich auch die Schülerin mit einem starken Kohärenzgefühl, jedoch mit dem Unterschied, dass sie sich auf die neue Aufgabe freut und daran glaubt, die nötigen Ressourcen zu haben oder sie sich aneignen zu können, um dieser Herausforderung gewachsen zu sein.

Kommen wir noch einmal zurück zur Prüfungssituation. Was könnte der Prüfungskandidat, der einer Verletzung seiner Persönlichkeit entgehen möchte, tun? Bei jeder Gefahr (auch der existentiellen) gibt es zunächst zwei Möglichkeiten: Flucht oder Angriff. *Flucht* würde in dem Prüfungsbeispiel heißen, dass der Kandidat nicht zur Prüfung geht. Dazu gibt es eine Reihe von Möglichkeiten, zum Beispiel einen Antrag auf Terminverschiebung zu stellen oder sich krank zu melden. *Angriff* würde bedeuten, auf die Gefahr zuzugehen und sich mutig in die Prüfungssituation zu begeben. Aber auch in der Prüfungssituation werden wieder verschiedene Strategien zum Selbstschutz eingesetzt. So kann er sich zum Beispiel ein Handicap zulegen, wie es in folgendem Fall geschah:

Ein Student nahm bewusst vor der Prüfung zwei starke Beruhigungstabletten ein, während der Prüfung schien er fast einzuschlafen, verstand die Fragen schlecht und konnte demgemäß auch kaum richtig antworten. Das schlechte Ergebnis konnte er dann aber so interpretieren, dass es seinen Selbstwert nicht beschädigte. Es ist eben selbstwertdienlicher zu sagen: »Ich habe eine Beruhigungstablette zu viel genommen und war total müde in der Prüfung«, als sagen zu müssen: »Ich wusste zu wenig.«

Eine andere Strategie könnte sein, dass die Schuld den Prüfenden gegeben wird. Hier ein paar mögliche Schuldzuweisungen: »Ich habe besonders schwere Fragen bekommen«; »Die Prüfer konnten mich noch nie leiden«; »Die haben mich nicht ausreden lassen«.

Schließlich ist es immer noch besser, ein schlechtes Ergebnis damit zu begründen, dass man nicht genug Zeit zum Lernen hatte und das Falsche gelernt hat, als zugeben zu müssen, dass man zu wenig weiß – oder noch schlimmer, zu erkennen, dass man notwendige Fähigkeiten wie das logische Denken, das Argumentieren und das Anwenden von Wissen nicht besitzt.

Auch Kinder kennen schon den hohen Wert von Leistung. Deshalb haben Misserfolge in der Schule besonders spürbare Auswirkungen auf das Selbstwertgefühl und das Wohlbefinden des Kindes.

Es ist nicht zu übersehen, dass die Unterschiede im Aufwachsen von Kindern in unserem Land immer größer werden und insgesamt eine zunehmende Chancenungleichheit für die Entwicklung während der Kindheit festgestellt werden muss. Einerseits begegnen wir den wohlbehüteten und von den Eltern umsorgten Kindern, andererseits den einsamen, vernachlässigten, ängstlichen oder aggressiven Kindern, die sich in Gruppen zusammentun und sehr früh kriminell werden. Sie wollen ihr Selbstwertgefühl durch Gewalt gegen andere Kinder erhalten und ihren Mut unter Gleichgesinnten erproben.

In der Grundschule lernen noch alle Kinder gemeinsam, darum kommt dieser Bildungseinrichtung eine besondere Bedeutung bei der individuellen Förderung der Kinder und der Gestaltung einer gesunden Lernatmosphäre zu. Dazu gehören zum Beispiel die systematische und zielgerichtete Entwicklung und Förderung von Kompetenzen, die den Kindern helfen, mit den Belastungen ihres Lebens produktiv umgehen zu können. Wir können nicht die Stressoren beseitigen, können aber die Kinder befähigen, auf die Konfrontation mit ihnen besser vorbereitet zu sein.

Beziehung und Selbstwert

Virginia Satir war eine bekannte und sehr erfolgreiche Psychotherapeutin. Sie lebte von 1916 bis 1988 in den USA und wird manchmal als *Mutter der Familientherapie* bezeichnet. Es kam einer Revolution gleich, als in den 1950er Jahren das systemische Denken in die Therapie Einzug hielt und begonnen wurde, die Therapie von der Einzelperson auf die Familie auszudehnen und die Kommunikation der Familienmitglieder untereinander in den Mittelpunkt des Interesses zu rücken. Das bedeutete eine Loslösung von dem damals alles beherrschenden psychoanalytischen Konzept therapeutischen Arbeitens. Virginia Satir gehörte zu der in Palo Alto praktizierenden Gruppe und hat selbst berichtet, wie sie zufällig bei der Arbeit mit einer Patientin entdeckte, welchen Unterschied es ausmacht, die Patientin isoliert oder in ihrem Beziehungsgefüge zu erleben.

Es war im Jahre 1951, Frau Satir arbeitete als Psychoanalytikerin. Sie behandelte eine an Schizophrenie erkrankte junge Frau. Nach sechs Monaten beklagte sich die Mutter der Patientin und wollte Frau Satir wegen »Entfremdung der Zuneigung« verklagen. Diese lud die Mutter ein, zur nächsten Sitzung der Tochter mitzukommen. Plötzlich erlebte sie eine völlig veränderte Patientin und sie entschloss sich, weiter mit beiden zu arbeiten. Als sie schließlich auch den Vater hinzuzog – was damals völlig ungewöhnlich war –, erlebte sie eine neue Überraschung: »Sowohl die Mutter als auch die Tochter waren da, wo wir angefangen

Abbildung 8: Virginia Satir

hatten.« So kam sie von der Betrachtung der Psyche der Tochter über die Analyse der Kommunikation zwischen Mutter und Tochter schließlich zu den Strukturelementen des Systems Familie (auch der Bruder wurde noch hinzugezogen).

Nach diesen Erfahrungen galt der Kommunikation in der Familie nunmehr ihr besonderes Augenmerk. Die Familie ist das System, in dem der Mensch seine ersten Kommunikationserfahrungen macht und wo die Bindungen entstehen, die ein Menschenkind für seine Entwicklung braucht. Der Austausch miteinander ist in der Familie besonders dicht und schnell, er ist sehr intim und auch von Körperkontakten getragen. Wie Familienmitglieder miteinander kommunizieren, ist von hoher Stabilität gekennzeichnet, weil alle Beteiligten eine gemeinsame Geschichte haben, weil sie gleiche oder ähnliche Werte verinnerlicht haben und nach gleichen Regeln handeln. Weil die Familie normalerweise gut zusammenarbeitet, ist sie die entscheidende Instanz für die Entwicklung des Selbstwertes. Dabei sind die Erfahrungen aus der frühen Kindheit besonders bedeutsam. In den meisten Familien kann das Kind Erfahrungen machen, die seinen Selbstwert stärken. Die Bezugspersonen vermitteln durch ihr Verhalten dem Kind Wertschätzung und geben ihm Sicherheit. Sie lieben ihr Kind, vertrauen auf seine Entwicklung und freuen sich über Fortschritte, sie reden offen und akzeptieren die Individualität und die Besonderheiten ihres Kindes.

Eltern verfolgen mit großen Erwartungen, mit viel Aufmerksamkeit und Stolz das Heranwachsen ihres Kindes. Für Mama und Papa, für Oma und Opa und für die Geschwister ist dieses Kind in den meisten Fällen das schönste, das liebste und allerbeste Baby. Das spiegeln sie auch in ihrem Verhalten gegenüber dem kleinen Kind. Das Lächeln der Mutter, wenn sie ihr Kind anschaut, die warme kosende Stimme, wenn sie zu ihm spricht, und das intuitive Verstehen der kindlichen Wünsche – das sind Beispiele dafür, wie dem Kind mitgeteilt wird, dass es geliebt wird.

Für Virginia Satir war die Familie jener Ort, wo der Selbstwert eines Menschen sich entwickelt. Dazu sei es ihrer Meinung nach notwendig, dass Kinder in einer Atmosphäre aufwachsen, »in der individuelle Unterschiede gewürdigt werden, Liebe offen zum Ausdruck gebracht wird, wo die Möglichkeit besteht, aus Fehlern zu lernen, wo offen kommuniziert wird, Regeln flexibel gehandhabt werden, Verantwortlichkeit (Übereinstimmen von Versprechungen und deren Umsetzung in die Realität) vorgelebt wird und Ehrlichkeit praktiziert wird«.[49]

Sie hat in ihrem Buch »Kommunikation – Selbstwert – Kongruenz« auch gezeigt, zu welchen Kommunikationsstörungen es führt, wenn diese Bedingungen nicht vorhanden sind.

Gegenwärtig scheinen wir auch zu erleben, wozu es führt, wenn das Streben nach Individualität im Vordergrund steht und das Gemeinschaftsgefühl – was sich unter anderem als Solidarität äußert – verloren geht. Nur in Ausnahmesituationen wie zum Beispiel bei dem verheerenden Tsunami im Dezember 2006 in Südostasien tritt es wieder hervor, und wir bemerken, dass dieses Gefühl tief in uns verankert ist.

Im Wissen um seine Stärken, die das Selbstvertrauen bekräftigen, kann der Mensch die Kräfte, die die Kontrolle über seine Lebensbedingungen ermöglichen, selbstwirksam und selbstbestimmt mobilisieren. Das im interaktiven, kooperativen Miteinander bestärkte Selbstwertgefühl bekräftigt einen widerstandsfähigen Lebensmut, wodurch das Leben lebenswert und bedeutungsvoll wird. Das so im Sinne des salutogenetischen Ansatzes geförderte Kohärenzgefühl stärkt die Handlungsfähigkeit des Menschen und sein Vertrauen, die extern und intern gestellten Anforderungen bewältigen zu können. Dies wiederum stärkt das Gefühl der Selbstsicherheit. So verstanden vermag der Mensch, den herausfordernden Lebensaufgaben einen subjektiven Sinn zu verleihen und sie mit den eigenen Erwartungen und Bedürfnissen in Einklang zu bringen. Unter Aktivierung seiner Selbstgestaltungspotenziale und -kräfte wird der Mensch dazu befähigt, generativ und kreativ zu handeln, die Regieführung für sein Leben verantwortlich zu übernehmen.

Wir wissen außerdem, dass ein Menschenkind nur im Schutz der Gruppe, in die es hineingeboren wird, gedeihen kann. Zum Überleben braucht es zumindest eine Bezugsperson, zur gesunden Entwicklung aller seiner Potenziale die soziale Gemeinschaft, die je nach Alter des Heranwachsenden und gemäß den Entwicklungsaufgaben, die die Gesellschaft für das Kind bereithält, variiert. Die Bindungsforschung hat viel über den Zusammenhang von Bindung und Persönlichkeitsentwicklung herausgefunden. Vor allem konnte gezeigt werden, wie die Qualität der Bindung das Heranwachsen des Menschen beeinflusst. Mehr dazu im nächsten Kapitel, das uns mit dem Zugehörigkeitsgefühl bekanntmacht.

Kapitel 3:
Die personale Ressource Zugehörigkeitsgefühl

>»Ich« zu sagen macht nur in einer Gemeinschaft Sinn.
>Nur noch »Ich« zu sagen ist eine Perversion,
>ein sich selbst auflösender Akt.
>Das Ich ist nur denkbar im Wir.
>
>Werner Siefer und Christian Weber

»Wir sind wir. Du gehörst zu uns, du bist hier willkommen.« Wer dieses Gefühl erlebt, könnte ein Mensch mit einem guten Zugehörigkeitsgefühl sein. Das scheint bei vielen Kindern auch so zu sein, zumindest in der Familie fühlen sich die Kinder normalerweise willkommen, sie fühlen sich sicher, akzeptiert und geliebt.

> Das Zugehörigkeitsgefühl ist die gefühlsmäßig verankerte Beziehung zu anderen Menschen und schließt Resonanz, Sicherheit und Verbundensein ein.

Aus den zur Verfügung stehenden Daten sowohl aus der Resilienzforschung als auch aus den Erkenntnissen der Neurobiologie lässt sich mit Sicherheit sagen, dass der Mensch, aber auch schon unsere Vorfahren – die Affen und Halbaffen – auf Rückmeldungen von anderen, auf Resonanz bzw. Widerspiegelung, angewiesen sind.

Ich bin allein ...

Bei der inhaltlichen Auswertung der Niederschriften von Grundschülern zum Thema »Wie ich bin«, von denen schon berichtet wurde, wurde sehr deutlich, dass die Jungen und Mädchen sich immer als Teil ihrer Familie, ihrer Lerngruppe (Schulklasse) und ihrer Gleichaltrigen-Gruppe beschrieben. Bei Beziehungsproblemen in einem dieser Lebensbereiche spiegelte sich das in den Aussagen deutlich wider, und es war nachzuvollziehen, welche

Auswirkungen diese Situation auf das Zugehörigkeitsgefühl hatte. Außerdem konnte der Zusammenhang zum Selbstwertgefühl gut erkannt werden. Schauen wir uns an, wie Sara sich und ihre Welt erlebt.

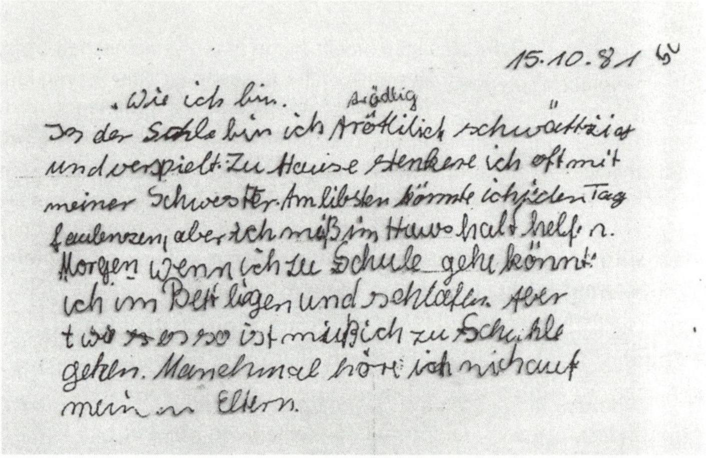
15.10.81 5c
„Wie ich bin."
trödlig
In der Schule bin ich trötlilich schwättzig
und verspielt. Zu Hause stenkere ich oft mit
meiner Schwester. Am libsten könnte ich jeden Tag
faulenzen, aber ich miß im Haushalt helfen.
Morgen wenn ich zu Schule gehe könnt
ich im Bett ligen und schlafen. Aber
wie es so ist müß ich zu Schule
gehen. Manchmal hör ich nicht auf
meinen Eltern.

Abbildung 9: Aufsatz von Sara im fünften Schuljahr

Sara schreibt (Abbildung 9; Text leicht korrigiert):

In der Schule bin ich trödlich, schwätzig und verspielt. Zu Hause stenkere ich oft mit meiner Schwester. Am liebsten könnte ich jeden Tag faulenzen, aber ich muss im Haushalt helfen. Morgens wenn ich zur Schule gehe könnte ich im Bett liegen und schlafen. Aber wie es so ist, muss ich zur Schule gehen. Manchmal höre ich nicht auf meine Eltern.

Ein Jahr später schreibt sie:

In der Schule kann mich keiner leiden. Ich habe keine Ehre und kenne keine Ehre. Ich bin eigenwillig. Zu Hause geht es mir gut. Ich mache die Arbeiten, die auf dem Plan stehen ... In der Schule bin ich nervös. Ich weiß nicht was mit mir los ist.

Im achten Schuljahr schreibt Sara nur vier kurze Sätze:

Bin allein stehend. Keiner kann mich leiden. Alle hänseln mich. Ich gehe immer alleine essen.

Auch im neunten und zehnten Schuljahr schreibt sie über ihre Probleme. Lesen wir noch, was Sara im zehnten Schuljahr geschrieben hat:

Ich bin ziemlich sensibel. Ich nehme mir kleine Dinge sehr zu Herzen. Also mache, sozusagen, aus einer Mücke einen Elefanten. Oft bin ich sehr launisch und man kann mich leicht kränken, also ziemlich empfindlich in vielen Punkten. Meine Kindheit habe ich eigentlich nicht sehr genossen. Ich meine was die Freizeit betrifft, die ich kaum besaß. Mit meiner Mutter verstehe ich mich selten, weil ich mich fast immer im Recht glaube. In den letzten paar Jahren habe ich mich in Punkto Selbsteinschätzung nicht sehr entwickelt. Das kann auch an dem Einfluss meiner Mutter liegen. Aber ich finde, dass ich meiner Schwester sehr ähnlich bin. Und zwar verrückt. Ich mache aus vielen Sachen was Ulkiges, wo dann andere sagen: »Du bist ja verrückt!«. Aber so bin ich nun mal. Und ich glaube das man daran nichts ändern kann. Und ich will mich auch nicht ändern. Ich will und möchte so bleiben wie ich jetzt bin. Einfach und verrückt in meinem ganzen Gehabe und Getue. Ich möchte Leute bei guter Laune behalten oder ihnen etwas Glück oder Liebe entgegenbringen. Was mir oft, um nicht zu sagen überhaupt, fehlt: Dass mich jemand braucht und der mich versteht und den ich brauche und verstehe. Aber so einen gibt es ja nicht. Ich bin meistens allein. Meistens fühle ich mich wohl wenn ich alleine bin, aber andererseits vermisse ich Gesellschaft, wo ich mich wohl fühlen kann. Manchmal, eher öfter, brauche ich Hilfe. Aber ich traue mich dann nicht die Anderen zu fragen, da ich Angst habe. Ich weiß nicht, was mit mir los ist.

Der Satz »Ich weiß nicht, was mit mir los ist« kommt mehrmals in den Niederschriften von Sara vor. Sie scheint sich selbst die Schuld dafür zu geben, dass sie so wenige Kontakte zu ihren Mitschülern hat, weiß aber nicht, was mit ihr los ist. Heranwachsende, die das Gefühl von Zugehörigkeit nicht oder nur begrenzt entwickeln können, versuchen mit unterschiedlichen Strategien dieses Problem zu bewältigen. Sara scheint nur die Ähnlichkeit mit ihrer Schwester als Verbundensein zu erleben. Um ihren Selbstwert zu retten, sagt sie schließlich, dass sie ja auch gern allein sei und dass sie eben irgendwie verrückt und anders sei und auch bleiben möchte. Diese Bewältigungsstrategie ermöglicht ihr einen gewissen Selbstwertschutz.

Wir wollen uns nun noch etwas gründlicher mit der Aussage beschäftigen, dass der Mensch auf Rückmeldungen von anderen, auf Resonanz bzw. Widerspiegelung, angewiesen sei.

Die Spiegelneurone

Es war eine zukunftsweisende Erkenntnis, als eine Gruppe von Hirnforschern an der Universität in Parma im Jahre 1992 die Spiegelneurone entdeckte. Eigentlich war es einem Zufall zu verdanken.

Vittorio Gallese, Giacomo Rizzolatti, Leonardo Fogassi und Luciano Fadiga leiteten bei Schweinsaffen, einer Makaken-Art, elektrische Signale von grauen Zellen ab, die die Bewegung steuern. Sie legten eine Nuss hin und beobachteten, wie ein bestimmtes Neuron feuerte, wenn der Affe nach der Nuss griff. Und die Forscher hörten ein Knattern. Dann streckte Vittorio Gallese einmal den Arm nach den Nüssen aus, und da ging das Knattern auch los, obwohl der Affe nur zuschaute. Erst dachten sie, es handele sich um einen Fehler an den Geräten. Sie probierten es wieder und wieder ... und siehe da, der Affe bzw. sein Gehirn verhielt sich so, als könne es sich in den Kopf des Forschers versetzen. Sie schlussfolgerten: Wenn das Tier die Bewegungen eines anderen beobachtet, spiegeln diese Neuronen also das Verhalten des anderen. Die Forscher nannten sie deshalb Spiegelneurone.

Noch nie davor hatte jemand beobachtet, wie das Gehirn bestimmte Bewegungen simuliert, die in Wirklichkeit von der Person gar nicht ausgeführt werden. Das war eine Sensation, und es gab von nun an ein neues Zauberwort: die *Spiegelneurone*. Wissenschaftler in aller Welt stürzten sich von nun an auf deren Erforschung. Wir wissen natürlich seit langem, dass es so etwas wie Ansteckung beim Verhalten gibt. Denken wir nur an das Gähnen oder an den ansteckenden Jubel, wenn die Mannschaft, mit der man miteifert, ein Tor schießt – da liegen sich nicht nur die Akteure, sondern auch die Zuschauer in den Armen. Kann unser soziales Verhalten jetzt damit erklärt werden? Sind diese besonderen Neuronen – inzwischen weiß man sogar, wo sie sich in unserem Gehirn befinden – der Ort unseres Mitgefühls? Es gibt noch viele offene Fragen und vielleicht die Möglichkeit, sie eines Tages zu unserem Nutzen beantworten zu können. Anscheinend gibt es ja auch Mitmenschen, die kein Mitleid empfinden, die andere gern quälen. Was ist mit deren Spiegelneuronen passiert?

Joachim Bauer, Professor an der Universität in Ulm, hat sich darüber Gedanken gemacht. In seinem Buch »Warum ich fühle, was du fühlst«[50] werden die wunderbaren Möglichkeiten, die uns schon bei der Geburt durch das Vorhandensein von Spiegelneuronen mitgegeben sind, an vielen Beispielen verdeutlicht. Es wird aber auch gezeigt, dass sie sich nur einspielen, wenn sie benutzt werden. Fehlt der menschliche Kontakt, fehlt die Person, von der das Kind Resonanz erlebt, dann wird die Chance vertan, die Spiegelneurone können nicht feuern und sie verkümmern. Die biologische Ausstattung ist also nur eine Voraussetzung, aber keine Garantie dafür, dass daraus das, was möglich ist, auch wirklich wird. Die vorhandenen Spiegelneurone müssen sich einüben können, und das können sie nur, wenn sie ein Beziehungsangebot bekommen.

Joachim Bauer sagt, dass »der Empfang einer Mindestdosis von verstehender Resonanz ein elementares biologisches Bedürfnis ist, ohne das wir letztendlich gar nicht leben können«.[51] Normalerweise haben Kinder Bezugspersonen, die ihnen mit Liebe und Sensibilität begegnen. Aus der Resilienzforschung (siehe folgendes Kapitel), aber auch aus Experimenten, die aus heutiger Sicht ethisch unverantwortlich waren[52], wissen wir, dass zumindest eine solche Person notwendig ist, damit das menschliche Wesen überleben kann. Die besten Resonanzgeber sind die Eltern, sie machen intuitiv genau das, was das Kind braucht. Zwischen der Mutter und dem Kind beginnt vom ersten Tag an ein Spiel der gegenseitigen Spiegelungen und des Imitierens.

Resonanz heißt also für das Kind: Es wird wahrgenommen und erhält Rückmeldung. Im positiven und die Entwicklung fördernden Fall wird es nicht nur wahrgenommen, sondern in seinem So-Sein angenommen, es erhält Zuwendung, Anerkennung und den Selbstwert stärkende Rückmeldungen, es kann sich seiner Bezugsperson sicher sein und darf aktiv in das Geschehen eingreifen.

Die Gewissheit des Kindes, dass es auf die Unterstützung seiner Bezugspersonen vertrauen kann, gehört zu den wichtigsten Ressourcen und ist ein bedeutsamer Gesundheitsfaktor. Das ist auch aus der Resilienzforschung bekannt.

Die Resilienz

Unter Resilienz wird die Fähigkeit verstanden, Herausforderungen und Krisen des Lebens zu meistern und die neuen Erfahrungen in das Repertoire der eigenen Ressourcen zu integrieren. Resiliente Personen ergreifen auch unter ungünstigen Bedingungen die sich bietenden Möglichkeiten, sie setzen sich aktiv mit den Widrigkeiten auseinander und haben ein realistisches Bild von ihren Fähigkeiten.

Es ist wichtig, sich dessen bewusst zu sein, dass Resilienz keine angeborene und stabile Eigenschaft von Personen ist. Sie entwickelt sich vor allem in der Kindheit bei der Auseinandersetzung mit den Stressoren und Risiken des Lebens. Das weist darauf hin, dass Kinder nur resilient werden können, wenn sie belastende Lebensumstände bewältigen müssen und wenn sie dabei geführt und unterstützt werden. Das wiederum gelingt am besten, wenn möglichst frühzeitig eine verlässliche Bezugsperson zur Verfügung steht.[53]

Ähnlich wie im Modell der Salutogenese geht es auch bei diesem Konzept darum, sich nicht nur an Defiziten zu orientieren, sondern eine alternative Sichtweise einzunehmen.

Wenn Wissenschaftler herausfinden wollen, was Menschen hilft, mit dem Leben gut klarzukommen und worin sich resiliente Menschen von nichtresilienten unterscheiden, dann sind Längsschnittuntersuchungen besonders hilfreich. Frau Emmy Werner und ihr Forscherteam haben solch eine Untersuchung im Jahre 1955 gestartet. Sie sind auf die Insel Kauai – eine zu Haiwii gehörende Insel – gegangen und haben dort alle Kinder (insgesamt 698) dieses Jahrgangs über viele Jahre ihres Lebens begleitet. Ihr Anliegen war, herauszufinden, wie sich unterschiedliche Lebensumstände auf die Heranwachsenden auswirken. 210 dieser Kinder gehörten zu der so genannten Risikogruppe: Ihre Familien waren arm, es gab Scheidungen und psychische Krankheiten, ihre Mütter hatten keinen Schulabschluss. Von diesen Kindern entwickelten zwei Drittel bis zum Alter von 10 Jahren Lern- und Verhaltensprobleme, bis zum 18. Lebensjahr wurden sie straffällig oder psychisch krank, manche wurden auch straffällig und zugleich krank.

Das wichtige Ergebnis dieser Untersuchung jedoch war, dass ein Drittel dieser unter schwierigen Bedingungen aufwachsenden Kinder sich zu kompetenten Erwachsenen entwickelte. Sie beendeten erfolgreich die Schule und kamen in ihrem Leben gut zurecht. Im Erwachsenenalter waren sie weniger krank, nicht arbeitslos und waren nicht mit dem Gesetz in Konflikt geraten. Emmy Werner und ihr Forscherteam konnten erstmals der Frage nachgehen, warum der Lebensweg der Kinder so unterschiedlich verlaufen war, obwohl sie vergleichbaren Risiken ausgesetzt waren. Diese Untersuchung leitete einen Perspektivenwechsel ein: Von der Suche nach den Risikofaktoren verlagerte sich der Schwerpunkt auf die Suche nach den Schutzfaktoren. Welche Schutzfaktoren konnten sie finden? Die Forscher und Forscherinnen fassten das, was sie herausfanden, in drei Gruppen zusammen:

– Schutzfaktoren des Individuums,
– Schutzfaktoren der Familie und
– Schutzfaktoren des Umfelds.[54]

Schutzfaktoren des Individuums: Die Kinder wurden als liebevoll, aktiv, anschmiegsam, freundlich und »pflegeleicht« beschrieben. Im Kleinkindalter verlief ihre sprachliche Entwicklung relativ schnell, sie waren früher selbständig als die Kinder, die später Schwierigkeiten hatten. In der mittleren Kindheit zeichneten sie sich dadurch aus, dass sie stolz auf sich waren und anderen Kindern gern halfen. Als Jugendliche glaubten sie an ihre Selbstwirksamkeit, das heißt, sie waren überzeugt davon, Probleme durch eigenes Handeln lösen zu können. Ihre Lebenspläne waren realistisch.

Schutzfaktoren in der Familie: Die resilienten Kinder fanden trotz ungünstiger Lebensumstände in ihrer Umgebung immer (zumindest) eine emotional stabile Person, zu der sie eine enge Bindung aufbauen konnten. Es waren die Großeltern, Geschwister, eine Tante oder ein Onkel. Kinder aus religiösen Familien schienen zudem eher Resilienz zu entwickeln als Kinder aus nichtreligiösen Familien.

Schutzfaktoren des Umfeldes: Da sich die resilienten Kinder durch ein besonderes Geschick auszeichneten, selbst »Ersatzeltern« zu finden, hatten sie auch keine Schwierigkeiten, sich im sozialen Umfeld emotionale Unterstützung zu holen. Sie bauten guten Kontakt zu anderen Kindern oder Jugendlichen auf, hatten Freunde, einen Lieblingslehrer, fürsorgliche Nachbarn und gehörten zu kirchlichen Gruppen mit engem Kontakt zum Pfarrer.

Diese Untersuchung hat gezeigt, dass nur dann Resilienz entstehen kann, wenn das elementare Grundbedürfnis von verstehender Resonanz eines heranwachsenden Kindes befriedigt wird. Der Mensch als soziales Wesen braucht den anderen Menschen und die Gemeinschaft zur Entwicklung seiner potentiell vorhandenen Möglichkeiten.

Das soziale Wesen Mensch

Der Mensch ist ein zutiefst soziales Wesen. Was das wirklich bedeutet und welche Schlussfolgerungen wir daraus für das Zusammenleben auf unserem Planeten ziehen müssten, wird viel zu wenig diskutiert. In den letzten Jahrzehnten des vorigen Jahrhunderts waren für die moderne westliche Welt ganz andere Fragen bedeutsam. Themen der Auseinandersetzungen waren Individualisierung und Selbstverwirklichung, Autonomie und Selbstbestimmung. In der Pädagogik äußerte sich das unter anderem in Erziehungsvorstellungen wie antiautoritäre Erziehung, freie Pädagogik oder offener Unterricht.

»Jeder ist sich selbst der nächste« – das ist die Prämisse einer auf Konkurrenzkampf und den Erfolg des Tüchtigen gegründeten Gesellschaft. Das von Charles Darwin (1809–1882)[55] entwickelte Grundprinzip der Natur – *Kampf ums Überleben* – wurde auf die menschliche Gesellschaft übertragen und war eine willkommene Theorie für die Begründung der Vorzüge einer kapitalistischen Weltordnung. Das war ein Irrtum und hatte Folgen: Gemeinsame Traditionen des Zusammenlebens gingen verloren, und der inzwischen beklagte Werteverlust macht der Gemeinschaft immer mehr zu schaffen. Die Vision einer gerechten Gesellschaft wird immer blasser, die Kluft zwischen Arm und Reich immer größer. Erlebte Ungerechtigkeit gefährdet den sozialen Frieden. Da es in diesem Buch vor allem um die Entwicklung und das Gedeihen von Kindern geht, wollen wir die Folgen vor allem an der von der Gesellschaft verantworteten Bildungspolitik festmachen. Obwohl Deutschland bei allen drei internationalen PISA-Studien aus den Jahren 2002, 2003 und 2006[56] einen Spitzenplatz bei der ungerechten Verteilung von Bildungschancen einnahm, wird an dem Prinzip der Sortierung von zehnjährigen Kindern nach unbegabt (»dumm«) und begabt

(»schlau«) festgehalten. Bildungspolitisch übersetzt heißt das: Wer mit 10 Jahren für intelligent genug eingeschätzt wird, darf das Gymnasium besuchen und seine Chancen für eine höhere Bildung wahrnehmen. Es ist erstaunlich, dass Menschen – in diesem Fall den Lehrkräften – zugemutet wird, dass sie trotz ihrer fehlenden oder minimalen Beurteilungskompetenz solch eine Voraussage treffen sollen. Welchen Grund kann es überhaupt dafür geben, an dieser Auslese festzuhalten?

In der Ober- und Mittelschicht – dazu gehören zum Beispiel unsere Politiker – besteht ein großes Interesse daran, den sozialen Status auf die eigenen Kinder zu übertragen. Mehr Chancengleichheit in der Schule würde aber später auch mehr Konkurrenz auf dem Arbeitsmarkt bedeuten. Gruppen mit starker politischer Vertretung versperren anderen Gruppen den Zugang zu Ressourcen wie etwa Bildung. Das ist ökonomisch zwar unsinnig, aber so begrenzt ist leider das Denken von manchen Menschen, darunter auch solchen, die politische Entscheidungen zu fällen haben.

Besonders betroffen von den Folgen dieses konservativen Denkens und Handelns, das sogar noch als fortschrittlich deklariert wird, sind Kinder aus Migrantenfamilien. Sie gehören zu der durch Armut besonders gefährdeten Gruppe. Ihr Armutsrisiko ist doppelt so hoch wie das von deutschen Kindern, vor allem dann, wenn ihre Familien in einem ungesicherten Aufenthaltsstatus leben und wenn die Eltern kein oder nur ein unzulängliches Deutsch sprechen.[57] Die Ergebnisse der World-Vision-Studie aus dem Jahre 2007 besagen, dass ihr Anteil an der Arbeitslosigkeit 13 Prozent beträgt und dass mit 21 Prozent ihr Anteil an jenen Familien, die mit dem Einkommen nicht zurechtkommen, überproportional ausgeprägt ist.[58] Auch die Ergebnisse der PISA-Studien machen das Problem deutlich. Es sind in Deutschland die Kinder aus Migrantenfamilien, die am häufigsten in den Hauptschulen zu finden sind und damit von Bildungs- und Karrierechancen weitgehend ausgeschlossen werden. Damit verbunden sind häufig auch sozial-emotionale Probleme. Denn das Gefühl, zu den Unterprivilegierten und Benachteiligten einer Gesellschaft zu gehören, wird als ungerecht erlebt, und die geringen Aussichten auf ein gesichertes Berufs- und Arbeitsleben führen nicht selten gerade unter diesen Heranwachsenden zu Verhaltensauffälligkeiten und weiteren Gefährdungen, wie zum Beispiel

Gewaltbereitschaft und Kriminalität, aber auch zu gesundheitlichen Schädigungen.

Das in der Wirtschaft übliche Effizienzdenken (was Profit bringt, ist effizient) ist mittlerweile auf das Bildungswesen übertragen worden. Der Erfolg von Lehrern und Lehrerinnen wird nicht an den Fortschritten und am Glück der Kinder gemessen, sondern daran, dass möglichst viele Kinder vorgeschriebene Standards erreichen. Es geht also vor allem darum, dass die zukünftige Generation dem Wirtschaftssystem optimal angepasst werden kann. Das bedeutet letztendlich eine Unterwerfung und Anpassung der Bildung an die Anforderungen des Marktes. So sind zum Beispiel gegenwärtig *Eliteförderung* und *Exzellenzuniversitäten* Schlagworte im Bildungspolitik.

Die von der Ausgrenzung Betroffenen – sei es im Bildungssystem oder auch auf dem Arbeitsmarkt – leiden unter dieser Situation. Das ist auch daran zu sehen, dass psychische Erkrankungen enorm zugenommen haben.[59] Wir erleben gegenwärtig immer häufiger und unmittelbarer, dass dieses Prinzip von Effizienzstreben und Eliteförderung nicht zu funktionieren scheint bzw. dass es das Zusammenleben der Menschen höchst problematisch macht und letztlich auch der Wirtschaft schadet. Warum? Sehr deutlich kann man das an den Ergebnissen der Glücksforschung sehen.

Glück und Glückserleben

Glückliche Menschen sind zufriedene Menschen, sie fühlen sich wohl. Wohlbefinden haben wir als einen wichtigen Indikator von Gesundheit definiert.

Was aber macht Menschen glücklich, und wie kann Glück gemessen werden? Während andere Gefühle wie zum Beispiel Angst und Ärger sehr gut erforscht sind, gibt es zum Thema Glück vergleichsweise wenige Untersuchungen. Die als negativ bezeichneten Gefühle standen bis zum Beginn des 21. Jahrhunderts eindeutig im Vordergrund – im Verhältnis zu den positiven 18 : 1.[60] Im Jahre 2000 begann ein regelrechter Boom von Veröffentlichungen zum Thema Glück. Es ist anzunehmen, dass auch hier die Hirnforschung zur Aktualität des Themas beigetragen hat. Neurowissenschaftler können inzwischen Gehirnzustände beschreiben, sie wissen, welche Regionen im Gehirn für Angst (der Mandelkern) und welche für Glücksgefühle (Nucleus accumbens) zuständig sind.

Eine etwas ältere Methode besteht darin, nach der Lebenszufriedenheit zu fragen, um herauszufinden, wie glücklich die Menschen sind und was sie glücklich macht. In einer Untersuchung aus dem Jahre 1999[61] wurde die Lebenszufriedenheit in 41 Ländern untersucht. Demnach waren die Schweizer die Menschen mit der höchsten Zufriedenheit, gefolgt von den Dänen und Schweden. Die Westdeutschen lagen auf Platz 19 (vier Plätze hinter den Mexikanern) und die Ostdeutschen auf Platz 24. Ähnliche Ländervergleiche brachten auch andere Ergebnisse. Laut Happy Planet Index, veröffentlicht von der New Economics Foundation im Sommer 2006, leben auf Vanuatu – einer kleinen Vulkaninsel im Südpazifik – die glücklichsten Menschen der Welt. Unter den 178 Ländern, von denen Daten vorliegen, hat Deutschland den Platz 81, die USA haben den Platz 150, das reiche Land Kuweit den Platz 159. Wie leben die Menschen auf Vanuatu? Was ist das Besondere auf Vanuatu? Eigentlich nichts Wesentliches: Es leben dort 17 Einwohner pro Quadratkilometer, die Vegetation ist üppig, die Sonne scheint oft, die Angehörigen verschiedener Religionen leben friedlich miteinander und in bescheidenen Verhältnissen.

Was macht den Unterschied aus? Warum sind die Menschen auf Vanuatu glücklicher als die in den USA?

Halten Sie an dieser Stelle mit dem Lesen einmal inne und fragen Sie sich selbst: »Was war die glücklichste Situation in meinem Leben? Wann war ich sehr glücklich?« Fragen Sie das auch Ihre Verwandten und Freunde, fragen Sie Kinder. – Die Ergebnisse überraschen Sie? Ja, auch wenn die oben angeführten und ähnliche Untersuchungen zu unterschiedlichen Resultaten kommen, eines zeigen sie alle: Glück hängt nicht von Besitz und Macht ab! Es ist auch nicht die Aussicht auf ein hohes Lebensalter, was glücklich macht.

Es sind die sozialen Beziehungen, die wir zum Glücklichsein brauchen. Ihnen selbst ist sicherlich auch eine Situation mit Ihren Kindern, Ihrem Partner, mit Freunden oder Kollegen eingefallen. Das *Miteinander* stiftet Glück, diese Seite unseres Lebens ist eindeutig der wichtigste Glücksfaktor. An zweiter Stelle ist es das Gefühl, etwas Nützliches zu tun, anderen eine Freude zu bereiten, den

Mitmenschen zu helfen. Wir schenken gern, um die Freude des Beschenkten zu erleben. Weitere Glücksfaktoren sind Gesundheit und Freiheit.

Warum jagen wir dann aber dem Besitz hinterher? Warum gibt es die leidige Diskussion über die nach Millionen durstenden Manager in der kapitalistischen Wirtschaft? Sind sie damit glücklicher als wir? Kann das sein?

Rufen wir uns noch einmal ins Gedächtnis: Der Mensch ist ein auf Resonanz und Kooperation angelegtes Wesen. Was uns zu Handlungen motiviert, ist der Wunsch, von unseren Mitmenschen Anerkennung und Wertschätzung, Akzeptanz und Zuneigung zu erhalten. Das stärkt unser Selbstwertgefühl und gleichzeitig das Gefühl von Zugehörigkeit. Selbstverständlich will der Topmanager die Anerkennung der anderen Topmanager, er vergleicht sich also innerhalb seiner Gruppe. Wenn in der Zahlung von Millionen-Gehältern oder dem Bonus die Anerkennung zum Ausdruck kommt, ist das zwar absurd und eigentlich vergeudetes Geld, aber es ist mit Blick auf den Bonusempfänger auch ein Mittel, um das Motivationssystem anzukurbeln und nach mehr Anerkennung süchtig zu werden. Der Preis, den sie dafür in aller Regel zahlen, ist ihre Isolation und Entfremdung von der Gesellschaft. Langfristig gesehen treffen sie deshalb Fehlentscheidungen und fügen damit der sozialen Gemeinschaft Schaden zu.[62]

Was macht Kinder glücklich? Gerade sie brauchen Zuneigung, Anerkennung und Wertschätzung mehr als materielle Güter. Kinder sind am glücklichsten in den Ferien, zu Weihnachten, bei Freunden und bei der Mutter.

Folgende Faktoren konnten in den Untersuchungen von Bucher[63] zusammenfassend als Glücksfaktoren bestimmt werden:

- Gutes Familienklima, ausreichend Anerkennung und Lob (entscheidend ist nicht die Intensität der gemeinsam verbrachten Zeit, sondern die Qualität dessen, was in dieser Zeit geschieht),
- genug Platz in der Wohnung,
- positives Erleben der Schule,
- Freunde.

Wer als Kind sowohl die Familie als auch die Schule positiv erlebt, ist signifikant häufiger ein glückliches Kind. Am wenigsten glücklich sind Kinder beim Zahnarzt und in der Schule. Die Differenz zwischen Zahnarzt und Schule ist nur ganz gering. Warum sind sie in der Schule nicht glücklich? Die Beantwortung dieser Frage ist wichtig, weil Kinder nur dann gut und leicht lernen können, wenn sie sich wohl fühlen.

Wir haben bereits erörtert, dass das Erleben von Gemeinschaft und von erfolgreicher Aktivität glücklich macht. Schon in der Grundschule müssen die Kinder aber im Konkurrenzkampf mit den anderen Kindern um einen Platz im Gymnasium oder wenigstens in der Realschule streiten. Kinder, die in diesem täglichen Leistungsmessen schon sehr früh erkennen, dass sie nicht mithalten können, begleitet die Angst vor der drohenden Entscheidung. Hinzu kommt, dass auch ihre Eltern diese Situation als Bedrohung erleben. Da die Schule einen Teil ihrer Aufgaben an die Familien delegiert, werden Eltern in das Dilemma, das eigentlich ein Dilemma der Bildungspolitik ist, einbezogen. Schulprobleme werden zu Familienproblemen. Jeder vierte Schüler nimmt inzwischen in Deutschland mindestens in einem Fach Nachhilfeunterricht. Die notwendige Förderung und das Ausgleichen der von der Schule nicht bewältigten Aufgaben werden den Eltern überlassen. Da nicht alle Eltern das Geld aufbringen können, verstärkt das wiederum die Bildungsungerechtigkeit.

Die Ausgrenzung der Kinder, deren Eltern zu den sozial Schwachen gehören, beginnt meist schon in der Grundschule. Das Zugehörigkeitsgefühl zu der Gruppe, in der das Kind lernt, zu seiner Schule und letztlich zur Gesellschaft kann sich nicht entwickeln oder geht verloren.

Ohne Zugehörigkeit zu einer Gruppe wird der Einzelne selten glücklich. Soziale Isolation führt zum Zusammenbruch der Motivation, im Extremfall geht das Interesse am Leben verloren, der Mensch isst nicht mehr, wird krank und stirbt. Der Voodoo-Tod ist ein bekanntes Beispiel für die Folgen eines totalen Ausschlusses aus der Gemeinschaft. Dieser Ausschluss aus der Gemeinschaft wurde in Naturvölkern als Strafe bei Vergehen verhängt: Es war also nicht nötig, jemanden zu töten. Der Isolierte starb von allein.

Die Menschen unserer modernen Zeit verwenden zwar nicht dieses Verfahren, aber etwas Ähnliches: Mobbing.

Wenn die Zugehörigkeit in Gefahr ist – Mobbing

Im Zusammenleben der Menschen – in der Familie, in der Schule, im Betrieb – lassen sich Missverständnisse und Auseinandersetzungen nicht vermeiden. Konflikte gehören zu unserem Zusammenleben, sie sind normal, notwendig und lösbar. Es wäre sehr hilfreich, wenn Kinder früh lernen, wie sie Konflikte lösen können. Oft sind die Erwachsenen keine guten Vorbilder und die Medien schon gar nicht.

Mobbing jedoch ist nicht nur ein Konflikt, sondern eine Form der Verletzung und Verstörung eines Menschen, die zu ernsthaften Gesundheitsschäden führt (vgl. Abbildung 10).

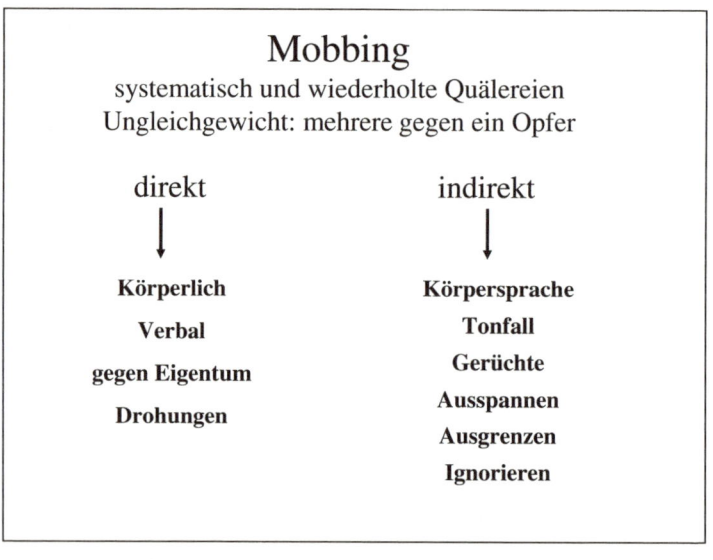

Abbildung 10: Ausdrucksformen des Mobbings

Mobbing gibt es überall dort, wo Gruppen von Menschen über längere Zeiträume zusammen lernen und arbeiten und wo die Flucht aus der belastenden Situation kurzfristig nicht möglich ist. Die wichtigsten Merkmale von Mobbing sind: Erniedrigung, das Auslösen von Schamgefühlen beim Opfer, das aus Angst und Scham schweigt, hilflos und isoliert ist. Die Täter schikanieren ihre Opfer, sie zeigen kein Mitgefühl und haben meist ein hohes Aggressionspotenzial. Sie kennen die Konsequenzen ihrer Handlungen, sind in der Gruppe gefürchtet, zuweilen aber sogar beliebt.

Alsaker[64] hat Mobbing im Kindergarten untersucht und festgestellt, dass ungefähr ein Viertel der Kinder an Mobbinghandlungen – als Opfer, als Täter oder als Täter-Opfer – beteiligt ist. Kinder, die diese gefährliche Form von Ausschluss aus der Gemeinschaft und Angriffen auf die Person erleben müssen, können Ängste und Depressionen entwickeln, aggressiv und später, wenn sie älter sind, straffällig, aber auch körperlich krank werden.

Lehrerinnen und Lehrer berichten immer häufiger darüber, dass sie mit Kindern zu tun haben, bei denen das Mitgefühl nicht entwickelt sei, die dafür aber dazu tendierten, bei Konflikten Gewalt einzusetzen. Joachim Bauer erklärt das aus neurobiologischer Sicht damit, dass Kindern, »die selbst wenig Einfühlung, Rücksicht und Zärtlichkeit erlebt haben, wegen fehlender Spiegelungserfahrungen keine eigenen neurobiologischen Programme zur Verfügung stehen, die es ihnen ermöglichen würden, Mitgefühl zu empfinden und zu zeigen«.[65] Erschwerend kommt hinzu, dass Kinder heute oft die falschen Vorbilder haben. Wir lassen es zu, dass Kindern in Computerspielen, Videos und auch im Fernsehen das Quälen und Töten als amüsante Unterhaltung angeboten wird. Das Gehirn lernt immer! Und es lernt besonders schnell, wenn etwas emotional verankert wird. So lernen manche Kinder – es sind nicht wenige – heute jeden Tag stundenlang, wie Menschen gequält werden können, und in ihrem Gehirn werden Verhaltensmodelle für Konfliktsituationen, die meist in gewaltsamer Vernichtung des anderen enden, abgespeichert. Die Bemühungen, mit vermeintlichen Forschungsergebnissen nachweisen zu wollen, dass das alles nicht so schlimm sei und die Kinder sehr gut zwischen Realität und fiktiver Situation unterscheiden könnten, sind gefährlich für die Kinder und hilfreich nur für die Produzenten dieser Spiele, die damit sehr viel Geld verdienen. Stellvertretend zu dieser Problematik hierzu ein Zitat aus der Zeitschrift »Gehirn & Geist«, die 2008 in der Nummer 9 das Thema »Kinder und Medien« zum Schwerpunkt hatte. Der Autor des Beitrags »Fernsehen will gelernt sein« schreibt:

»Jugendliche machen sich häufig einen Spaß daraus, extrem blutige Szenen anzusehen und zu testen, was sie ›verkraften‹ können – dies erklärt die Beliebtheit so genannter Splattermovies [das sind

Sendungen, in denen Gewalt und Blutvergießen im Vordergrund stehen, Anm. d. Verf.] bei den Teenagern. Grenzgänge gehören zur normalen Entwicklung und sind nicht gleich ein Indiz für erhöhte Gewaltbereitschaft. Die immer wieder verbreitete Ansicht, gewalthaltige Medieninhalte verursachten aggressives Verhalten, ist in dieser Einseitigkeit nicht zu halten. Zwar besteht nach dem aktuellen Stand der Forschung durchaus ein Zusammenhang zwischen medialem Gewaltkonsum und individueller Aggression. Allerdings wird dieser nach Ansicht der meisten Wissenschaftler vor allem durch Faktoren des familiären Umfelds vermittelt: Gewalt im Elternhaus, Vernachlässigung, Perspektivlosigkeit.«[66]

So schnell können die Familien also wieder zu den Schuldigen erklärt werden. In dem Beitrag klingt das nun auch noch so, als seien die meisten Wissenschaftler (Namen werden vom Autor nicht genannt) dieser Meinung. Aber gerade in den letzten Jahren überwiegt die Mehrzahl jener, die durchaus die Gefahr im Medienkonsum sehen. Durch eine Reihe von seriösen wissenschaftlichen Untersuchungen wurden die gefährlichen Langzeitfolgen für die emotionale, soziale, aber auch intellektuelle Entwicklung des Menschen nachgewiesen.[67] Der »Zusammenhang zwischen medialem Gewaltkonsum und individueller Aggression« wird also nicht durch die »Gewalt im Elternhaus« vermittelt, sondern den Zusammenhang gibt es statistisch nachgewiesen, das heißt, auch ohne Gewalt im Elternhaus besteht ein faktischer Zusammenhang. Und die Perspektivlosigkeit wird wohl eher von der Gesellschaft als vom Elternhaus vermittelt. Wenn Kinder schon mit zehn Jahren wissen, dass sie durch ihren Übergang zur Hauptschule kaum Aussicht auf eine Berufskarriere haben, dann ist das eine von der Gesellschaft zu verantwortende Botschaft an die Kinder.

Warum eigentlich werden in Science-Fiction-Filmen die Bewohner anderer Planeten immer als gefährlich dargestellt? Warum artet die Begegnung meist in eine kriegerische Auseinandersetzung aus? Was soll eigentlich vermittelt werden? Oder geht es wiederum nur darum, die vermeintlichen Wünsche – Bedürfnis nach Kampf, Krieg, Mord? – der Zuschauer zu befriedigen, also die Besucher ins Kino oder vor den Fernseher zu locken? Ist der Mensch so? Oder soll er so sein? Nein, der Mensch ist nicht so! Aber – und das wissen wir aus der Geschichte – er kann so erzogen, manipuliert, gedrillt werden.

Der Mensch ist aber auf friedliche Kooperation mit seinen Mitmenschen angewiesen, weil nur im Miteinander und in der Kommunikation mit anderen Menschen Identität entstehen kann, weil das Ich nur denkbar im Wir ist. Warum sonst sollten Ausgrenzung und Ausschluss aus der Gemeinschaft tödlich sein?

Erst in der Gruppe ergibt das Wort »Ich« einen Sinn. Jeder ist etwas Einmaliges und Besonderes, das wird er aber nur, in dem er sich in der Kommunikation mit seinen Bezugspersonen als eigenständige Person erleben kann, also durch Zugehörigkeit *und* Abgrenzung. Wir meinen, dass es dringend notwendig ist, den Angriffen auf die Würde des Menschen klare Konzepte entgegenzusetzen. Goleman[68] berichtet in seinem Buch »Emotionale Intelligenz« über Programme zur »Zähmung der Aggression«, zur »Schulung für Schläger« und zur »Depressionsvorbeugung«. Auch in Deutschland gibt es seit den 1990er Jahren eine Reihe von Programmen, die sich dieser Probleme annehmen.[69]

Die Werte

Wo sind die Werte geblieben? Wie ist es nur möglich, dass alles, was unseren Eltern und Großeltern einmal heilig war, »den Bach runtergeht«? Was ist mit der Jugend los? Das sind Fragen, die viele Menschen heute beschäftigen. Der Ruf nach Werteerziehung wird immer dann lauter, wenn es in einer Gesellschaft oder Kultur große Veränderungen gibt und plötzlich deutlich wird, dass unser friedliches Zusammenleben bedroht ist. Gegenwärtig scheinen Korruption in Politik und Wirtschaft sowie die steigenden Lebenshaltungskosten für die einen und steigende Rendite für die anderen den Wert *Gerechtigkeit* wieder verstärkt ins Gedächtnis zu bringen. Anlässe für die Notwendigkeit der Werteerziehung scheint es gegenwärtig also viele zu geben. Hartmut von Hentig[70] spricht von »Alptraumproblemen« und führt als Beispiele Kinderpornographie, internationalen Terror, Rassenhetze, Gewalt gegen Schwache, Ohnmacht der Staatsgewalt und Korruption an. Schon 1997 hat der damalige Bundespräsident Roman Herzog »mehr Entschlossenheit zur Werteerziehung« gefordert. Was ist gemeint, wenn wir von Werten sprechen?

Werte sind Ideen, die wir bestimmten Dingen oder Verhältnissen zuschreiben. Sie sind im Zusammenleben der Menschen entstanden, können sich von Kultur zu Kultur unterscheiden, haben sich für die Gestaltung des Miteinanders jedoch bewährt und bleiben relativ konstant.

Sie können nicht »verfallen«, sagt Hartmut von Hentig, sondern es kann uns höchstens ihre Gültigkeit aus dem Bewusstsein verloren gehen. Wenn der Wert »Freiheit« zum Beispiel für alle Menschen ein Grundwert ist und auch gelebt werden kann, dann wird dieser erst wieder bewusst, wenn wir Beispiele von Unfreiheit sehen oder die eigene Freiheit verlieren.

Die *Moral* – ein Begriff, der uns auch sehr geläufig ist – bildet insgesamt den Leitfaden für das Handeln und wird von den Werten bestimmt. Die *Ethik* ist die Disziplin, die über die Prinzipien des moralischen Handelns reflektieren hilft, sie ist somit ein wichtiger Bestandteil der Philosophie.

Folgende Werte listet von Hentig auf:
– das Leben,
– Freiheit/Selbstbestimmung/Autonomie/Selbstverwirklichung,
– Frieden/Freundlichkeit/Gewaltlosigkeit,
– Seelenruhe/Schuldlosigkeit,
– Gerechtigkeit,
– Solidarität/Brüderlichkeit/Gemeinsamkeit (im Sinne von nicht einsam sein),
– Wahrheit,
– Bildung/Wissen/Weisheit,
– Lieben können/geliebt werden,
– körperliches Wohl/Gesundheit/Freiheit von Schmerz/Kraft,
– Ehre/Achtung der Menschen,
– Schönheit.

Die Herausbildung von Werten ist ein Bestandteil der Sozialisation, sie beginnt in der frühesten Kindheit, hat jedoch in der Adoleszenz ihren Höhepunkt.

Im Auftrag von GEOlino und in Zusammenarbeit mit UNICEF wurden im Juni und Juli 2006 insgesamt 908 Kinder im Alter von 6 bis 14 Jahren aus ganz Deutschland in persönlichen Interviews zu ihren Wertvorstellungen befragt.[71]

Die Kinder wurden zuerst nach für sie bedeutsamen Werten gefragt, bevor 20 vorgegebene Werte auf ihre Wichtigkeit hin beurteilt werden sollten.

Die spontanen Antworten der Kinder zu den ihnen wichtigsten Werten waren:

— Bereitschaft zu sozialem Engagement (bereit sein, sich für Menschen oder Werte einzusetzen, Freunden helfen);
— Mut haben (sich etwas zutrauen, Ängste überwinden);
— Verantwortung (sich um andere, um Schwächere, um das Haustier kümmern);
— Toleranz (Akzeptieren anderer Meinungen).

Die Befragung machte deutlich, dass die meisten deutschen Kinder gern bereit sind, sich für Menschen oder Werte einzusetzen. Es ist ihnen wichtig, dass Kinder in Kriegs- und Krisengebieten Schutz und Hilfe finden. Sie wollen Verantwortung übernehmen und sich dabei auch etwas zutrauen. Bei den vorgegebenen Werten bestimmten sie Freundschaft, Vertrauen und Zuverlässigkeit als total wichtig, als wichtig wurden am häufigsten Toleranz, Respekt und Mitgefühl bewertet (vgl. Tabelle 1).

Die Kinder wurden auch danach gefragt, wer ihnen die Werte vermittelt, wer also ihre Vorbilder sind. Das Ergebnis war nicht überraschend:

— Die meisten Kinder nennen als wichtigste Vorbilder ihre Eltern und Großeltern.
— Im Teenageralter sind Freunde und die Zugehörigkeit zu sozialen Gruppen wichtig für die Wahl von Vorbildern.
— Berühmte Personen, die Medien und die Kirchen spielen bei den 6- bis 14-Jährigen bei der Wertevermittlung eine untergeordnete Rolle.
— Am wenigsten bringen die deutschen Kinder Politiker mit der Vermittlung von Werten in Verbindung. Lehrerinnen und Lehrer scheinen ebenfalls nicht zu den Wertevermittlern zu gehören.

Tabelle 1: Wichtigste Werte im Leben deutscher Kinder
(n = 911, 6–14 Jahre; Befragung mit vorgegebenen Werten)

»Wie wichtig sind dir ...?«	total wichtig	wichtig	nicht wichtig	weiß nicht/ keine Angabe
Freundschaft	76	24	–	–
Geborgenheit	58	37	4	1
Ehrlichkeit	54	41	4	1
Vertrauen	53	43	3	1
Zuverlässigkeit/Treue	51	44	3	2
Gerechtigkeit	43	50	6	1
Hilfsbereitschaft	40	53	6	1
Leistungsbereitschaft	38	48	13	1
Mut	31	45	23	1
Respekt	29	57	10	4
Verantwortungs- bewusstsein	29	56	11	4
Pflichtbewusstsein	29	55	14	2
Umweltschutz	29	46	20	5
Mitgefühl	27	60	10	3
Gute Manieren haben	26	54	18	2
Toleranz	24	54	16	6
Geld/Besitz	22	38	38	2
Ordnung	21	40	38	1
Glaube	21	28	40	11
Durchsetzungsfähigkeit	20	43	34	3

Quelle: Kinderwerte-Monitor 2008, Untersuchung im Auftrag von GEOlino in Zusammenarbeit mit UNICEF

Werte bei Antonovsky

Antonovsky hat sich zwar nicht explizit dazu geäußert, welches Handeln moralisch wertvoll ist, weil er das Kohärenzgefühl als wertfreie Grundhaltung eines Individuums zum Leben definieren wollte. Er hat sich aber damit auseinandergesetzt und sehr deutlich gesagt, dass ein hohes Kohärenzgefühl nichts darüber aussagt, welche Werte die

Person vertritt. Er trennt Werte und Kohärenzgefühl, wenn er sagt: »Es gibt viele Wege, ein starkes Kohärenzgefühl zu erreichen. Ich würde gerne behaupten, daß ein starkes Kohärenzgefühl nur in einer Gesellschaft möglich ist, die Autonomie, Kreativität, Freiheit, Gleichheit, Wärme in menschlichen Beziehungen, Würde und Respekt für alle Menschen erlaubt. Dies sind Werte, an die ich glaube. Aber unglücklicherweise muß ich feststellen, daß ein starkes Kohärenzgefühl nicht nur unter verschiedenen sozialen und kulturellen Bedingungen entstehen, sondern auch aufrechterhalten werden kann. Es lässt sich vereinbaren mit vielen unterschiedlichen Arten des Lebens, auch mit solchen, die Werte verletzen, die mir bedeutsam sind. Wer sagt, dass Gesundheit der einzige Wert im menschlichen Leben ist oder auch nur der wichtigste?«[72]

Zur Entwicklung eines hohen Kohärenzgefühls sind nach Antonovsky Erfahrungen notwendig, die nur in der Gemeinschaft mit den anderen gemacht werden können, und zwar in einer kommunikativen Situation,

– die dem Bedürfnis des Kindes nach Sicherheit und Liebe (Konsistenz in den Beziehungen) gerecht wird,
– die das Lernbedürfnis erfüllt und den Wissenshunger des Kindes stillt und gleichzeitig die Entwicklungsfortschritte wahrnimmt und anerkennt (Belastungsbalance) und
– die die menschliche Würde achtet und gerecht, brüderlich und selbstbestimmt das Kind an der gemeinsamen Aufgabe, Entscheidung, Welt teilnehmen lässt (Partizipation)[73].

Wenn Erwachsene so mit Kindern kommunizieren, dann werden diese Erfahrungen zu generalisierten Widerstandsressourcen und können das Kohärenzgefühl herausbilden (vgl. hierzu Kapitel 5).

Normalerweise verhalten sich Eltern im Sinne einer Werteerziehung, auch wenn das in den einzelnen Kulturen viele Nuancen haben kann. Sie verhalten sich nach den Werten, die sie selbst erfahren haben, für deren Erlernen sie viele Jahre gebraucht haben. So wie wir die Grammatik unserer Sprache durch Sprechen geübt haben, so haben wir unsere Moral durch unser praktisches Handeln erprobt und entwickelt.

Werteentwicklung – neurobiologisch

Werte entstehen – neurobiologisch gesehen – im Frontalhirn. Es ist jene Region des Gehirns – in der Neurobiologie orbitofrontaler Kortex genannt –, die als letzte im Gehirn reift. Sie entwickelt sich also am langsamsten und ist erst nach der Pubertät ausgebildet.[74] Damit die Aneignung von Werten gelingt, brauchen Kinder und Jugendliche Zeit und Raum zum Probehandeln. Sie brauchen gute Vorbilder, um über Modelllernen ihre Handlungen an ihnen auszurichten, und sie brauchen genügend Freiräume, um ausprobieren zu können.

Das Kind muss plappern können, um die Sprache zu erlernen, der Jugendliche muss probehandeln können, um sich »richtig« verhalten zu können, das heißt entsprechend den Werten der Gemeinschaft, in der er als Erwachsener leben wird. Vor allem im Umgang mit Gleichaltrigen lernen Jugendliche, Verantwortung zu übernehmen, Interessen abzuwägen, Konflikte auszuhalten und zu lösen. Sie lernen es zwar automatisch, brauchen aber ständig Beispiele. Diese wiederum suchen sie sich zwangsläufig in ihrer Umgebung, in der Erwachsenenwelt und in den Medien. Am besten gelingt die Aneignung von Werten und Normen dann, wenn viele und unterschiedliche Beispiele das Erproben von Handeln herausfordern. Lehrjahre sollten immer auch Wanderjahre sein, wie Goethe eindrucksvoll in seinen beiden Büchern »Wilhelm Meisters Lehrjahre« und »Wilhelm Meisters Wanderjahre« beschreibt. Wir kennen auch alle die Volksweisheit »Was Hänschen nicht lernt, lernt Hans nimmermehr«. Manfred Spitzer formuliert das alte Sprichwort vom Hänschen etwas um und sagt: »Fürs Hänschen die Varianz bringt Toleranz bei Hans«.[75]

Werteerziehung – pädagogisch

Kann es eine Werteerziehung *an sich* geben? Hartmut von Hentig sagt »nein«, auch Manfred Spitzer sagt, dass es diese ebenso wenig geben kann, wie es eine spezielle Lauferziehung oder Esserziehung geben kann. Kinder und Jugendliche können Werte nur innerhalb der Gemeinschaft erfahren und sie selbst erproben. Werte kann man nicht *vermitteln* (obwohl das Wort »vermitteln« das Lieblingswort von Lehrern und Lehrerinnen zu sein scheint), nicht predigen und nicht einfach einfordern. Werte können auch sehr widersprüchlich sein und dann muss abgewogen werden. »Du sollst nicht töten« – ist ein allgemein gültiger Wert, an dem sich die meisten Menschen auch orientieren. Trotzdem aber werden die Hitler-Attentäter noch heute verehrt. Es ist also sehr kompliziert mit den Werten, und das Einzige, was bei der Werteerziehung gilt, ist: viele richtige Beispiele vorleben, handeln lassen, bei schwierigen Entscheidungen zur Seite stehen und Alternativen erproben lassen.

Hartmut von Hentig sagt hierzu: »Wahrheit, Gerechtigkeit, Frieden gehen eben nicht ineinander auf. Es ist selten liebevoll, die Wahrheit zu sagen, und Frieden können wir oft nur erreichen, wenn wir etwas Ungerechtigkeit hinzunehmen bereit sind. [...] Zu diesen beunruhigenden Zweifeln kommt hinzu, dass einige Werte selbst wahre Unruhestifter sind [...]. Schönheit zum Beispiel setzt alle Berechnung außer Kraft; ihre Wirkung kann Beglückung oder Lähmung oder Aufruhr sein. Lieben können und geliebt werden – welche Dramen hat das zur Folge! Gerechtigkeit macht oft genug fanatisch und Ehre/Ruhm barbarisch.«[76]

Der lange Weg hin zum wertgeleiteten Handeln beginnt natürlich schon vom ersten Lebenstag an, indem die Regeln (Spitzer spricht von der »Grammatik des Handelns«) gefunden und angeeignet werden. Werte sind aus Sicht der Neurobiologie »das Resultat vieler einzelner Bewertungen, deren Statistik vom orbitofrontalen Kortex repräsentiert wird und über die vielleicht zusätzlich noch sprachlich-diskursiv nachgedacht wurde«.[77] Das Nachdenken kann aber erst dann geschehen, wenn genügend »Material« (in Form von Bewertungen) gespeichert ist. »Wer über Ethik diskutieren will, muss bereits richtig handeln können«.[78] Das ist erst im Jugendalter möglich. Es hängt wesentlich von den Lebensbedingungen und den Vorbildern ab, welche Werte handlungsleitend werden.

Haben unsere Kinder die richtigen Vorbilder? Sorgen wir für die richtigen Beispiele? Predigen wir nicht oft Dinge, die in der Realität ins Gegenteil verkehrt werden? »Du musst gut lernen, um klug zu werden und später ... « Heute wissen aber schon Grundschüler, dass auch die, die gut gelernt haben, arbeitslos sein können.

Fassen wir zusammen: Werteerziehung ist nicht einfach. Sie verlangt insbesondere, dass

- viele richtige Beispiele vorgelebt werden,
- die Jugendlichen Handlungsfreiraum haben,
- ihnen die Erwachsenen bei schwierigen Entscheidungen zur Seite stehen und
- Alternativen erproben lassen.

Die Geschichte vom kleinen *Ich bin ich*

Die wunderschöne Geschichte von Mira Lobe[79] begeistert Kinder immer wieder, weil sie so gut veranschaulicht, wie schwer es ist, sich selbst zu erkennen, und dass die Abgrenzung von anderen notwendig ist, um sich selbst zu finden. Sie beschreibt sehr anschaulich das Zusammenspiel dieser beiden Gefühle: Ein Ich zu sein und zu einem Wir zu gehören.

Ein kleines buntes Tier geht auf einer Blumenwiese spazieren, es trifft einen Frosch, von dem es gefragt wird: »Wer bist denn du?« Darauf kann es keine Antwort geben, deshalb zieht es los, um herauszufinden, wer oder was es ist. Alle Tiere, die es fragt, können ihm nicht helfen. Das Pferd, die Kuh, die Fische, die Vögel, das Nilpferd, die Hunde – alle sagen, dass es nicht so ist wie sie. Zum Schluss ist der Kleine ganz verzweifelt

Abbildung 11: Foto vom kleinen *Ich bin ich*

Abbildung 12: Titelblatt des Buches von Mira Lobe und Susi Weigel, Das kleine Ich bin ich © 1972 Verlag Jungbrunnen Wien – mit freundlicher Genehmigung

und fragt sich: »Stimmt es, dass ich gar nichts bin? Alle sagen, ich bin keiner, nur ein kleiner Irgendeiner ... « Aber dann bleibt das Tier mitten auf der Straße stehen und sagt ganz laut: »Sicherlich gibt es mich: ICH BIN ICH!«

Das Buch enthält viele Abbildungen, auch kleine Kinder können die Geschichte verstehen. Es bietet sich an, das kleine *Ich bin ich* mit dem Kind oder der Kindergruppe gemeinsam zu basteln. Die Kinder können dann erleben, wie einmalig ihr Ich bin Ich ist und wodurch es sich von den anderen unterscheidet. Sie sehen aber auch, dass erst in der Gruppe und im Vergleich mit den vielen anderen Wesen die eigenen Besonderheiten erkannt werden können. Die Abbildung 11 ist ein Foto von gebastelten kleinen bunten Tieren, die von Kindern im zweiten Schuljahr angefertigt wurden.

Kapitel 4:
Das Kohärenzgefühl

Für den englischen Philosophen Karl R. Popper (1902–1994) bestand das Leben aus *Problemlösen*. In seinem Buch »Alles Leben ist Problemlösen« meinte er damit Folgendes: »Die Fehlerkorrektur ist die wichtigste Methode der Technologie und des Lernens überhaupt.« Und »einige von uns versuchen, bewusst aus unseren Fehlern zu lernen. Das tun zum Beispiel alle Wissenschaftler und Technologen und Techniker, oder wenn sie es nicht tun, so sollten sie es tun; denn genau darin liegt ihre berufliche Kompetenz.«[80] Ist das nicht eine bedeutende Erleichterung zu erfahren, dass wir *nicht allein* mit der Lösung von Problemen, die uns das Leben aufgibt, fortwährend beschäftigt sind?

Lebewesen sind, um überleben zu können und ihre Gesundheit zu erhalten, auf Umweltbedingungen angewiesen, die ihnen dabei behilflich sind, die Bedingungen zum Überleben sicherzustellen. Dies geschieht eben nicht problemlos, sind wir doch in diesem Sinne abhängig voneinander, indem wir in den Austausch von Ressourcen wie zum Beispiel Nahrung und auch die Erfüllung wechselseitiger Bedürfnisse treten.

Antonovsky bestätigt auf seine Weise diese Auffassung und spricht mit einem kritischen Seitenblick zu der vorherrschend an Krankheit ausgerichteten Medizin einen wichtigen Gedanken im Bild eines Flusses an: »Meine fundamentale Annahme ist, dass der Fluss der Strom des Lebens ist. Niemand geht sicher am Ufer entlang. Darüber hinaus ist für mich klar, daß ein Großteil des Flusses sowohl im wörtlichen wie auch im übertragenen Sinn verschmutzt ist. Es gibt Gabelungen im Fluß, die zu leichten Strömungen oder in gefährliche Stromschnellen und Strudel führen. Meine Arbeit ist der Auseinandersetzung mit folgender Frage gewidmet: ›Wie wird man, wo immer man sich in dem Fluß befindet, dessen Natur von historischen, soziokulturellen und physikalischen Umweltbedingungen bestimmt wird, ein guter Schwimmer?‹«[81]

In diesem Sinne ist unsere Gesundheit einerseits für Antonovsky von systemtheoretischen Gesichtspunkten nicht zu trennen, andererseits ist Gesundheit ein sehr sensibles bzw. anfälliges und ein sich dynamisch veränderndes Geschehen. Die frühen Systemtheorien beschäftigten sich allerdings noch mit den Bedingungen des Gleichgewichts, der Homöostase, die als anstrebenswerter Idealzustand betrachtet wird. In seiner Kritik an der pathogenetischen, also an der Krankheit ausgerichteten Denkweise, wonach Lebewesen mit hohem Aufwand sozusagen aus dem reißenden Fluss gerettet werden müssen, geht Antonovsky einen anderen Weg, indem er – wie Popper auch – das Problem bzw. die Heterostase im Sinne des Ungleichgewichts in den Vordergrund seiner Betrachtungen stellt. Nicht zuletzt lehrt uns das Leben, dass Unordnung, Leiden und Krankheit, ja selbst der Tod zur menschlichen Existenz gehören, woraus Antonovsky folgert: »Der menschliche Organismus ist ein System und wie alle Systeme der Kraft der Entropie ausgeliefert.«[82] Bezogen auf unsere Gesundheit will er damit bekräftigen: Die Gesundheit vollzieht sich in einem Wechselspiel von Schutz- und zugleich auch Risikofaktoren. In diesem Geschehen, welches auch als Prozess im Lebensverlauf betrachtet werden kann, ist der Verlust von Gesundheit ein ebenso natürlicher Vorgang wie deren Wiederherstellung.

Ob Sie diese Denkweise nun als pessimistisch definieren oder ob Sie in ihr einen Bezug zur Realität finden wollen, das steht sicherlich mit Ihren Lebenserfahrungen im Zusammenhang. Wir werden später noch einmal darauf zurückkommen. Auf jeden Fall bleibt uns nichts anderes übrig, als uns den Herausforderungen des Lebens zu stellen und unsere sozialen Kompetenzen dahingehend zu nutzen, miteinander einen regen Ressourcenaustausch zu gestalten.

Wir haben oben schon von Pettersson und Findus erzählt. So nähte Pettersson dem Kater Findus eine schöne Hose, die ihn gut kleidete. Der kleine Tiger erhielt ganz viel Besuch, als er krank war, und die Fiedelgrille fand beim Maulwurf winterlichen Unterschlupf.

All das sind Beispiele dafür, wie wichtig in unserem Leben wechselseitige Hilfe ist. Was uns letztendlich dazu befähigt, schwierige

Lebenslagen möglichst unbeschadet zu bewältigen, welche Kompetenz uns auch trotz extremer Belastungen vor Krankheit zu schützen vermag, das wollen wir Ihnen nun im nächsten Kapitel erläutern.

Kohärenz – eine Lebensorientierung

Die Ressourcen, die wir zur Lebensbewältigung aktivieren können, sind abhängig von einer maßgeblichen Kompetenz, die Antonovsky[83] als das *Kohärenzgefühl* (Sense of Coherence) bezeichnet. Wir haben diesen Begriff schon des Öfteren verwendet und wollen Ihnen nun ausführlich erläutern, was es damit auf sich hat.

In der Literatur wird dieser Begriff *Sense of Coherence (SOC)* unterschiedlich übersetzt mit Kohärenzsinn, Kohärenzempfinden, Kohärenzerleben oder auch Kohärenzgefühl. Bei dem zuletzt genannten Begriff wollen wir bleiben; doch worauf kommt es an? Allen gemeinsam geht es um *Kohärenz*, ein Wort, das im englischen Sprachgebrauch *Zusammenhalt* und *Geschlossenheit* bedeutet. In der Psychologie werden *Kohärenzfaktoren* als wahrnehmungspsychologische Momente beschrieben. Sie stehen in einem Zusammenhang mit unserer Wahrnehmung zum Beispiel in *räumlicher Nachbarschaft* oder *Symmetrie*. Wenn sich sogar zur Physik Bezüge herstellen lassen, so ist doch eines wichtig: Insbesondere immer dann, wenn sich der Mensch herausfordernden Lebenssituationen ausgesetzt erlebt, verschafft ihm das Gefühl der Kohärenz ein positives Bild eigener Handlungsfähigkeit. Dieses Gefühl verlässt uns im Umkehrschluss dann, wenn wir mit uns nicht im Einklang sind, wenn wir uns *innerlich zerrissen* erleben. So beschreibt es im positiven Sinne das Gefühl der Bewältigbarkeit der Lebensbedingungen, die bestenfalls der eigenen Steuerungsfähigkeit und Gestaltbarkeit unterliegen. Dabei ist wichtig, dass das Kohärenzgefühl durch das Bestreben des Menschen, den Lebensbedingungen einen subjektiven Sinn zu verleihen, getragen ist. Subjektiv sinnvoll ist etwas immer dann, wenn wir unser Denken, Fühlen und Handeln mit unseren eigenen Bedürfnissen und Wünschen in Einklang bringen können.

Ein Schüler, der zum Ende seiner Schulzeit ein klares Ziel vor Augen hat, der wird sich im Bemühen darum, seinen Schulabschluss zu erreichen, mit Hoffnung und Zuversicht den Aufgaben widmen.

Er braucht sich nicht mehr zu fragen, für wen oder was er lernt, er spürt, dass sein Engagement Perspektiven eröffnen hilft, die die eigene Handlungsfähigkeit herausfordern, und ihn auf diese Weise dazu motivieren, seinen Bedürfnissen nachzugehen.

Antonovsky[84] beschreibt das Kohärenzgefühl mit seinen drei Komponenten als eine generelle Einstellung gegenüber dem Leben, als eine Lebensorientierung. In einer weiteren Version definiert Antonovsky[85] das Kohärenzgefühl auch als eine *globale Orientierung*.

Doch was ist das genau? Es ist genau das, was wir auch als eine innere Verfassung, als eine immer wieder durchbrechende Eigenschaft oder als ein typisches Verhalten bei den Menschen erkennen. Es ist zum Beispiel der Schüler, der immer wieder zu seinen Mitschülern unterstützend sagt: »Bleib cool und fang erst mal an« oder der Vater, der nach verpatzter Klausur seiner Tochter aufmunternd sagt: »Mach dir nichts draus, beim nächsten Mal wird es dir besser gelingen.« Es kann auch in der Geschichte Findus', des stets neugierigen Katers, zu finden sein, und die Fiedelgrille ist ebenso ein Beispiel dafür, wie sie mit der Kunst der Musik ihre heitere Stimmung vermittelt.

Die genaue Formulierung Antonovskys[86] lautet: Das Kohärenzgefühl ist zu verstehen als »eine Grundorientierung, die das Ausmaß eines umfassenden, dauerhaften und gleichzeitig dynamischen Vertrauens darin ausdrückt, dass

1. die Stimuli aus der äußeren und innerer Umgebung im Lauf des Lebens strukturiert, vorhersehbar und erklärbar sind;

2. die Ressourcen verfügbar sind, um den durch die Stimuli gestellten Anforderungen gerecht zu werden; und

3. diese Anforderungen Herausforderungen sind, die ein inneres und äußeres Engagement lohnen.«

Abbildung 13: Elemente des Kohärenzgefühls

Bevor wir die einzelnen Elemente des Kohärenzgefühls näher erläutern, wollen wir zunächst auf einige in der Fachwelt kontrovers diskutierte Detailthemen eingehen.

In der Fachliteratur ist immer wieder die Rede von *Bewältigung* (siehe auch Abschnitt »Stresserleben und Stressbewältigung« in Kapitel 1). Im Laufe seines Lebens entwickelt der Mensch ganz bestimmte Bewältigungsstile bzw. -strategien, und das fängt ganz früh an. Schon das Kleinkind versucht sich bei Hunger oder Bauchweh durch Geräusche bemerkbar zu machen. Es wird vielleicht erst ein wenig weinen, dann meldet es sich heftiger, bis es schließlich schreiend auf sich aufmerksam macht. Dabei wird es im Zusammenspiel mit der Mutter die geeignete Strategie herausfinden, die eine Reaktion auf seine Bedürfnisse ermöglicht, und es wird sie sich auch merken.

Das ist im Gegensatz zum Kohärenzgefühl eine ganz andere Betrachtungsdimension, denn das Kohärenzgefühl übernimmt als eine Lebensorientierung eine Steuerungsfunktion wie der Kapitän seines Schiffes, der je nach Anforderung in unterschiedlichen Situationen, ob im Sturm oder in ruhigem Fahrwasser, über die Geschwindigkeit und die Fahrweise zu entscheiden hat. Das Kohärenzgefühl ist also ein übergeordnetes Steuerungsprinzip, welches uns je nach Ausprägung befähigt, unsere unterschiedlichen Möglichkeiten zum Einsatz zu bringen. Das stellt Antonovsky so dar: »Der allererste und grundlegende Punkt ist, dass ein starkes SOC *kein* bestimmter Copingstil ist. [...] Die Person mit einem starken SOC wählt die bestimmte Coping-Strategie aus, die am geeignetsten scheint, mit dem Stressor umzugehen, dem sie sich gegenüber sieht.«[87] Eine spannende Frage ist in diesem Zusammenhang natürlich auch, was der Mensch zuerst entwickelt. Sind es die unterschiedlichen Bewältigungsformen, das *Kohärenzgefühl als Steuermann* des Ganzen oder entwickeln sich diese Dimensionen parallel? Die Forschung kann hierzu noch keine abschließende Erklärung bieten, doch auf jeden Fall werden wir an anderer Stelle dieses Buches eine Antwort auf die Frage geben, wie sich das Kohärenzgefühl entwickelt und welche Einflussmöglichkeiten sich für Sie daraus ergeben.[88]

Ein weiterer Aspekt ist die widersprüchliche Interpretation des *Kohärenzgefühls als Ressource*. Ondracek und Mitarbeiter definieren: »Die Hauptressource oder die Kraftquelle, die widerstandsfähig gegen Belastungen und Störungen macht, ist eine globale Grundeinstellung zum Leben, die Antonovsky als Kohärenzsinn (Sense of Coherence) bezeichnet.«[89] Wir haben uns ja bereits mit dem Thema der Ressourcen[90] auseinandergesetzt. So ist festzustellen, dass es sich bei dem Kohärenzgefühl *nicht* um eine Ressource selbst, sondern um eine Steuerungsinstanz handelt. Diese überprüft die verfügbaren äußeren und inneren Ressourcen auf ihre Anwendbarkeit hin und entscheidet je nach Anforderung darüber, welche zum Einsatz gelangen soll. Wenn der Schüler bei der nächsten Klausur schummeln will, dann muss er darüber entscheiden, welches Hilfsmittel (Ressource) das hilfreichste aus seiner Sicht sein könnte. Er wird sich fragen: Schreibe ich mir den kurzen Text in die Hand oder auf einen Schummelzettel, der vielleicht eher gesehen werden kann? Wenn er ein starkes Kohärenzgefühl hat, dann wird er sich die Dimension des Problems noch einmal klarmachen und wird vielleicht zu der Erkenntnis gelangen, dass seine Lerndefizite auch durch weiteres Lernen zu bewältigen sind und dass es lohnenswert sein wird, die Sache sofort in Angriff zu nehmen.

Antonovsky unterscheidet außerdem grundlegend »zwischen einer Widerstandsressource als potentiellem Aktivposten und der tatsächlichen Mobilisierung und Nutzung einer Ressource« und schildert weiter: »Aber der wahre Vorteil der Person mit einem starken SOC kommt erst dadurch zutage, dass sie angesichts eines vorhandenen Stressors aktuell das mobilisieren kann, was als Ressource oder Ressourcenkombination am geeignetsten zu sein scheint.«[91]

Verschiedene Autoren[92] wollen das Kohärenzgefühl als eine Persönlichkeitseigenschaft verstanden wissen, doch diese Diskussion erscheint uns nicht zielführend, denn, so folgert Faltermeier: »Ich halte die Diskussion darüber für letztlich müßig, weil eine klare Abgrenzung zwischen einer überdauernden Orientierung auf die Welt und einem Persönlichkeitsmerkmal schwierig ist, beide müssen in der Persönlichkeit verankert sein, um als relativ stabile Disposition zu wirken.«[93]

Die Geschichte vom kleinen kranken Tiger illustriert sehr schön den versuchsweisen Einsatz der unterschiedlichsten Ressourcen: Erst war es der Verband, der dem Tiger helfen sollte, dann halfen ihm ein wenig das gute Essen und die bepunktete Leopardendecke. Als dann die vielen anderen Tiere zu Besuch kamen, ging es ihm schon viel besser. Alle brachten ihn schließlich in das Krankenhaus, und nach der geglückten Operation konnte der kleine Tiger »total komplett gesund geheilt« entlassen werden.

Wie Sie sich sicher vorstellen können, ist die Ausprägung des Kohärenzgefühls bei den Menschen unterschiedlich. Wir können auch von einem schwach oder einem stark ausgeprägten Kohärenzgefühl sprechen. Antonovsky geht davon aus, dass uns das Leben mit unterschiedlichen Stressoren konfrontiert, die wir bewältigen können oder aber nicht. Und dabei hilft uns die Ausprägung des Kohärenzgefühls.

Eine Schülerin mit einem starken Kohärenzgefühl, die zum Beispiel dem Stressor einer bevorstehenden Abiturprüfung ausgesetzt ist, wird sich klar machen, dass mit bestandener Prüfung ein wesentlicher Schritt zur künftigen Weiterentwicklung vollzogen wird. Sie wird die Prüfung daher eher als Herausforderung denn als Last empfinden, für die es noch einmal lohnenswert ist, sich zu engagieren. Und sie wird aus einem Gefühl der Sicherheit heraus von der Gewissheit ausgehen, dass ihr nach einer möglichen kurzen Verwirrung bei einer schwierigen Prüfungsfrage klar wird, dass sie ihr gelerntes Wissen einbringen kann. Wenn sie aber mit einem schwachen Kohärenzgefühl ausgestattet ist, dann wird sie bereits im Vorfeld darüber nachdenken, dass sie über eine Frage verwirrt sein könnte, und so wird sie Angst vor der Prüfung entwickeln. Sie wird sich eher darauf konzentrieren, irgendwie mit der Angst umzugehen und damit in die Falle tappen, dem Geschehen eher keinen Sinn abgewinnen und schlimmstenfalls auch von vornherein ihr Wissen in Frage stellen.

Bevor wir auf die Einzeldimensionen des Kohärenzgefühls ausführlicher eingehen, fassen wir noch einmal zusammen: Die Kohärenz ist das Gefühl einer inneren Überzeugung, dass es Zusammenhänge und einen Sinn im Leben gibt und dass das Leben uns vor Aufgaben stellt, denen wir nicht hilflos ausgeliefert sind. Antonovsky ordnete der Grundorientierung, wie er sie auch als die »Weltanschauung« des Menschen an anderer Stelle bezeichnete, drei Dimensionen zu:

– *Verstehbarkeit*,

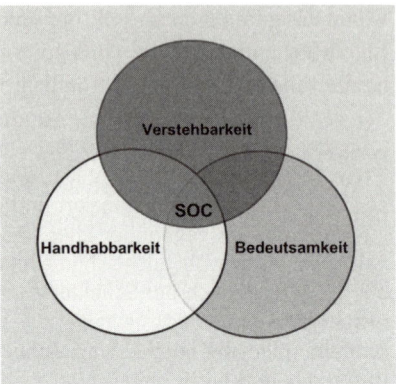

– *Handhabbarkeit* und

– *Bedeutsamkeit.*

Abbildung 14: Dimensionen des Kohärenzgefühls

Die Überzeugung von der Verständlichkeit und Erklärbarkeit der Welt

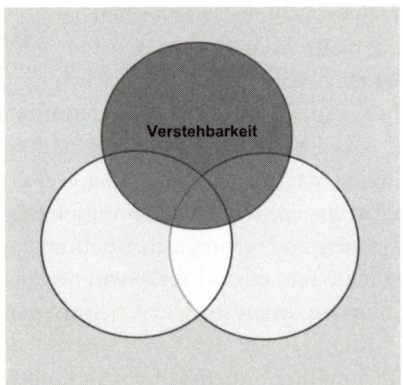

Abbildung 15: Komponente der Verstehbarkeit

Die Komponente der Verstehbarkeit beschreibt das Vertrauen darauf, dass die Probleme, die Belastungen und unsere Umwelt verständlich, geordnet und Gesetzmäßigkeiten unterworfen sind, dass sie einschätzbar und in einem größeren Zusammenhang zu sehen sind.

Wir wollen Ihnen in diesem und den beiden nächsten Kapiteln drei Jugendliche im Alter zwischen 15 und 17 Jahren vorstellen. Claudia ist die Jüngste, mit der wir nun beginnen.

Nach der Scheidung der Eltern lebt Claudia bei der Mutter. Mit beiden Eltern kommt sie nicht so recht klar, denn ihre Mutter wirkt auf sie schon seit längerer Zeit sehr distanziert und geht wenig auf sie ein, während ihr Vater sich ihr gegenüber eher traurig-lustlos und gelangweilt verhält, weshalb er wohl auch schon einmal in einer Klinik war. Sie musste mit der Mutter nach der Scheidung umziehen und verlor deshalb ihre beste Freundin, mit der sie immer alles besprochen hatte. In der neuen Umgebung hat sie noch keine Freundin gefunden. In dieser Phase der Unsicherheiten sucht sie sich vor weiteren Enttäuschungen zu schützen, indem sie alle nur denkbaren Situationen vermeidet, in denen sie erneut frustriert werden könnte. Sie bespricht mit der auf sie recht kalt wirkenden Mutter nur noch das Nötigste. Sie geht auch nicht mehr in die Disko, und sie zieht sich auf diese Weise immer mehr von anderen zurück. Sie spürt sehr deutlich ihre zunehmende Selbstisolation, doch sie weiß nicht, wie sie aus diesem Teufelskreis herausfinden kann. Vor allem möchte sie nicht mehr in Situationen geraten, auf die sie keinen Einfluss hat und die sie nicht verhindern kann.

Wie soll Claudia auch verstehen, was zwischen den Eltern passiert war, was diese selbst nicht einmal verstanden oder gar schon verarbeitet haben? Alles, was sie weiß, ist, dass sie sich von anderen aus Schutz vor weiterer Enttäuschung immer mehr zurückzieht und nicht einmal selbst dagegen angehen kann. Sie geht jeder sozialen Aktivität aus dem Weg und vermag sich aus ihrer Angst heraus nicht einmal auf eine neue Freundin einzulassen. So kommt sie erst gar nicht in Situationen, in denen sie neue Erfahrungen machen kann.

In Bezug zur Komponente der Verstehbarkeit des Kohärenzgefühls ist es Claudia in ihrer Situation nicht vergönnt, das Geschehen einigermaßen zu ordnen, es sich zu erklären. Ihr wird auch nichts dazu erklärt, weil selbst die Eltern noch zu sehr in ihren Verletzungen wechselseitig gefangen sind. Selbst für zukünftige Ereignisse gibt es für Claudia keinerlei vorhersagbare Sicherheiten. Gleichwohl fällt es Claudia schwer, das Geschehen im Gesamtzusammenhang zu sehen. Wie sollte das auch für sie möglich sein, wenn selbst die Eltern bisher ihre Probleme noch nicht aufarbeiten konnten, wodurch ihre Beziehung im Laufe der Jahre scheiterte.

Antonovsky sagt, dass ein Problem dann als unlösbar erscheint, wenn man auch kein Gefühl dafür entwickeln kann »eine kognitive ›Landkarte‹ vom Ausmaß und der Art des Problems zu haben«.[94] Es verhalte sich so, als erlebe man hilflos und ohne jede Sicherheiten das Geschehen, ehe man überhaupt Bewältigungsmöglichkeiten in Betracht ziehen kann. Doch erst, wenn wir uns die Zusammenhänge erklären können, gewinnen wir Sicherheiten und vermögen uns die ganze Wirklichkeit zu erklären. So ist es ein unverzichtbares Bedürfnis des Menschen, sich im tiefsten Inneren angesprochen und verstanden zu fühlen, aber auch sich selbst und das Geschehen um sich herum verstehen zu können.

Es gibt natürlich unterschiedliche Sichtweisen darüber, was Kindern verständnismäßig zuzumuten ist. Doch eines steht fest: Auch Kinder brauchen altersangemessene Informationen darüber, was in ihrer Familie vor allem mit ihnen selbst geschieht und in welche Richtung sich damit ihr Leben entwickeln und gestalten wird. Sie sind darauf angewiesen, als Persönlichkeit mit ihrem Erleben verstanden zu werden, um sich selbst verstehen zu lernen und daraus wiederum ein Verständnis für andere entwickeln zu können. Anders formuliert: Menschen, die nicht verstehen konnten, weil sie nicht verstanden worden sind, denen mit Unverständnis begegnet worden ist und die Normen folgen mussten, die sie nicht verstanden und die ihnen auch nicht erklärt wurden, sind nicht nur in ihrem Lebensglück beeinträchtigt worden, sondern es wurde ihnen auch leiblich-seelischer Schaden zugefügt.

In der Psychotherapieforschung sind besondere Wirkfaktoren herausgefunden worden, von denen an dieser Stelle auf Antonovskys Annahmen zur Verstehbarkeit Bezug genommen werden kann. Es ist der des *einfühlenden Verstehens*. Petzold und Sieper beschreiben: »Unter diesem Begriff werden Mitgefühl, Takt, Wertschätzung gefasst [...] Wenn Menschen in stimmiger Weise empathiert werden, vermögen sie sich selbst besser zu verstehen, Selbstempathie zu entwickeln und Einfühlung für andere Menschen [...]«[95] zu empfinden. Wer möchte als Eltern sein Kind nicht mit dieser Fähigkeit ausstatten? So bietet zudem das in der neurobiologischen Forschung entdeckte System der Spiegelneurone die neurobiologische Basis für das gegenseitige emotionale Verstehen. Dafür können wir bereits ganz früh den Grundstein legen: »Auf der Basis dessen, was Spiegelneurone bereitstellen, hat der Säugling die Chance, mit seiner Umgebung emotional in Kontakt zu treten, Signale auszutauschen und ein erstes Urgefühl des Sich-Verstehens zu entwickeln.«[96]

Am Ende dieses Kapitels zum Thema des Verstehens ist noch auf einen weiteren Aspekt hinzuweisen. Es geht in der Welt der unterschiedlichsten Ereignisse nicht darum, ob wir uns etwas, was eintreten möge, wünschen können oder ob das, was eintritt, als gut oder als schlecht zu bewerten ist. Gleichwohl haben Menschen, bei denen die Komponente des Verstehens gut ausgebildet ist, eine günstige Voraussetzung dafür, mit schwierigen Anforderungen des Lebens zu ihrem Vorteil umgehen zu können: »Tod, Krieg und Versagen können eintreten, aber solch eine Person kann sie sich erklären.«[97]

Fassen wir zusammen: Die Überzeugung von der Verständlichkeit und der Erklärbarkeit der Welt hilft Zusammenhänge zu erkennen, um die inneren und äußeren Anforderungen des Lebens situationsgerecht einschätzen zu können.

Die Überzeugung von der Kraft der Handlungsressourcen

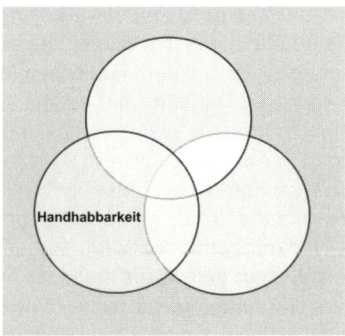

Abbildung 16: Komponente der Handhabbarkeit

Die Komponente der Handhabbarkeit beschreibt das Vertrauen darauf, dass die Situationen und Aufgaben mit Hilfe der zur Verfügung stehenden Möglichkeiten und Hilfsmittel (Ressourcen) zu handhaben und zu lösen sind.

Knut hat auf dem Gymnasium so seine Schwierigkeiten, die ihm richtig Angst machen. Er hat seine Freunde verloren und zieht sich mehr und mehr in seinen Keller zurück. Mit seiner ersten Freundin ist nun auch alles schiefgegangen, weil sie nicht heimlich mit ihm die »Probeverlobung« durchführen will und stattdessen die Angelegenheit mit der Mutter durchgesprochen hat und die davon abgeraten hat. Er sieht sich mit seinen guten Absichten nicht gesehen und ernst genommen, müsse es doch aus Sicht der Mutter der Freundin zunächst eine konkrete Basis für ein gemeinsames Zusammenleben geben. Das alles frustriert ihn sehr und hat zur Folge, dass seine Schulleistungen weiterhin stetig abnehmen. Er hat auf dem Gymnasium einfach keinen Bock mehr, doch er will weiter zur Schule gehen, um einen Abschluss für seine zukünftigen Vorhaben zu erlangen.

Er hat nun viel mehr Spaß am Basteln gefunden. Der kleine Bastelkeller, den er mehr oder weniger in letzter Zeit bewohnt, ist extrem gut ausgestattet: So hat er sich im Laufe der Jahre von seinem Taschengeld gutes Werkzeug gekauft und baut besonders gern flugtaugliche, ferngesteuerte Modellflugzeuge. Die Flugmodelle sind nicht etwa aus einem vorgefertigten Baukasten, Knut entwickelt die Baupläne selbst, die er akribisch genau zeichnet, um danach seine ausgefallenen Modelle zu bauen.

Gerade ist er mit der Entwicklung eines Nachbaues der Concorde beschäftigt und bemüht sich zurzeit, eine stabile Aufhängung für die starken Triebwerke zu entwickeln, als sein Vater in den Keller eintritt. Es hilft Knut immer weiter, wenn er mit dem Vater die technischen Probleme durchsprechen kann, doch heute klappt das alles nicht so richtig. Er hat gerade sein Zeugnis erhalten, das ihm richtige Bauchschmerzen bereitet, und er will nun endlich dem Vater klarmachen, dass es an der Zeit sei, die Schule zu wechseln. Der Vater hat es ihm so sehr gewünscht, dass er doch noch im Gymnasium besser vorankäme, und so haben sie schon einige Male darüber im Bastelkeller in Ruhe miteinander gesprochen. Die Mutter, so weiß Knut zu berichten, bekommt jedes Mal einen Schreianfall, wenn es um die Schule geht, und so betrachtet er es eher als Männersache, sich darüber mit dem Vater auszutauschen.

Einerseits, so erzählt Knut dem Vater, stelle die Realschule nicht so hohe Anforderungen und andererseits habe er deshalb dort bessere Chancen, den Schulabschluss zu schaffen, wolle er doch unbedingt Möbeltischler werden. Es sei zwar ein Abstieg, doch er betrachte diese Schulform als die bessere Perspektive, um seine Absichten zu realisieren, und vielleicht fühle er sich dann auch wieder offener dafür, auf andere zuzugehen.

Die Handhabbarkeit entsteht dadurch, dass wir, in welchen Lebenssituationen auch immer, das Gefühl haben, einer ausgewogenen

Belastung ausgesetzt zu sein, statt uns über- oder unterfordert zu erleben. Es ist die Komponente, die beschreibt, dass wir darauf vertrauen können, unsere Schwierigkeiten zu bewältigen. Antonovsky beschreibt die Annahme der Herausforderungen in der Weise, »dass man geeignete Ressourcen zur Verfügung hat, um den Anforderungen zu begegnen«.[98] Er sieht die Bewältigung auch in der Form, indem wir nicht nur unseren eigenen Fähigkeiten vertrauen können, sondern auch darin, durch andere Menschen Hilfe zu bekommen oder auch Hilfe zum Beispiel im Glauben zu finden.

Dieses Gefühl des Vertrauens in die Handhabbarkeit beschreibt Knut sehr klar, verbunden mit der berechtigten Hoffnung, die Anforderungen in der Realschule eher zu bewältigen als im Gymnasium. Er hat ein begründetes Ziel vor Augen. Er will den Abschluss schaffen, um den Beruf seiner Neigung, den des Möbeltischlers zu ergreifen. Er spürt ganz deutlich den Druck, dem er im Gymnasium ausgesetzt und zuweilen damit überfordert ist, und hat daher die berechtigte Hoffnung, durch Entlastung auch wieder seine sozialen Kompetenzen ins Spiel bringen zu können.

Knut vertraut ganz sicher seinen handwerklichen Fähigkeiten, über die er sich auch immer mit seinem Vater beraten kann und mit denen er von ihm angenommen wird. So ist er auch davon überzeugt, dass er die Ziele, die er sich gesteckt hat, erreichen kann, wenn er sich nur genug für sie einsetzt. Er spürt auch seine Gefühle und Verletzlichkeiten, denn seine Idee, sich probeweise verloben zu wollen, wurde nicht akzeptiert. Neues zu erproben wurde ihm verwehrt. Er vertraut vor allem seinem Vater, mit dem er sich auch in schwierigen Lebenslagen beraten kann und dessen Rat er daher auch aktiv sucht.

Wenn wir mit diesem Beispiel den Bogen zur Komponente der Verstehbarkeit schlagen, so lässt sich gut darstellen, wie die Komponenten ineinandergreifen. Claudia war es nicht vergönnt, die Zusammenhänge des Geschehens auch nur annähernd einordnen zu können. Nicht einmal mit ihrer Freundin konnte sie sich über das Geschehen beraten, musste sie doch fortziehen. Wenn sich auch Knut zunächst in seiner Not zurückzieht, so sucht er doch das Gespräch mit seinem Vater. Und im Gespräch mit dem Vater wird er sicherer, weil beide sich der Probleme im wechselseitigen Verstehen von Motiven und Absichten annehmen und gemeinsam nach Erklärungen suchen. Der Vater kann die Motive, Absichten, Vorlieben oder auch Abneigungen richtig erkennen und indem sie besprochen werden dürfen, ist die entscheidende Voraussetzung dafür gegeben, dass der andere seine Potenziale entfalten kann. So wird Knut auch den Weg finden, sich mit dem Vater über seine noch recht unsichere Rolle als Mann zu verständigen, in der er noch deutlich die Ängste vor den Anforderungen spürt. Er sucht die Beziehung zur Freundin auf seine Weise zu legitimieren, findet aber leider keine Gesprächsbasis dafür, mit seinen Absichten auch von deren Mutter verstanden zu werden. Immerhin sucht er auch hier aktiv nach einer Lösung, muss sich aber am Ende noch unverstanden fühlen.

Zusammenfassend gesagt: Die Überzeugung von der Kraft der Handlungsressourcen hilft ganz maßgeblich bei der Bewältigung von Anforderungen, bei der Lösung von Konflikten und bei der Findung realistischer Lebensziele.

Die Überzeugung von der Bedeutsamkeit des Handelns und dem Lebenssinn

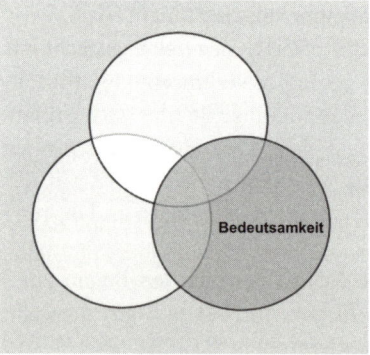

Abbildung 17: Komponente der Bedeutsamkeit

Die Komponente der Bedeutsamkeit beschreibt das Vertrauen darauf, dass die Anforderungen des Lebens als sinnvolle Herausforderungen angenommen und in sinnstiftenden Handlungen umgesetzt werden können.

Axel hat gerade so eben den Hauptschulabschluss geschafft. Die Ausbildung zum Automechaniker hat er abgebrochen, weil der Werkstattmeister ihn geschlagen hatte. Nachdem der Vater vor 10 Jahren aus dem Haus gegangen war, hatte Axel sich geschworen, dass er sich nie wieder von ihm oder von anderen schlagen lassen wolle. Eher will er zukünftig selbst zuschlagen, als sich noch einmal so demütigen zu lassen. Den Auszug des Vaters hat er noch gut in Erinnerung, war er doch wieder einmal betrunken auf die Mutter zugegangen und hatte blind auf sie eingeschlagen. Seither sei sie sehr verschlossen, könne kaum mit ihm reden und gehe ansonsten nur ihrer Arbeit nach.

Was seine Fähigkeiten insgesamt betrifft, so zweifelt Axel weniger an seiner Intelligenz, sondern mehr daran, ob es ihm gelingt, diese für seine Ziele zu nutzen. Insofern erlebt er sich einfach als zu dumm. Jetzt wolle er zu Hause nicht nur abhängen, sondern auch viel über seine Zukunft nachdenken. Insgesamt erlebt er den Alltag eher langweilig und nicht selten sinnlos. Er brauche einfach mal wieder Erfolge – wie er meint –, denn davon hänge auch seine Lebensfreude ab. Lediglich in einer kleinen Gruppe bei den Neonazis fühlt er sich aufgehoben und anerkannt. Sein Spezialgebiet sind die Rassentheorien. Erst kürzlich hielt er einen Vortrag mit dem Verweis auf Graf Henri de Boulainvilliers, welcher aus seiner Sicht – schon damals gerechtfertigt – die Dominanz der Germanen über die Kelten vertrat. Mit diesem Vortrag hatte er sich einen stürmischen Applaus gesichert. Axel verfolgt den Wunsch, sich mit diesen und möglichst noch anderen Aktivitäten ein gewisses Ansehen verschaffen zu können. Natürlich müssen aus seiner Sicht diese Theorien auch in die Tat umgesetzt werden, wofür er sich gerade im Kampfsport ausbilden lässt, denn nichts sei schlimmer, als kampfunfähig gute Theorien zu verfolgen.

In der Gruppe sucht Axel mit allen Mitteln dazuzugehören, zweifelt aber nicht selten daran, ob das wirklich erreichbar sein wird, und er ist sich auch nicht sicher, ob er zu dieser Gruppe dazugehören will. Dann wieder kommt zeitweise Hoffnung in ihm auf Anerkennung auf, die er sich so sehnlich wünscht. Doch schon zögert er auch gleich wieder in der Sorge, ob er sein Ziel erreichen kann, seine neuen Perspektiven umzusetzen. Er hat gehört, dass er bei der Bundeswehr seinen Realschulabschluss und dann vielleicht dort Karriere machen kann. So könnte er wenigstens noch einmal überprüfen, ob er vielleicht auch beim Militär eine Heimat für sich finden könnte. Auf keinen Fall sei es für ihn sinnvoll, sich auf Frauen einzulassen und die Erwartungen, die daraus entstehen könnten, wolle er nicht bedienen.

Die **Dimension der Bedeutsamkeit** als dritte Komponente des Kohärenzgefühls beschreibt eine übergeordnete Sinnhaftigkeit dessen,

was sich im Handeln ausdrückt und in der Motivation seinen Niederschlag findet. Anders ausgedrückt: Motivation (lateinisch *moti-*
vus = Bewegung auslösend) löst Prozesse aus, die dem Verhalten Intensität und eine bestimmte Zielrichtung im Hinblick auf
deren Erreichbarkeit verleihen. Diese Aktivitäten werden besonders
dann ausgelöst, wenn sich der Einsatz lohnt bzw. wenn er sinnvoll
erscheint. Antonovsky beschreibt: »Formal bezieht sich die Komponente der Bedeutsamkeit des SOC auf das Ausmaß, in dem man das
Leben emotional als sinnvoll empfindet: daß wenigstens einige der
vom Leben gestellten Probleme und Anforderungen es wert sind,
daß man Energie in sie investiert, daß man sich für sie einsetzt und
sich ihnen verpflichtet, daß sie eher willkommene Herausforderungen sind als Lasten, die man gerne los wäre.«[99]

Menschen mit einem stark ausgeprägten Kohärenzerleben berichten nicht selten über Lebensbereiche, die ihnen wichtig sind und für
die es sich aus ihrer Sicht lohnt, sich zu engagieren. Diese Komponente des Kohärenzgefühls wird auch von Antonovsky als die bedeutendste dargestellt, denn gute Erfahrungen bestätigen den Menschen
im Sinn seines Handelns und in den positiven Erwartungen an das
Leben. Die Bestärkung bliebe aus, selbst wenn die beiden anderen
Komponenten des Kohärenzerlebens – die der Verstehbarkeit und
die der Handhabbarkeit – hoch ausgeprägt sind.

Sinn konstituiert sich als »*Sinn für uns und mit anderen*, als den
geordneten Vollzug konkreten, gelebten Daseins [...] – und dieses hat immer einen räumlich-zeitlichen, historischen, ökonomischen und sozialen Kontext«, den wir auch »als Garant für Integrität
sehen«[100] sehen können.

Wie können wir diese Überlegungen für Axels Beispiel anwenden?
Axel ist in seinem Selbsterleben und im Handeln unsicher, schon
allein wegen der Demütigungen, die ihm widerfahren sind. Er ist
auf der Suche nach Anerkennung und Lebensfreude, doch immer
wieder wird er auf seine Selbstzweifel zurückgeworfen. Er setzt sich
in seinem Bestreben nach Achtung und Ansehen mit fragwürdigen
Theorien auseinander. In seinem Bedürfnis nach Zugehörigkeit wagt
er deshalb viel und zweifelt gleichzeitig daran, ob es ihm möglich sein
wird, seine Ziele zu erreichen. Nicht selten erlebt er im grauen Alltag
alles als langweilig und sinnlos. Er macht sich für den Kampf fit, um
alle Schläge, die ihn verwunden könnten, abwehren zu können. Will

er sich auf diese Weise wohl auch vor weiteren Schlägen des Lebens schützen?

Dieses Beispiel verdeutlicht auch noch einmal, dass das, was für einen Menschen sinnvoll und bedeutsam erscheint, nur aus der Sicht des Betreffenden zu verstehen ist. Außenstehende könnten Axels Entscheidungen durchaus als moralisch unverständlich erleben. Das Kohärenzgefühl beschreibt jedoch lediglich das Denken, Fühlen und Handeln der Person, ohne zu werten.

Die Komponente der Sinnhaftigkeit ist nach Antonovskys Auffassung wohl die bedeutendste der drei Komponenten des Kohärenzgefühls. Und die Motivation wird maßgeblich dadurch beeinflusst, dass sich Menschen in ihrem Handeln für sinnvolle Ziele engagieren können. Da wir stets in wechselseitiger Bezogenheit auf andere Menschen, als Koexistierende, leben, streben wir danach, unser Denken, Fühlen und Handeln in zwischenmenschlichen Erfahrungsräumen zu gestalten. Unser motiviertes, ja sinnvolles bzw. bedeutungstragendes Handeln wird erst in der Begegnung, in Beziehungen, in wechselseitiger Auseinandersetzung, realisiert. Hieraus erschließt sich ein gemeinsam gefundener, erlebter und verwirklichter *Sinn*. So können wir mit Bezug auf Petzolds Überlegungen sagen: »Sinn kann sich deshalb niemals für sich konstituieren, sondern schließt immer einen Verweisungshorizont mit ein. ›Mein‹ Sinn ist daher mein Standort im Kontext/Kontinuum, mein Standort mit anderen und anderem, weil Sinn sich nur in Gefügen artikuliert.«[101]

In diesem Sinne kann auch in unseren Schulen noch viel dafür getan werden, motiviertes Lernen zu fördern. Lehrerinnen und Lehrer müssen erst einmal »die Überzeugung aufgeben, dass sie selbst schon alles wissen. Wenn Lehrer/-innen schon alles wissen, erscheint Lernen seitens der Schüler/-innen immer als Aufholen von Defiziten.«[102] Eine ganz andere Haltung wird zum Lernen erforderlich. Lehrer und Schüler verbringen einen wesentlichen Teil ihrer Lebenszeit in wechselseitiger Bezogenheit miteinander. Es handelt sich gewissermaßen um eine Begegnung, in der die Menschen in Austausch treten und Bezug aufeinander nehmen. Hier werden Begegnungserlebnisse gestaltet und gefestigt, die weit in die Zukunft hineinreichen und die vor allem für die den Lehrerinnen und Lehrern anvertrauten Kinder und Jugendlichen einen Einfluss im Sinne einer bedeutungsvollen Dimension haben. Studien verwei-

sen uns immer wieder auf erhebliche Verhaltensauffälligkeiten und
chronische, überwiegend psychosomatische Gesundheitsbeschwer-
den von Kindern und Jugendlichen. Bauer trägt dazu vor: »Hintergrund dieser Situation sind zurückgehende bzw. fehlende kon-
struktive Beziehungs- und Gemeinschaftsangebote für Kinder und
Jugendliche.«[103]

Die Schule selbst muss wieder ein Ort der Begegnung werden, den
Kinder und Jugendliche mit Freude aufsuchen, der sie auch nach
dem Unterricht motiviert, ihre Freizeit im Kreis der ihnen vertrauten Menschen zu verbringen. Nicht selten sind heute beide Eltern
berufstätig, so dass ein auf die Bedürfnisse der Kinder und Jugendlichen abgestimmtes und motivierendes Angebot in einer tragenden
Beziehungskultur zwischen Lehrern und Schülern auch nach dem
Unterricht notwendig wäre. Natürlich gilt dies auch für das Elternhaus, doch wo sonst, wenn nicht wenigstens in der Schule, brauchen
Kinder sinnstiftende Beziehungsangebote, die unsere gut geschul-
ten Lehrer und Lehrerinnen zur Verfügung stellen können, um eine
Mindestvoraussetzung für das Leben zu vermitteln: Erlernen wech-
selseitiger Empathie für den Mitmenschen in gemeinsam gestalteter
Beziehungsarbeit.

Es war bereits die Rede davon, dass das Kohärenzgefühl unterschiedliche Ausprägungsgrade haben kann, die zudem in den einzelnen Komponenten zum Ausdruck kommen können. Kehren wir in
diesem Zusammenhang noch einmal zu Axel zurück, so können wir
feststellen: Auf der Suche nach Zugehörigkeit strebt er an, sich über
seine Vorträge Erfolge zu sichern. Er spürt, dass ihm seine Weiterentwicklung wichtig ist, und er will deshalb zur Bundeswehr gehen.
Seine Perspektive vermag er aber nur aus der Abhängigkeit heraus
dort zu verwirklichen. Hier müsste er seine Ziele zunächst den Gege-
benheiten unterordnen, und gleichwohl nimmt er sein Defizit darin
wahr, sich selbst im Sinne der Verstehensebene klare und tragfähige
Strukturen aufzuerlegen, mit Kontinuität an der Sache zu bleiben.
So ist er auf dieser Ebene noch immer recht unsicher in der Einschätzung seiner Gesamtsituation und versucht deshalb, sich durch
seine Aktivitäten im Kampfsport zu schützen. Auf der Ebene der
Handhabbarkeit fühlt er sich offenbar sicherer. Wenn er sich zwar
zuweilen für zu dumm hält, zielstrebig sein Fortkommen zu betrei-
ben, so meint er doch, über ein ausreichendes Maß an Intelligenz zu

verfügen. Schade, dass er seine Energien einer absolut fragwürdigen Aktivität im Kreis der Neonazi-Gruppe widmet, doch sein Erleben in der Sicherheit geistiger Fähigkeiten darf durchaus im Sinne einer ihm zur Verfügung stehenden Ressource gewertet werden. Auf dieser Ebene wäre sicher ein guter Zugang zu ihm zu finden.

Zusammenfassend gesagt: Die Überzeugung von der Bedeutsamkeit des Handels und dem Lebenssinn hilft bei einer sinnvollen Zielsuche und -bestimmung, beim engagierten und motivierten Handeln und beim Finden realistischer Lebensentwürfe.

Kapitel 5:
Was hilft, das Kohärenzgefühl zu entwickeln

Aber dies ist das Wunderbare:
Dass, weil sie Menschen eines Anfangs sind,
in jedem einzelnen noch einmal die Welt beginnt.

Stefan Zweig

»Wir alle wissen, dass ein Kind, das eine (relativ) normale früh-kindliche Entwicklung – vor allem im Hinblick auf seine Beziehung zur Mutter – durchläuft, bessere Chancen hat, als Erwachsener ein größeres Wohlbefinden und ein umfassenderes Gefühl der Freude und der Selbstverwirklichung empfinden zu können.«[104] In diesem Kapitel wollen wir vor dem Hintergrund der vorhergehenden Über-legungen die Entwicklung des Kohärenzgefühls diskutieren, indem wir die im Kapitel 1 bereits angesprochenen *generalisierten Wider-standsressourcen* unter entwicklungspsychologischer Sicht betrach-ten.

Es steht außer Frage, dass Menschen auf unterschiedliche Weise das Leben bewältigen lernen. Einen wesentlichen Beitrag dazu leisten offenbar die »Muster von Lebenserfahrungen«, die Antonovsky[105] darstellt. Vor dem Hintergrund der gemachten Lebenserfahrungen entwickelt sich das Kohärenzgefühl nach Antonovsky im Laufe der Kindheit und Jugend und findet etwa zum Ende des 30. Lebens-jahres den Abschluss seiner Ausprägung. Es sind aus seiner Sicht maßgeblich die biographischen und sozialen Bedingungen vor dem Hintergrund des soziokulturellen und des historischen Kontextes daran beteiligt. Sie bieten die Basis für die Ausbildung der generali-sierten Widerstandsressourcen und entscheiden darüber, ob sich ein schwaches oder ein starkes Kohärenzgefühl ausprägen kann. Hierzu schreibt Antonovsky: »Die wichtigsten Determinanten des Kohä-renzgefühls bestehen in der Art der Gesellschaft, in der jemand in einer bestimmten historischen Periode lebt, und den sozialen Rollen, in die er eingebunden ist.«[106]

Wir meinen allerdings, dass die Widerstandsressourcen sich nicht nur im Verständnis ihrer Entstehung aus der Kindheit und Jugend herleiten, sondern dass sie unser Leben lang einem beständigen Wandel unterzogen sind. Unsere Lebenserfahrungen sind derart vielgestaltig und prägen daher kontinuierlich unser Erleben, indem wir immer wieder bedeutsame und kohärente, das heißt in sich zusammenhängende, nachvollziehbare Erfahrungen sammeln können, die wiederum beständig Einfluss auf unser Kohärenzerleben haben. Diese Erkenntnis stellt allerdings die Hypothese Antonovskys in Frage, nach der das Kohärenzgefühl nach seiner endgültigen Ausprägung stabil bleibt und sich kaum noch verändert oder gar durch absichtliche Einflussnahme, zum Beispiel durch eine Psychotherapie, zu verändern sei. Gleichwohl relativiert er seine Hypothese wieder: »Ohne Zweifel ist eine Menge empirischer Forschung erforderlich, bevor wir den Prozess der Ausbildung des SOC ganz verstehen.«[107] Wenn wir nämlich von einem beständigen, dynamischen Entwicklungsverlauf in der Lebensspanne ausgehen, dann müssen wir »für die Betrachtung und das Verständnis der menschlichen Persönlichkeit eine differentielle Entwicklungspsychologie«[108] zugrunde legen, die den gesamten Lebensverlauf umfasst, in der auch das Kohärenzgefühl Veränderungen unterzogen ist. Dies führen wir der Vollständigkeit halber aus, wobei wir uns im weiteren Verlauf unserer Überlegungen auf die Entwicklung des Kohärenzgefühls vom frühen Säuglingsalter an über die Kindheit bis hin zum Jugendalter konzentrieren werden.

Grundlegend ist noch anzumerken, dass die Entwicklung der Persönlichkeit des Menschen und damit auch die des Kohärenzgefühls immer auf einem Zusammenspiel mehrerer Faktoren beruht, und zwar aufgrund einer Kombination von genetischen Faktoren wie auch der Hirnentwicklung und den frühen psychischen Erlebnissen sowie den sozioökonomischen Bedingungen.

Antonovsky versteht sein Konzept der generalisierten Widerstandsressourcen in der Weise, dass sie vor allem durch die Minderung des Spannungserlebens im Prozess der Bewältigung unter günstigen Voraussetzungen das Denken, Fühlen und Handeln eines Menschen positiv beeinflussen. Wir setzen als bekannt voraus, dass uns das Leben bereits in der frühen Entwicklung unterschiedliche Erfahrungen bereitstellt.

Um eine prägnante Zusammenfassung der Erfahrungswelten mit ihrem Einfluss auf die Ausprägung der generalisierten Widerstandsressourcen zu schaffen, formulierte Antonovsky[109] drei zentrale Merkmale, die der

– Konsistenz,
– Belastungsbalance und
– Teilhabe.

Das wollen wir näher erläutern: Wie in Abbildung 18 dargestellt, nehmen diese drei Merkmale Einfluss auf die einzelnen Komponenten des Kohärenzgefühls.

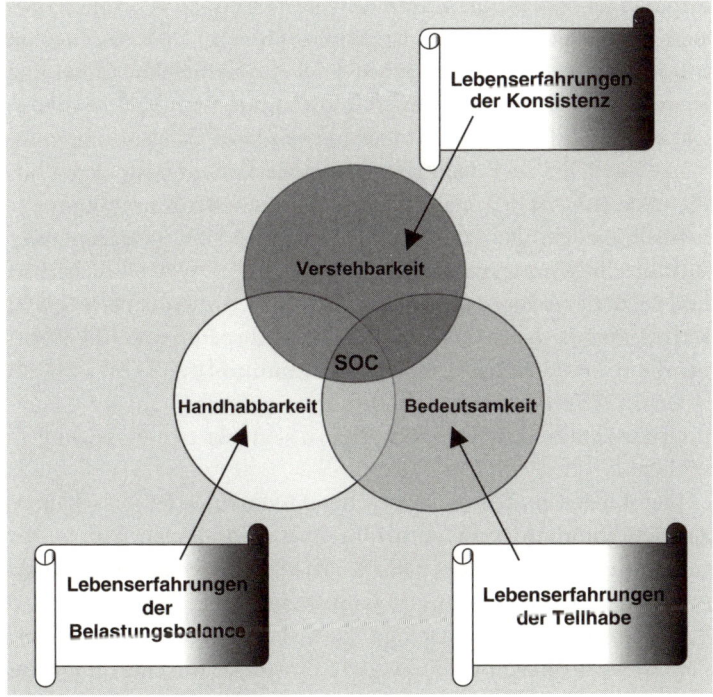

Abbildung 18: Der Einfluss der generalisierten Widerstandsressourcen auf das Kohärenzgefühl

Konsistenz meint *Beständigkeit* und *Widerspruchslosigkeit,* ja *Verlässlichkeit,* das heißt, dass schon der Säugling Erfahrungen machen kann, die seine elementaren Bedürfnisse befriedigen, und zwar in

der Weise, dass Verlass auf die Reaktionen der unmittelbaren Bezugspersonen (hier meinen wir, dass je nach Aufgabe idealerweise beide
Eltern beteiligt sind) besteht. Die Mutter verlässt das Zimmer und
kommt auch wieder, um nach dem Rechten zu sehen. Sie geht auf
die Signale des Kindes in seinem Bedürfnis nach Stillen des Hungers
und Ausdruck des Schmerzes ein. Würde sie diese Signale ignorie-
ren, führten die Erfahrungen der Unwägbarkeiten, der Unsicherheiten wie auch mangelnder Beständigkeiten zur Ausprägung eines
schwachen Kohärenzgefühls.

Bei der *Belastungsbalance* beeinflussen jene Faktoren, die durch
Ausgewogenheit, ja balancierte Lebenserfahrungen gekennzeichnet
sind das Kohärenzerleben des Kindes günstig. Und das beginnt
bereits ganz früh. Zum »Erwachen der Sinne« schreiben Hüther und
Krens: »Wir wissen aus der Säuglingsforschung, dass der Körperkontakt des Kindes mit seiner Mutter oder anderen Pflegepersonen für
die körperliche, aber auch die emotionale Entwicklung wesentlich
ist; vorausgesetzt natürlich, dass es sich um Berührungskontakte
handelt, die feinfühlig und auf die Bedürfnisse des Säuglings abgestimmt sind. Körperkontakt vermittelt dem Kind Wärme, Sicherheit
und Schutz, so dass es sich entspannen kann. Außerdem ermöglicht
Körperkontakt durch das Empfinden der Körpergrenzen die Wahrnehmung körperlicher Kohärenz und Kontinuität.«[110]
Durch *Teilhabe* werden Kinder darin gefördert, an der Gestaltung des Lebens überhaupt beteiligt zu sein und sich als wichtig zu
erleben.

Kleinkinder probieren sich in der Modulation ihres Verhaltens
aus und kommunizieren so auf ihre Weise, um bereits früh an der
Gestaltung des Ergebnisses teilhaben zu können. So sind sie zum Beispiel sehr aktiv, um die Aufmerksamkeit der Mutter durch Laute und
Bewegungen zu erregen. Gelingt das nicht, so beginnen sie zu weinen. Unter normalen Bedingungen führt dieser forschende Prozess
der Abstimmung der Aktivitäten zwischen Säugling und erwachsener Bindungsperson dazu, auf diese Weise zu erfahren, eine Situation
meistern zu können, am Geschehen beteiligt und letztendlich auch
wichtig zu sein. So beschreibt Dornes die »Wechselseitigkeit«, die
das Verhalten des Säuglings mit seiner Bezugsperson von Anbeginn
bestimmt und die nicht nur auf den Blickkontakt beschränkt sei:
»Es gibt wechselseitige Vokalisierungen [. . .], wechselseitige Berüh-

rungen [...] und wechselseitige Imitationen [...]. Dabei sind beide Partner beteiligt und initiativ.«[111]

In gewisser Weise vollzog sich ein radikaler Wandel vom »inkompetenten Säugling« in der Auffassung Freuds und seiner Schüler hin zur Vision des »kompetenten Säuglings« in der neueren Babyforschung. Bereits Rousseau hatte den Standpunkt vertreten, dass das Neugeborene als lernfähiges Wesen in seinem Forscherdrang zu bestätigen sei, um die Voraussetzungen für einen aktiven Erwerb von Wissen zu schaffen, statt es einem kontrollierenden und gebieterischen Erziehungsprozess auszusetzen.

Vorab noch eine grundsätzliche Bemerkung, die gleichermaßen für die nachfolgenden Abschnitte in diesem Kapitel gilt. Sie werden sicher auch wie wir immer wieder erstaunt, zuweilen erfreut, manchmal aber auch entsetzt über die Vielgestaltigkeit des Lebens sein. So sind wir selbstverständlich mit unseren Überlegungen ebenso wie Sie mit der Vielfalt der Lebensäußerungen beschäftigt und halten es daher keineswegs für selbstverständlich, dass Lebensverläufe immer gut und auf einem hohen Niveau gelingen.

Wenn bei uns in Europa zwar ein sehr hoher Lebensstandard herrscht, dann müssen diese Länder keineswegs als armutsfreie Zonen definiert werden. Armut misst sich, wie im zweiten Armuts- und Reichtumsbericht des Deutschen Bundestages[112] ausgeführt wird, keineswegs allein an der Einkommens- und Vermögenslage eines Bürgers. Vielmehr wird gleichermaßen die soziale Gerechtigkeit in den Blick genommen und daran gemessen, ob ein Mensch im Sinne von Chancengleichheit nicht nur am ökonomischen, sondern auch am gesellschaftlichen Leben teilhaben kann. Daher wird im zweiten Armuts- und Reichtumsbericht des Deutschen Bundestages darauf verwiesen, dass es notwendig sei, »Teilhabe- und Verwirklichungschancen auch für die einzelnen Menschen neu zu gestalten« und einen auf Solidarität ausgerichteten Staat zu schaffen, der »auch die Interessen der Schwachen vertritt und kollektive soziale Sicherungssysteme organisiert«. Es gehe ferner darum, die »Grundbedürfnisse des Menschen« zu sichern »und ein soziales Netz zu bewahren, das Menschen in Not auffängt«.[113] In vielen Teilen der Welt kann nicht einmal mehr von Chancengleichheit oder gar von sozialer Sicherheit gesprochen werden. Oft geht es um Hunger und Schmerz, natürlich auch um seelischen Schmerz, und es besteht nicht selten nur annähernd die Möglichkeit, selbst die elementarsten Bedürfnisse zu befriedigen. Auf diese Weise sind die Erfahrungen, die im Sinne von Konsistenz, der Belastungsbalance und der Teilhabe im Folgenden besprochen werden sollen, auf der ganzen Welt immer wieder in Frage gestellt. So sollten wir eben nicht als selbstverständlich voraussetzen, dass das Kind in einer Atmosphäre der Geborgenheit zusammen mit seiner Mutter *und* dem Vater aufwächst, um schließlich später wohlbehütet mit einem nachgeborenen Geschwisterchen spielen zu können.

Und wie verhält es sich mit den Vätern? Gibt es überhaupt eine Vater-Kind-Beziehung? Zeichnen sich die Väter heute noch wie früher eher durch ihre Abwesenheit aus?

Derzeit finden zu diesen Fragen ganz wesentliche Veränderungen in unserer Gesellschaft statt. Standen die Väter früher als Ernährer der Familie und als Unterstützungsperson für die Mutter im Zentrum der Aufmerksamkeit des Interesses, so werden sie nun auch verstärkt in die Kinderbetreuung einbezogen. Heute gibt es mehr alleinerziehende Väter, und es nimmt die Bereitschaft der Väter zu, dass nach einer Scheidung das alleinige oder das gemeinsame Sorgerecht durch sie beansprucht wird.

Wenn auch noch immer die rein quantitative Betreuungsintensität den Müttern zufällt, so finden sich qualitativ wichtige Unterschiede in der Funktion für das Kind. Es gibt Untersuchungen zum Beispiel von Clarke-Stewart[114], die sich mit dem väterlichen Spielstil auseinandersetzen und beschreiben, wie er sich vom mütterlichen, eher umsichtigen und umsorgenden Spielverhalten unterscheidet. Väter werden beim Spiel als lebendiger und lebhafter beschrieben. Sie gehen mehr auf das Bedürfnis körperlicher Kontakte und Experimente ein und nutzen beim »Toben« das kreative Element und die körperliche Nähe.

Weiterhin wurde in Studien belegt, dass die emotionale Funktion des Vaters bereits in der frühen Kindesentwicklung eine hohe Bedeutung hat. So entwickeln Säuglinge eine vergleichbar starke Bindung an den Vater wie an die Mutter, zeigen sie doch beim Abbruch und bei der Wiederaufnahme des Kontaktes mit der Mutter wie auch dem Vater ähnliche Verhaltensmuster. Nachzuweisen ist auch, dass Väter in späteren Entwicklungsphasen des Kindes eher in bestimmten Situationen spezifische Unterstützungsmuster bereitstellen, wie zum Beispiel in Bezug auf gesellschaftlich bedeutsame Fragen oder auch auf Ausbildungs- und berufliche Themen, während die Mütter eher zu Fragen persönlicher und intimer Lebensbereiche von den Kindern bevorzugt als Gesprächspartnerinnen herangezogen werden.

Die Forschungen von Fthenakis[115] zeigen, dass für Väter heute ihre soziale Funktion – für die Entwicklung der Kinder, für ihre Bedürfnisse und Probleme offen zu sein – einen zentralen Stellenwert im Lebenskonzept einnimmt. Das Dilemma für Väter besteht jedoch darin, dass sie dies nicht einlösen können. Die gegenwärtige Entwicklung spricht eher gegen die Einhaltung dieser von ihnen als bedeutsam bewerteten Funktion, denn die patriarchalisch organisierte Gesellschaft erwartet von ihnen weiterhin, wenn nicht sogar verstärkt, die Wahrnehmung ihrer Rolle als Ernährer und Beschützer der Familie.

Lebenserfahrungen der Konsistenz

Die Lebenserfahrungen der Konsistenz sind Voraussetzungen zur Entwicklung der Verstehbarkeit. Diese Komponente des Kohärenzgefühls ist verbunden mit dem Erleben von Beständigkeit und Verlässlichkeit. Sie entwickelt sich dann, wenn die Heranwachsenden Sicherheit erleben, wenn sie angenommen werden und in tragfähigen Beziehungen aufwachsen.

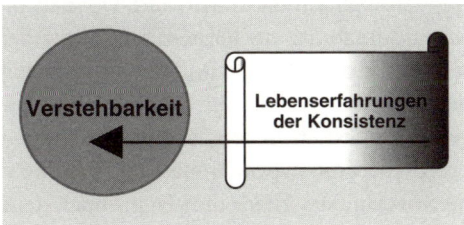

Abbildung 19

Antonovsky bezieht sich bei seinen Ausführungen zu den konsistenten Erfahrungen, das heißt den Erfahrungen, die durch Bestän-

digkeit bzw. Kontinuität und Widerspruchslosigkeit gekennzeichnet sind, auf die Bindungstheorien von John Bowlby (1907–1990).
Bowlby untersuchte erstmals im Auftrage der Weltgesundheitsorganisation (WHO) das Verhalten von Kindern in der persönlichen
Bindung an die ver- und umsorgende Person.[116] Sigmund Freud
hatte sich nicht ernsthaft mit dem Säuglings- und Kleinkindalter
beschäftigt, sondern er arbeitete an den Entwicklungsphasen der
Kindheit und Jugend aus der Erwachsenenperspektive.

Bowlby ging davon aus, dass vertraute emotionale Verbindungen
ein gefühlsmäßiges Band herstellen, welches – tief verankert – ein
Leben lang Bestand hat.

Als der Vater seine Familie zum Auslandsaufenthalt für drei Jahre verlassen muss, ist Konrad gerade 19 Monate alt geworden. Er ist ein sehr
aufgeweckter Junge, der recht lebhaft seine Umwelt entdeckt und alle
Menschen, die in seiner Nähe sind, freudig zum Spielen einlädt. Auf dem
Weg zu einem langjährigen Freund der Familie wird seine Mutter in einen
Verkehrsunfall verwickelt und muss mit schweren Verletzungen sofort in
das Krankenhaus eingeliefert werden. Zum Glück erfährt die Leiterin der
Kindertagesstätte zeitnah über die Sozialarbeiterin des Krankenhauses
von dem Unglück der Mutter, doch der kleine Konrad kann nirgendwo
anders als im nächst gelegenen Heim untergebracht werden.

Wie wird es dem Kleinen nun ergehen? Wird er die Fremden im Heim
als böse erleben und in seiner Angst vor ihnen aggressiv die Anwesenheit seiner Mutter einfordern? Oder wird er scheinbar tapfer sein
Schicksal aushalten, indem er nach leichtem Protest erst verzweifelt,
um sich im Anschluss von der Umwelt apathisch abzuwenden?

Diese kleine Sequenz spiegelt die kontroverse Debatte zwischen den
eher theoretischen Annahmen der klassischen Psychoanalyse um die
Psychoanalytikerin Melanie Klein[117] und den systematischen Untersuchungen John Bowlbys wider. Wenn wir uns vergegenwärtigen,
dass die Mutter dem kleinen Konrad vor ihrer Abfahrt vom beabsichtigten Besuch bei dem lieben Freund der Familie erzählt hat,
dann wird die Reaktion des Kindes im Heim nach dem Verständnis Kleins etwa so sein: Konrad reagiert nicht aggressiv auf seine
Umwelt wegen der Trennung von seiner Mutter, sondern er entwickelt aggressive Phantasien und wird vor allem neidisch auf den
geschätzten Freund der Familie, dem sich die Mutter widmen wollte.
Diese Schlussfolgerungen sind eher dem Reich der Phantasie aus

der Erwachsenenperspektive als die dem Erleben des Kindes zuzuordnen. Auf diese Weise soll die *Fremden*angst begründet werden.
Durch die Abwesenheit der »guten« Mutter empfindet Konrad die
sich im Heim um ihn kümmernden Menschen als »böse«, und diese
in der Phantasie des Kleinen erscheinenden bösen Menschen bereiten ihm nun die erlebte Angst vor ihnen. Nach diesem Ansatz wird
vorausgesetzt, dass die Aggression die Angst verursachen müsse,
doch es bleibt dabei unberücksichtigt, dass Angst durchaus unabhängig von Feindseligkeiten auftreten oder diese sogar verursachen
kann.

Ganz anders stellt sich das Geschehen nach dem weitaus realisti-
scheren und fundiert untersuchten Verständnis Bowlbys dar. Seine
Schilderung des Geschehens um den kleinen Konrad könnte so lauten: Konrad verzweifelt über den Verlust des Kontaktes zu seiner
Mutter und beginnt daran zu leiden. Sein Leid vermag er zunächst
im Ärger durch Protest auszudrücken, doch dann gerät er in Trauer
und Verzweiflung. In seiner Resignation zieht er sich immer mehr
von seiner Umwelt zurück.

Zu berücksichtigen sind natürlich auch bei dieser Geschichte individuelle Unterschiede im Verhalten bei kleinen Kindern, die abhängig von der Konstitution des Kindes und von den bisherigen Beziehungserfahrungen sowie der Ausgestaltung der auf die Trennung
folgenden Ereignisse sind.

»Die Bindungstheorie begann mit einer detaillierten Beschreibung kindlicher Verhaltensweisen, die das Band zwischen Mutter
und Kind stiften [. . .].«[118] Diese Beschreibung ist das Verdienst John
Bowlbys, der als viertes von sechs Kindern einer Mutter aus einem
Pfarrerhaushalt und eines Arztes in London im Jahre 1907 gebo-
ren wurde. Sein mehr aus Desinteresse und auf Anraten des Vaters
begonnenes Medizinstudium unterbrach er und hospitierte an einer
Schule für verhaltensgestörte Kinder, wonach er, nun in der Absicht
Kinderpsychiater zu werden, das Studium im Jahre 1933 beendete.
Er wollte nie als niedergelassener Arzt tätig werden. Bis 1937 absol-
vierte er seine psychoanalytische Ausbildung bei Joan Riviere, einer
Vertreterin der Theorien Melanie Kleins, um sie im Anschluss bei
Melanie Klein selbst fortzusetzen. Bei allen bereits auftretenden Auf-
fassungsunterschieden hielt er seine Ansätze seinerzeit noch immer
vereinbar mit ihren Theorien.

Abbildung 20: John Bowlby

Nachdem Bowlby das Ausbildungsprogramm für Kinderpsychothe-
rapie an der Tavistock Clinic installiert hatte, begann er die Folgen
der Trennung von Mutter und Kind systematisch zu untersuchen.
Er ging nun in der Abkehr von den psychoanalytischen Theorien
davon aus, dass das Kind in seinem Bindungsbedürfnis bei Trennung ähnlich wie Erwachsene Kummer und Trauer aktiviert, weil der
Kontakt, die Nähe und die Sicherheit zur vertrauten Person fehlen.
Diese wissenschaftlich fundierten Darstellungen Bowlbys wurden in
der Britischen Psychoanalytischen Gesellschaft heftig kritisiert und
auch er merkt im Gegenzug kritisch an, dass »der psychoanalytische
Ansatz schon immer recht eigenwillig wenig Interesse daran hatte
und unfähig war, die Umwelt des Kindes in den Blick zu nehmen.
Das Kind wird nahezu als ein geschlossenes System gesehen, und
die Behandlung ist auf dieses psychologische System innerhalb des
Kindes ausgerichtet.«[119] Mit seinem 1969 erschienenen Buch »Bindung. Eine Analyse der Mutter-Kind-Beziehung« legte Bowlby den
Grundstein insbesondere zur Betrachtung der fördernden Faktoren
in der Mutter-Kind-Beziehung.

John Bowlby verstarb im Jahre 1990 auf der Isle of Skye in Schott-
land. Seine Erkenntnisse und die Weiterentwicklung seiner Theorien
durch seine Mitarbeiterin Mary Salter Ainsworth legten die Grundlage für die zukünftige Bindungsforschung und zeigten die große
Bedeutung der Mutter-Kind-Beziehung auf. Unter Bindung (engl.
attachment) verstehen wir die Fähigkeit und die Neigung, die Nähe
einer vertrauten Person zu suchen. Die von Ainsworth 1969 entwi-

ckelten *Bindungstypen* (die wir hier im Einzelnen nicht ausführen wollen) nehmen – und das ist inzwischen ein mehrfach bestätigter Befund – Einfluss auf das Bindungsverhalten des Erwachsenen. Noch prägnanter formuliert: Eltern geben an ihre eigenen Kinder häufig diejenigen Bindungserfahrungen weiter, die sie selbst in ihrer frühen Kindheit erfahren haben.

Bereits in der Entwicklung des Kleinkindes wird der Grundstein für ein stabiles Bindungserleben gelegt, und im Entstehen des Grundvertrauens entwickelt sich auf diese Weise das Gefühl der Zugehörigkeit. Es entwickelt sich schon früh eine tragfähige Beziehung, die nach vorhersagbaren Mustern, Antonovsky spricht von »Mustern von Lebenserfahrungen«, angelegt ist. Wir können daher auch von Beziehungserfahrungen und Beziehungsmustern sprechen, die weitgehend in der Geschichte der Interaktionen – auch als *soziale Interaktionen* bezeichnet – zu verorten sind.

Was verleiht diesen Beziehungsmustern nun ihre Kontinuität? Die Antwort ist in der Geschichte und in den Erinnerungen des Menschen zu finden, wonach die Erinnerung an vergangene Interaktionen als Leitlinie für gegenwärtige Interaktionen dient. Selbst als Erwachsene halten wir im Bedürfnis nach Sicherheit und Orientierung unbewusst Ausschau nach erkennbaren Mustern, die als zuverlässige Leitlinie für zukünftiges Verhalten dienlich sein können. Was gute Lehrer und kluge Eltern längst wissen, bestätigt die Hirnforschung: Auch das Lernen funktioniert ebenfalls auf diese Weise. Einzelne Fakten behalten wir in der Regel nicht, denn Einzelheiten, die nicht im Zusammenhang mit erkennbaren Mustern stehen, bieten auch unserem Gehirn keine besonders sinnstiftenden Dimensionen, die behaltenswert sind. Erst wenn das Geschehen einen tieferen Sinn hat und wenn eine Geschichte selbst erfahren wurde, so prägt sie sich nachhaltig ein. Die Muster als Basis für Sicherheit und Orientierung finden sich daher in den vielen Geschichten, die uns die Märchenerzähler schon vor hunderten von Jahren erzählten und die uns unsere Lehrer im praktisch-handlungsnahen Unterricht berichten.

Das wollen wir an einem Beispiel erläutern: Da Sie sicherlich in Ihrem Leben schon viele Personenkraftwagen gesehen haben, so sind Sie allerdings noch lange nicht dazu in der Lage, einen PKW im Detail zu beschreiben, den Sie vor zwei Jahren auf der Autobahn zwischen Hannover und Frankfurt um 12:00 Uhr bei Kassel gesehen haben. Einerseits wäre Ihr Gehirn völlig überlastet und andererseits wäre das auch völlig uninteressant, da Sie dieses Wissen nicht zwingend für Ihr Leben benötigen. Sie hätten sozusagen nur Blech im Kopf. Was Sie allerdings zum Beispiel wissen, ist, dass Sie dieses Gefährt von Punkt A zu Punkt B befördert, dass es unterschiedlich aussehen kann und dass es Gase ausstößt, die unsere Umwelt belasten. Damit wissen Sie schon sehr viel über den Gebrauch dieses Gegenstandes und falls Sie noch im Besitz der Fahrerlaubnis sind, dann können Sie dieses Fahrzeug auch benutzen, ohne sich jedes Mal überlegen zu müssen, wie zum Beispiel die Bremse funktioniert. Was also unser Gehirn weiß und unser Denken, Fühlen und Handeln bestimmt, ist unsere fortwährende Suche nach Mustern – wir können sie auch Regeln nennen –, die uns letztendlich auch Sicherheit und Orientierung bieten.

Und wie verhält es sich mit unseren Emotionen? »Auch die emotionale Entwicklung ist abhängig von frühen Lernerfahrungen. Wir wissen heute, dass Babys eine stabile und feinfühlige Beziehung zu ihren Eltern brauchen, in der auf ihre Bedürfnisse in liebevoller und kontinuierlicher Weise eingegangen wird.«[120] Ein Säugling hebt zum Beispiel die Arme hoch, lächelt die Mutter an, worauf sie ebenfalls lächelt und ihn auf den Arm nimmt. Es handelt sich um »ein wechselseitiges Aufnehmen und spiegelndes Zurückgeben von Signalen, ein Abtasten und Erfühlen dessen, was den anderen gerade, im wahrsten Sinne des Wortes bewegt, begleitet vom Versuch, selbst Signale auszusenden und zu schauen, inwieweit sie vom Gegenüber zurückgespiegelt, das heißt erwidert werden. Dieses Spiel steht nicht nur am Anfang einer Liebesbeziehung, es bildet, in weniger intensiver Form, den Startpunkt jeder zwischenmenschlichen Beziehung.«[121]

Wie in Kapitel 2 schon beschrieben, können die so genannten Spiegelneurone nur wirksam werden und ihre kontinuierliche Wirkung entfalten, wenn das Angebot des Kindes beantwortet wird, wenn es Resonanz findet und Kontinuität erfahren kann. Das Neugeborene ist darauf angewiesen, *konsistente* Erfahrungen zu machen, das heißt, das Kind muss ein Vertrauen darin entwickeln können, dass die wichtige Bezugsperson sehr wohl abwesend sein kann, stets aber wiederkommt. Die Versorgung muss verlässlich sein und darf nicht durch Brüche in Frage gestellt werden, ist doch die elterliche Fürsorge ein Garant für das Überleben des Kindes.

Antonovsky sagt dazu: »Das kleine Kind kann auf eine Art und Weise in Interaktion treten, dass stabile, konsistente Reaktionen gefördert werden.«[122] Insofern kann durchaus vom »kompetenten Säugling« gesprochen werden, und Dornes schildert Befunde, nach denen »zwölf bis 21 Tage alte Kinder in der Lage sind, Gesichtsausdrücke und Fingerbewegungen von Erwachsenen nachzuahmen« wie auch »die Gesichtsausdrücke des Zungeherausstreckens, Lippenschürzens und das Öffnen des Mundes zu einer O-Form«. Er berichtet über Beobachtungen von anderen Forschern, wonach »schon 45 Stunden alte Neugeborene fröhliche und überraschte Gesichtsausdrücke von Erwachsenen nachahmen«.[123]

Pettersson liebkost das flaumige Fell des kleinen Katers und spürt Findus' Angst, der ihn gleich beißt, weil ihm die schützende Mama fehlt. Er bemerkt, dass dem kleinen Findus der Kontakt mit ihm noch fremd ist, und fragt deshalb seine Nachbarin Beda Andersson, ob er denn nicht seine Mama vermisse. Beda empfiehlt ihm daraufhin, sich um ihn zu kümmern, um so nach und nach zu seiner »Mama« zu werden. Pettersson weiß, dass auch Katzen sich an das Alleinsein gewöhnen, doch zur Sicherheit schaut er zu Beginn ihrer Freundschaft immer wieder nach Findus. Das Gefühl der Geborgenheit wächst und so wird Findus mutiger, bis er sich traut, schon morgens auf Pettersson im Bett herumzuhüpfen und ihn zum Spiel einzuladen. Doch eines Tages wird die Angst noch einmal ganz groß, als Findus sich nämlich im Haus verirrt und dem schrecklich großen Dachs begegnet. Als Pettersson ihn nicht gleich findet, wird auch er ganz unruhig, bis er ihn endlich im Kontakt mit Findus' neuen Freunden, den Mucklas, in einer kleinen Kiste wiederfindet. Am Ende kann Pettersson ihn in seine Arme nehmen und Findus darf sich mit seinem allerbesten Freund wieder sicher fühlen.

Zur Bedeutung eines guten Anfangs

Von Anfang an, wir schließen die Erfahrungen im Mutterleib mit ein, ist die Erfahrung der Konsistenz die Voraussetzung dafür, einen guten Start in das Leben zu finden. Dazu müssen wir uns eines klarmachen: Kleinkinder brauchen Zärtlichkeit und Anregung, sie gedeihen erst, wenn sie berührt und in den Arm genommen werden.

Das frühe Bedürfnis nach Zärtlichkeit und Anregung konnte auch Heidi Keller, Entwicklungspsychologin und Professorin an der Universität Osnabrück, mit ihren kulturvergleichenden Untersuchungen gut nachweisen. Sie untersuchte Gemeinsamkeiten und Unterschiede in der Kommunikation zwischen Eltern und Kleinkindern in Deutschland, Costa Rica, Kamerun, Indien und den USA. Sie hat Eltern beim Umgang mit Neugeborenen gefilmt und sie nach Erziehungszielen befragt. Sie wollte die Gemeinsamkeiten und Unterschiede im Eltern-Kind-Verhalten herausfinden.[124]

Filmsequenz 1: Man sieht ein hölzernes Gestell, von dem ein Dutzend bunter Tiere, Greifringe und Glöckchen auf ein Kind herabbaumeln. Im Hintergrund hört man eine Spieluhr, deren süßes Dudeln nur durch die Stimme der Mutter überdeckt wird, die ihr Kind auffordert, diese Dinge zu benutzen.
Filmsequenz 2: Man sieht eine afrikanische Mutter, die den Körper ihres kleinen Kindes einbalsamiert und massiert und wie sie es dann mit Stützen und anderen Hilfsmitteln zum Laufen animiert.

Als sie den Angehörigen des westafrikanischen Nso-Stammes erzählte, dass deutsche Babys allein in ihrem Bett schlafen, trugen die Afrikanerinnen der Forscherin auf, sie möge die deutschen Mütter bitten, dieses herzlose Gebaren zu unterlassen. Wer sein Kind so allein lasse, könne es wohl nicht lieben. Die deutschen Mütter wiederum fanden es herzlos, wie die afrikanischen Mütter ihren Nachwuchs schütteln und rütteln, und empfanden es als Quälerei, wie mit den Kleinen das Laufen trainiert wird.

Frau Keller fand in ihren Untersuchungen Gemeinsamkeiten und Unterschiede. Schauen wir uns die kulturübergreifenden Gemeinsamkeiten an:

– Überall auf der Welt lieben Babys den Hautkontakt.
– Alle Säuglinge der Welt sind vom ersten Lebenstage an lieber mit anderen zusammen als allein.
– Sie schauen sich gern Gesichter an.
– Sie unterscheiden von Anfang an zwischen Personen und Objekten.

Mütter reagieren auf diese Bedürfnisse jedoch sehr unterschiedlich. Hier die Unterschiede:

- Einfühlsames Reden und intensiver Blickkontakt, das so genannte Face-to-face-Verhalten, sieht man bei afrikanischen Müttern selten. Sie sind aber in ständigem Körperkontakt mit ihrem Kind.
- In Deutschland behandeln Mütter den Säugling bereits als eine kleine Persönlichkeit, sprechen und blicken ihn an und warten auf seine Reaktion. Afrikanische Kinder wachsen als Teil einer Gruppe auf.

Mütter scheinen mit dem, was sie mit ihrem Baby tun, eine Strategie zu verfolgen: Von den ersten Monaten an wollen deutsche Mütter ihr Kind zur Selbständigkeit erziehen und damit für eine Gesellschaft, in der Eigenständigkeit und Durchsetzungsfähigkeit gebraucht werden, besser vorbereiten. Solche Ziele sind afrikanischen Müttern fremd.

Für deutsche Eltern scheint es heute wichtig zu sein, dass ihre Babys so früh wie möglich lernen, sich selbst zu beruhigen, allein im eigenen Bett einzuschlafen und sich allein beschäftigen zu können. Dazu setzen sie ganz zielgerichtet Spielzeug ein. Dies hat sich im Vergleich zu früher sehr verändert: Wo früher eine Rassel reichte, befeuert heute pädagogisches Spielgerät die Sinne des Säuglings.

Eltern zerbrechen sich schon von Anfang an den Kopf, wie sie ihren Nachwuchs effektiv anregen können. Anders als die deutsche Mutter möchte die Nso-Frau in Kamerun, dass ihr Kind schnell motorisch selbständig wird, damit es bei der Erziehung des nächsten Kindes nicht stört und bald als Teil der Gemeinschaft kleine Aufgaben erfüllen kann. Denn bis dahin muss sie es immer mit sich herumtragen. Und in der Tat können Nso-Kinder bereits mit sechs oder sieben Monaten laufen. Unterschiedliche Strategien verfolgen die Mütter auch, wenn ihr Kind schreit. Kamerunische Frauen beruhigen den quäkenden Säugling mit sofortigem Stillen. Deutsche Mütter dagegen versuchen eher, das Kind erst einmal abzulenken. Es soll lernen, auch ohne sofortiges Trinken sich selbst zu beherrschen.

Früher haben junge Frauen der eigenen Mutter oder Bekannten abgeschaut, wie man ein Baby stillt, es wickelt und beruhigt. Heute informieren sich junge Mütter hierzulande zuerst bei Freunden, dann folgen Bücher und Zeitschriften und erst an vierter Stelle die eigene Mutter. In Afrika ist die eigene Mutter dagegen die wichtigste Informationsquelle.

Kinder lernen schnell, und sie sind gierig nach Neuem. Wir müssen sie nicht motivieren, Neues zu lernen, denn sie lernen immer. Vieles von dem, was sie lernen, wird von den Erwachsenen bestimmt. In der Partnerschaft mit ihren Kindern leben Eltern die Werte vor, sie bekräftigen jenes Verhalten, das sie sich wünschen, und tadeln anderes Verhalten, das sie ablehnen. Die Bedürfnisse der Kinder werden zwar vielfältiger, aber die Grundbedürfnisse bleiben wirksam: Die Kinder brauchen weiterhin Aufmerksamkeit und Zuwendung, sie wollen ernst genommen und geachtet werden. Uneingeschränkte Aufmerksamkeit benötigen Kinder auch deshalb, weil sie sehr sensibel Widersprüchlichkeiten, das heißt fehlende Konsistenz, wahrnehmen. Wenn sich der Vater nach der Arbeit zwar das vorbildlich geführte Schulheft kurz ansieht, zugleich aber mimisch vermittelt, nicht gestört werden zu wollen, dann mangelt es an dieser Aufmerksamkeit und auch an Achtung vor der Leistung des Kindes. Dabei braucht die Zuwendung überhaupt nicht viel Zeit in Anspruch zu nehmen, denn der positive Zuspruch entfaltet wie von allein seine Wirkung: Das Kind ist in diesem Moment glücklich über die Anteilnahme des Vaters und kann sich zufrieden zum Schlafengehen ins Bett fallen lassen. Zuwendung, Liebe und Zärtlichkeit – das sind wichtige Voraussetzungen für die Entwicklung der in Kapitel 2 besprochenen personalen Schutzfaktoren.

Das Selbstwertgefühl nimmt unter den individuellen Ressourcen eine Schlüsselposition ein. Es steht unserer Meinung nach über den anderen Ressourcen und beeinflusst und konstituiert diese. Natürlich sind die ökonomischen Bedingungen eine andere bedeutsame Widerstandsressource. Kinder, die die Schrecken des Krieges erleben müssen, die in Elend leben und bei denen nicht einmal die lebensnotwendigen Grundvoraussetzungen (Nahrung, Wohnung) vorhanden sind, werden ihr Selbstwertgefühl nur unter Schwierigkeiten entwickeln können. Wie soll solch ein Heranwachsender zum Beispiel das Gefühl von Erklärbarkeit seiner traumatischen Erlebnisse entwickeln? Antonovsky hat auch deutlich gesagt, dass er nicht im Traum daran gedacht habe, dass jemand seine Arbeit so verstehen könnte, als seien Armut, Krieg, Arbeitslosigkeit und Umweltverschmutzung »nicht fundamental für ein Verständnis der Bewegung entlang dem Gesundheits-Krankheits-Kontinuum«.[125] Fehlende oder zu wenig Widerstandsressourcen können die Entstehung des Kohärenzgefühls negativ beeinflussen. Wächst ein Kind zum Beispiel in Armut auf, fehlen ihm kulturelle und soziale Sicherheit, wird es von seiner Umwelt abgelehnt und gequält, so dass es kein Selbstwertgefühl und auch kein Zugehörigkeitsgefühl entwickeln kann, dann fehlen ihm die »generalisierten Widerstandsressourcen« und es wird nur ein schwaches Kohärenzgefühl entwickeln können. Es sind nicht notwendigerweise unterschiedliche Lebenserfahrungen, die einerseits das Selbstwertgefühl und andererseits das Kohärenzgefühl entwickeln helfen, sondern sie werden zu einem unterschiedlichen Zeitpunkt und mit unterschiedlicher Intensität und Intimität gemacht. Wir vertreten die Auffassung, dass das Selbstwertgefühl sich sehr früh entwickelt und bereits im Kleinkindalter eine gewisse Stabilität und Resistenz erreicht. Es ist eine Voraussetzung dafür, dass generalisierte Widerstandsressourcen entstehen können.

Bereits bei der Geburt ist das Kind mit der Fähigkeit ausgestattet, Nähe zu einer Bindungsperson herzustellen und aufrechtzuerhalten. Und das ist ganz wichtig, denn: Das Kind muss sich schon früh durch Weinen und Schreien äußern können, wenn es die Fürsorge der Eltern benötigt, um bei ihnen über das Mitgefühl hilfreiches Handeln hervorzurufen. Es wäre sonst auf sich allein gestellt und könnte nicht überleben. Wenn nun das Kind dazu ermutigt wird, sich auszudrücken, wenn die Angst dadurch nicht zu groß wird und wenn auf diese Weise die Selbstbehauptung gefördert wird, dann entwickelt sich schon früh bei dem Kind ein positives Erleben des eigenen Wertes.

Klinische Erfahrungen belegen, dass Selbstsicherheit und ein hohes Selbstwertgefühl sowie Selbstvertrauen mit einer hohen Vorhersagequalität die Gesundheit des Menschen bestimmen und dass Minderwertigkeitsgefühle, Selbstzweifel, Selbstunsicherheit und Unterlegenheitserleben häufig krank machen. Deshalb halten wir die vielfältigen Erfahrungen in der Kindheit für die Entwicklung eines positiven Selbstwertgefühls als unabdingbar. Wenn die Bemühungen des Kindes bemerkt, akzeptiert und belohnt werden, dann kann es sein Quäntchen Mut auch einsetzen und sich beschützt und sicher auf den Weg machen. Normalerweise haben Vorschulkinder ein positives Selbstwertgefühl, weil ihre Eltern durch ihr Verhalten dem Kind Wertschätzung vermitteln und Sicherheit geben. Später – wenn das Kind immer häufiger dem Vergleich mit anderen Kindern ausgesetzt wird und in der Schule sogar mit Noten bewertet wird – ändert sich das.

Bis zum dritten Lebensjahr entwickelt sich ein erstes Bild von der eigenen Person, das neue Selbstgefühl wird erprobt. Dieser Prozess ist verbunden mit der Entwicklung von Sprache und dem Willen, so dass erste Konflikte gewagt werden können. Stellen Sie sich folgende Situation vor:

Der etwa dreijährige Paul, der mit seinem Vater unterwegs zur Bushaltestelle ist, will plötzlich in die andere Richtung gehen. Wie reagiert nun der Vater? Vielleicht so: Er gibt dem Kleinen zu verstehen, dass er allein weitergehen wird, lässt ihn stehen und schaut sich nur ab und zu um. Dabei rechnet er mit der Angst des Kindes vor dem Alleinsein. Was aber geschieht? Der kleine Bursche denkt gar nicht daran, dem Vater nachzulaufen, es gelingt ihm sogar, diesen zur Umkehr zu bewegen. Denn die Sorge um den Sohn treibt den Vater schließlich doch zurück. Welch ein Erfolg für das Kind! Es hat sich behauptet. Sicher wird es Ärger geben, aber das Erproben der eigenen Kräfte war ihm wichtiger. Das konnte ihm auch deshalb so gut gelingen, weil er die Reaktion des Erwachsenen vorausgesehen und beeinflusst hat. Kinder können relativ früh Emotionen der anderen erkennen und beeinflussen, sie können mit Gefühlen spielen, zum Beispiel jemanden necken, trösten oder provozieren.

Im dritten Lebensjahr wächst die Erkenntnis: Ich bin. Das Kind erprobt sein neu gewonnenes Selbstgefühl. Und das tut es vor allem dort, wo es sich der Reaktionen seiner Bezugspersonen sicher sein kann. Der Kleine weiß, dass der Vater ihn nicht wirklich verlassen wird. Das weiß er natürlich nur, weil er genügend Erfahrungen der Konsistenz und Verlässlichkeit gemacht hat und auf der Grundlage sicherer Bindung ein stabiles Zugehörigkeitsgefühl erwerben konnte.

Voraussetzung für die Bewältigung dieser Entwicklungsetappe ist also die bedingungslose Zuneigung der Bezugspersonen zum Kind. Normalerweise macht das Kind in seinen ersten Lebensjahren in der Familie jene positiven Beziehungserfahrungen, die sein Selbstwert- und Zugehörigkeitsgefühl entwickeln helfen.

Vom Glauben an die Zuversicht

Es kann davon ausgegangen werden, dass Kinder zu Beginn der Schulzeit

- ein eher globales Bild über die eigene Person (»Ich bin schon groß.« »Ich bin lieb.«),
- ein positives Selbstwertgefühl,
- großes Vertrauen in die eigene Leistungsfähigkeit und hohe Lernbereitschaft sowie
- das Bedürfnis nach selbstbezogenen Informationen haben.

Die positive emotionale Befindlichkeit basiert vorwiegend auf einem hohen Selbstwertgefühl, das sich unter anderem im Selbstvertrauen der Kinder und in ihrem Freuen auf die Schule äußert. Nicht alle Kinder haben jedoch vor Schulbeginn ein optimistisches Selbstwertgefühl. In unseren Untersuchungen[126] waren es immerhin 15 Prozent der Kinder, die sich nicht so wohl fühlten. Von diesen hatten am Ende der Grundschulzeit 30 Prozent massive Lern- und Leistungsschwierigkeiten, so dass das niedrige Selbstwertgefühl schon vor Schulbeginn ein Alarmsignal zu sein scheint und die kommenden Schwierigkeiten weitgehend prognostiziert.

Im Grundschulalter nehmen die Aussagen über die eigene Person rasch zu, das heißt, die Kinder wissen zunehmend mehr über sich. Das ist unter anderem auf die intellektuelle Entwicklung in diesem Alter zurückzuführen, die durch qualitativ neue Fähigkeiten gekennzeichnet ist, zum Beispiel die Entwicklung der Fähigkeit zur Selbstreflexion und Herausbildung der Urteilsfähigkeit, der Fähigkeit zur Perspektivenübernahme und der Differenzierungsfähigkeit. Außerdem erhält das Kind in der Schule neue und vielfältige Informationen über sich selbst, die es zum großen Teil in sein Selbstbild integriert. In Längsschnittstudien konnte die Herausbildung des schul- und lernbezogenen Selbstbildes[127] gut verfolgt werden. Während zu Beginn der Schulzeit noch das soziale Selbstbild im Mittelpunkt der Selbstbeschreibungen stand, dominierten in den folgenden Schuljahren Aussagen zur Schule und zum Lernen.[128]

Das schul- und lernbezogene Selbstbild entwickelt sich in den ersten Schuljahren hauptsächlich durch die Rückmeldungen über

die Leistungen und das Verhalten in der Schule, die sowohl von den
Lehrkräften, den Mitschülern und Mitschülerinnen als auch von
Eltern und Verwandten gegeben werden.

Während die Kinder zu Beginn ihrer Schulzeit noch undifferen-
ziert und unspezifisch über sich selbst reflektieren, sammeln sie
schon bald in der Lerntätigkeit viele neue Erfahrungen und erkennen durch die damit verbundene Wertung allmählich ihre Stärken
und Schwächen, sie gelangen zu einem zunehmend differenzierten
Wissen über sich.[129]

In unserer Längsschnittuntersuchung konnte das anhand der
Selbstbeschreibungen gut nachvollzogen werden: Schulbezogene
Selbstbeschreibungen dominierten ab Klasse 2 und wurden zunehmend differenzierter. Im zweiten Schuljahr beinhalteten 17 Prozent der Aussagen Differenzierungen, im dritten Schuljahr waren es
bereits 74 Prozent der Schüler und Schülerinnen, die über ihre eigene
Person im Kontext von Schule differenziert reflektierten (zum Beispiel: »In der Schule sind meine Leistungen manchmal schlecht und
manchmal gut«). Spätestens im vierten Schuljahr – bei den meisten schon am Ende des dritten Schuljahres – war das schul- und
lernbezogene Selbstbild der meisten Kinder ausgebildet.

Die Herausbildung des schul- und lernbezogenen Selbstbildes
erfolgt deshalb so rasch, weil die Informationen relativ stabil sind
und das Lernen von Kontingenzen – wahrgenommene Zusammenhänge zwischen dem eigenen und fremden Verhalten – in diesem Fall zur Grundlage für die Erklärung »Ich bin ein schlechter
Schüler« oder »Ich bin ein guter Schüler« werden. Im Verlauf der
Schulzeit nimmt die Anzahl der Schüler zu, die meinen, in der
Schule zu den Versagern zu gehören. Damit einher geht die Entstehung eines eher pessimistischen Selbstbildes und das wiederum
hat den Verlust des Glaubens an die eigenen Ressourcen zur Folge.
Schließlich geht die Überzeugung verloren, dass Schule oder Lernen überhaupt dann noch sinnvoll sind. Kinder, die diese Erfahrungen machen müssen, können auch kein starkes Kohärenzgefühl
entwickeln.

Es braucht kluge Eltern und gute Pädagogen, um in dieser Entwicklungsphase den Kindern zu helfen, die Zuversicht und den
Glauben an die eigenen Kompetenzen zu erhalten. Gute Lehrer
wissen, dass sie selbst das wichtigste Bindeglied sind, um Kinder

zu befähigen, die Welt zu verstehen und mit ihrem Wissen kreativ umzugehen. Dazu müssen unsere Kinder im sozialen Miteinander an neue Beispiele herangeführt werden, in denen sie ihr bereits vorhandenes Wissen einbringen und im Miteinander Neues planen und gestalten können.

Die Mammutaufgabe

Die Zeit des Jugendalters steht natürlich maßgeblich unter dem Einfluss dessen, was bereits in der Kindheit als Grundstein hinsichtlich Konsistenz entwickelt wurde. Beim Übergang von der Kindheit zur Jugend werden die Verhaltenscharakteristika und Privilegien der Kindheit zugunsten von Aufgaben, Rollen und Status im Jugendalter in Frage gestellt. Ohne Anspruch auf Vollständigkeit wollen wir in diesem Zusammenhang einmal die Entwicklungsaufgaben für das Jugendalter benennen[130]:

– Erlernen eines wertschätzenden Umgangs mit den altersbedingten und geschlechtsspezifischen körperlichen Merkmalen,
– Entwicklung reflektierter Vorstellungen über das Selbst sowie Entwicklung einer klaren Sicht darüber, wie andere einen sehen,
– Aufbau eines Freundeskreises unter Aufnahme von Beziehungen zu Gleichaltrigen beiderlei Geschlechts,
– Herstellen einer engeren bzw. tragfähigen Beziehung zu einer Freundin bzw. zu einem Freund über die Kontakt- und Begegnungsebene hinaus,
– Förderung der Autonomieentwicklung in der Loslösung aus dem Elternhaus,
– Erlernen und Einüben eines Verhaltens, welches die Rolle der Frau und die des Mannes in unserer Gesellschaft abverlangt,
– Hinwendung zu Gedanken und Vorstellungen darüber, ob und wie Partnerschaft und evtl. Familie gelebt werden sollen,
– Festigung einer Weltanschauung, indem über die Normen und Werte in der Gesellschaft, nach denen man das eigene Verhalten ausrichten will, reflektiert wird,
– Entwerfen von Zukunftsperspektiven, an denen die Ziele ausgerichtet und nach denen das Leben unter Berücksichtigung der Realisierbarkeit vorausschauend geplant werden soll,

- Ausrichtung auf Ausbildung und berufliche Entwicklung, gedankliche Einstellung auf den Erwerb der erforderlichen Kompetenzen und deren praktischer Anwendung.

Die Komplexität der hier dargestellten Entwicklungsaufgaben bietet eine Fülle von möglichen Herausforderungen auf der Ebene der Konsistenz. Sie werden sich vielleicht schon gefragt haben, was Jugendliche gerade in dieser Phase ihrer Entwicklung brauchen. Eigentlich schon von Beginn des Lebens an, doch besonders auch in dieser Zeit sind es die konsistenten Erfahrungen, die ein zuverlässiges, stabiles und berechenbares Netz von Beziehungen bereitstellen. Hierdurch erfahren Jugendliche die für ihre Persönlichkeitsentwicklung nötige Vielfalt der Anregungen und Unterstützung, die in einer zweifellos schwierigen Lebensphase von herausragender Bedeutung ist.

Wie wir alle müssen auch unsere Kinder aus ihren Fehlentscheidungen lernen, die wegen der zuvor genannten Komplexität der Entwicklungsaufgaben nicht ausbleiben können. Voraussetzung für die Bewältigung der vielfältigen Lebensaufgaben ist der Aufbau von Selbstvertrauen, der nur in einer Atmosphäre des bedingungslosen Vertrauens der Eltern in ihre Kinder gedeihen kann. Sie werden Ihren Kindern nur dann die nötige Achtung und Wertschätzung widerspruchslos und kontinuierlich entgegenbringen können, wenn es Ihnen gelingt, die überdauernde Qualität Ihrer Zuneigung in das aktuelle Verhalten einzubetten. Und das kann nur in einer unbeirrbaren Beständigkeit bzw. Kontinuität geschehen, auch wenn das Verhalten Ihres Kindes gerade einmal zu einer bestimmten Zeit und in einer bestimmten Situation für Sie unannehmbar erscheint.

Im Jugendalter, so müsste man meinen, gerät das bisher aufgebaute Kohärenzerleben noch einmal gänzlich durcheinander, da doch diese Zeit durch vieles andere als durch Beständigkeit und Kontinuität gekennzeichnet ist. So folgert Antonovsky: »Waren die Botschaften aus den verschiedenen Welten des Kindes schon widersprüchlich, um wie viel mehr gilt dies für die Jugendlichen!«[131] Wir haben diese Unwägbarkeiten alle durchgemacht. Die Widersprüche sind an der Tagesordnung: Einerseits ist der Heranwachsende in seinem Geschlecht schon klar definiert, fühlt sich aber noch nicht so eindeutig als Frau oder Mann. Andererseits soll er zwar seine Meinung vertreten, aber dies nicht zu leidenschaftlich und – wenn möglich – nicht im Widerspruch zu den Auffassungen der älteren Generation. Und dann soll er sich vor einem hohen Erwartungsdruck beruflich etablieren, obwohl der Einstieg in das Berufsleben sich zunehmend über eine Phase der Arbeitslosigkeit gestalten kann.

Konsistente Erfahrungen, also Erfahrungen der Kontinuität, bleiben gerade dann aus, wenn unwägbare und schwer einschätzbare Situationen entstehen. Diese Inkonsistenzen stellen sich dann ein, wenn es keine Sicherheiten über zukünftiges Geschehen gibt, und das trifft gerade heute für Jugendliche zu, die in ihren Chancen auf einen sicheren Arbeitsplatz und damit auf einen Platz in der Gesellschaft eingeschränkt sind. So ist in der 15. Shell-Jugendstudie zu lesen: Die Jugendlichen »reagieren mit Anpassung an die Bedingungen und einer ausgesprochenen Leistungsorientierung. Sie konzentrieren sich auf jene Parameter, die sie meinen, direkt kontrollieren zu können, der wichtigste ist eine eigene Ausbildung. Ihre Ansprüche an Karriere und Wohlstand schrauben sie auf ein für sie realistisches Maß herunter.«[132]

Claudius hat nach seinem Realschulabschluss ein Jahr lang mit über 100 Bewerbungen eine Lehrstelle gesucht. Dieses zermürbende Suchen nach einem Ausbildungsplatz hatte ihn sehr verunsichert. So wich er zunächst seinen erfolgreicheren Freunden aus, um sich nicht deren Fragen stellen zu müssen. Doch dann fand er schließlich eine Ausbildungsstelle zum Gas- und Wasserinstallateur, die er morgens mit einer Anfahrt über 60 Kilometer erreicht. Da er finanziell noch keine großen Sprünge machen kann, wohnt er nach wie vor bei seinen Eltern mit der etwas jüngeren Schwester und der pflegebedürftigen Großmutter. Das hat für ihn den Vorteil, dass er doch noch die Kontakte zu seinen zwei Freunden im selben Ort pflegen kann, von denen der Klaus sofort sein Studium aufnehmen konnte und der Martin eine Lehrstelle bei einer nahe gelegenen Bank fand. Dem Martin neidet Claudius seinen schnellen Erfolg nicht, wollte er selbst doch auf jeden Fall etwas Handwerkliches machen. Da er die Schule nicht besonders interessant fand, will er nun erst einmal diese Lehre beenden, um sich anschließend weiter zu qualifizieren. Er denkt daran, den Meister machen zu wollen, um nach Möglichkeit selbständig zu werden. In der Familie gibt es nicht selten Schwierigkeiten wegen der Pflege der Großmutter, die viel Aufmerksamkeit benötigt. Auf jeden Fall will er selbst einmal eine Familie gründen. Dazu sagt er: »Für mich ist es ein Maßstab dafür, wie intakt eine Familie ist, in der die Großeltern so lange wie möglich bleiben können. Auch wir werden einmal alt und möchten nicht in ein Heim abgeschoben werden. Die haben viel dafür getan, dass es uns heute so gut geht.«

So wird der Jugendliche heute zwar »mit mehr Zweifeln und Skepsis über die Welt« erwachsen, aber er kommt dennoch in die Lage, »seine Erfahrungen in ein gefestigtes, starkes SOC umzusetzen«.[133]

Die soziale Herkunft, die Lebensgeschichte und das Geschlecht entscheiden maßgeblich über die Ausprägung des Kohärenzgefühls. Wir wollen bei diesen Überlegungen nicht ausblenden, dass Verführungen wie Alkohol, Drogen, PC-Spielsucht und Gruppen mit einem hohen Potenzial an Gewaltbereitschaft besonders Jugendliche vor eine große Herausforderung stellen. So kann zumindest für Deutschland mit dem Jugendsurvey bilanziert werden:

»Die Verselbständigung im Jugendalter vollzieht sich im Kontext privatfamilialer und berufsbezogener Entwicklungsprozesse. Dabei werden die privaten Lebensformen von Jugendlichen und jungen Erwachsenen in Auseinandersetzung mit ihrer bildungs- und berufsbezogenen Entwicklung realisiert und sie korrespondieren in etwa mit deren Etappen: Solange junge Menschen eine allgemeinbildende Schule besuchen, leben sie in der Regel bei ihren Eltern bzw. einem Elternteil. Dasselbe gilt auch überwiegend für diejenigen, die eine Berufsausbildung außerhalb der Hochschulen absolvieren. Die Gruppe der Studierenden, die in einem deutlich höheren Alter ist, lebt bereits zu einem viel größeren Anteil in selbständigen Lebensformen außerhalb des Elternhauses.« Und weiter folgern die Autoren:

»Der Großteil der 12- bis 29-Jährigen hat eine sehr gute und vertrauensvolle Beziehung zu den Eltern, insbesondere zur Mutter, und wird von den Eltern unterstützt. [...] Die elterliche Unterstützung, die während der Zeit des Schulbesuchs die zentrale Unterhalts- und Einkommensquelle ist, wird von Schülerinnen und Schülern allenfalls durch ›Jobben‹ ergänzt. [...] Auch mit dem Älterwerden und dem Auszug aus dem Elternhaus werden die Elternbeziehungen immer noch überwiegend als sehr gut eingeschätzt. Dieses generell positive Bild der Elternbeziehungen gilt für junge Menschen mit Migrationshintergrund sogar in noch etwas stärkerem Ausmaß.«[134]

Nicht nur die Eltern, sondern auch Freundeskreise stellen eine sehr wichtige soziale Ressource für junge Menschen dar. Freundschaftsbeziehungen haben eine große Bedeutung für die Identitätsbildung und die Geschlechtsrollensozialisation, für informelle Erfahrungs- und Lernprozesse und die Alltagsgestaltung, insbesondere in der Freizeit. So wird im Jugendsurvey weiter berichtet: »Jugendliche und junge Erwachsene haben zumeist viele Freundinnen und Freunde und sehr häufig auch eine ›beste Freundschaft‹. Der Großteil der Jugendlichen und jungen Erwachsenen berichtet von vielen gemeinsamen Unternehmungen im Freundeskreis und auch von Unterstützung bei Sorgen und Problemen durch Freundinnen und Freunde.«[135]

Jugendliche engagieren sich heute aktiv in Organisationen, Vereinen und Verbänden, wobei politische Aktivitäten für sie eher eine Randbedeutung haben. Der Trend dabei geht hin zu mehr frei gestaltbaren Formen des Engagements. Zu einem politischen Engagement fühlen sich eher männliche Jugendliche hingezogen, während sich weibliche Jugendliche mehr für Umweltfragen und das soziale Miteinander interessieren. Der Trend, sich von kirchlichen Aktivitäten abzuwenden, führt bei Jugendlichen heute keineswegs zur Aufgabe von Traditionen und Werten. Diese werden vielmehr aktiv in der Familie und in Peergroups gelebt. Auch das Lernverhalten Jugendlicher kann heute nicht mehr als kritikwürdig betrachtet werden. Vielmehr sind Jugendliche in der realistischen Einschätzung der Arbeitsmarktchancen und in Anbetracht der so wichtigen Bildungsabschlüsse »ausgeprägt lernfreudig«.[136]

Lebenserfahrungen der Belastungsbalance

Die Lebenserfahrungen der Belastungsbalance sind Voraussetzungen zur Entwicklung der Handhabbarkeit. Diese Komponente des Kohärenzgefühls ist verbunden mit dem Erleben von Selbstwirksamkeit und Ausbalancierung von Belastungen. Sie entsteht, wenn die Heranwachsenden weder unter- noch überfordert werden und die Akzeptanz ihrer individuellen Entwicklungsschritte erfahren können.

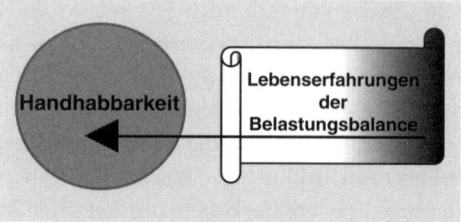

Abbildung 21

An dieser Stelle möchten wir Ihnen die kleine Ella vorstellen, deren Atmung, Kreislauf, Körpertemperatur und Verdauung bereits von klein auf erstaunlich gut aufeinander abgestimmt sind. Natürlich möchte sie keine Nahrung zugeführt bekommen, die schwer verdaulich ist, denn die dadurch ausgelösten Blähungen könnten sie überlasten. Ihre Bewegungen sucht sie langsam zu koordinieren, doch das gelingt noch nicht immer so, wie sie und ihre Mutter es möchten. Hilft die Mutter aus Eile schon einmal nach, dann kann Ella schnell aus der Balance geraten und sucht die Belastung durch heftige Arm- und Beinbewegungen auszugleichen, wonach ihr die Kraft sehr schnell schwindet. Ella hat auch noch mit ihrem Schlaf Schwierigkeiten. Sie kann noch nicht so wach werden oder wieder einschlafen, wie uns Erwachsenen das gelingt. Das macht sie recht unruhig, und sie muss deshalb schreien, worauf sie auch wieder schlecht einschlafen kann, und wenn sie sich dadurch überlastet fühlt, dann fällt sie plötzlich wieder in einen Tiefschlaf. Überhaupt einen passenden Rhythmus von Ruhe und Aktivität zu finden, ist noch recht schwierig für Ella, da dieser Rhythmus zunächst maßgeblich an ihren Nahrungsbedürfnissen ausgerichtet ist. So ist Ella noch sehr abhängig von einer feinfühligen Abstimmung der Eltern in ihren Reaktionen auf ihre Bedürfnisse und kann nur unter Mühen und großen Anstrengungen den in den Wachphasen auf sie einwirkenden Eindrücken wie das Verfolgen interessanter Farben oder spannender Geräusche folgen.

Mit Rauh können wir dieses Beispiel so erklären: »Die Organisiertheit des Verhaltens des Neugeborenen, die charakteristische Art, wie es auf kleine Anforderungen reagiert, ob es leicht aus der Balance gerät und desorganisiert reagiert, mit welchen Hilfen und Stützen es wieder Balance gewinnt, all das sind für die Eltern wichtige Informationen, für ihren individuell angepassten sensiblen Umgang mit dem Kinde.«[137] Antonovsky benennt vier Möglichkeiten in dieser empfindlichen kindlichen Phase: »Es kann ignoriert, abgelenkt, gelenkt oder ermuntert und bestätigt werden.«[138] Sobald die Reaktionen einem ausgeglichenen Muster der genannten vier Reaktionsmöglichkeiten folgen, also einer fein auf die Bedürfnisse des Kindes abgestimmten Ausbalancierung, wird es bereits früh ein Empfinden dafür entwickeln können, wie sich die Handhabung unterschiedlicher Lebensäußerungen anfühlt.

Eltern brauchen sich in der Regel für diese Aufgaben keine Sorgen zu machen, denn die Abstimmungen gelingen ihnen deshalb recht gut, weil sie, so wie das von dem Forscherpaar Papoušek[139] beschrieben wird, im Rahmen »intuitiver elterlicher Didaktik« erfolgt. Das bedeutet, dass Sie als Eltern darauf vertrauen dürfen, dass Ihre Botschaften, ohne lange überlegen zu müssen, im Kern die Richtigen sind. Durch rhythmische Bewegungen, Streicheln und Singen gelingt es Ihnen, Ihr Kind im rechten Moment zu beruhigen. Sie halten Ihren Kopf einmal schräg, dann einmal ganz aufrecht, und Sie verändern Ihre Stimme je nach Situation, einmal aufmunternd, vielleicht auch warnend und dann wieder lobend. In der Zwiesprache mit Ihrem Kind gelingt es Ihnen immer wieder, seine Aufmerksamkeit anzuregen, weil das ja auch Ihnen Freude bereitet. Sie ziehen die Augenbrauen hoch, Sie lächeln und Sie verändern liebevoll Ihre Stimme. Das geschieht von Anbeginn ganz unwillkürlich, wenn Sie sich Ihrem Kind nähern, werden Sie doch auch bald dafür reichhaltig belohnt. Bereits sehr früh beginnt Ihr Kind Ihren Gesichtsausdruck zu imitieren. Es lächelt, wenn Sie lächeln, und auf Ihre traurige Miene reagiert es selbst mit einem traurigen Gesichtsausdruck.

Die Stimulation durch Blickdialoge geht in der mitmenschlichen Zuwendung Hand in Hand mit der körperlichen Berührung, weil es immer um »leibliche Begegnung«[140] geht. Im Wiegen und Halten vollzieht sich die Fortsetzung des Wiegens in der Gebärmutter und vermittelt nach der Geburt frühe Geborgenheit und in einer Atmosphäre des Schutzes das Grundgefühl der Zugehörigkeit. Das kleine Lebewesen fühlt sich gehalten und getragen und wird so auf wundersame Weise in seinem Wachstumsprozess im Milieu der Annahme und der Zwischenleiblichkeit gefördert.

Was Eltern alles wissen

Sie als Eltern beginnen sich auch nach und nach mit Ihrem Kind darüber abzustimmen, welches Verhalten Sie als erwünscht und welches Sie als nicht erwünscht betrachten. In dem Maße, in dem Ihr Kind recht bald Herausforderungen in der Erkundung der näheren Umwelt sucht, bekommt die wechselseitige Abstimmung einerseits unterstützenden, andererseits einen Grenzen setzenden Charakter, der wiederum mit der Ausbalancierung der Belastungen im Zusammenhang steht. Am Beispiel des Laufenlernens ist sehr gut zu beobachten, wie Mütter ihre Kinder intuitiv und angemessen unterstützen. Mütter reagieren in der Regel positiv auf die Signale ihrer Kinder. Sobald Kinder zum Beispiel Ängste signalisieren, sind die Mütter helfend zur Stelle: Sie fangen ihr Kind schnell auf, führen es ermunternd ein Stück an den Händen, um es dann wieder loszulassen und zu weiteren selbständigen Schritten zu ermutigen. Wenn die Kinder jedoch eigenständig gehen können und zu übermütig werden, dann belohnen die Mütter wieder das unselbständige Verhalten ihrer Kinder.[141] Sie werden das ebenfalls mit Ihrem Kind ganz intuitiv so gestalten. Auf der einen Seite werden Sie das eigenständige Verhalten Ihres Kindes beim Laufenlernen fördern und auf der anderen Seite behutsam darüber wachen, dass Ihr Kind nicht zu schnell läuft, um am Ende nicht heftig hinzufallen. Sie werden die Kompetenzen Ihres Kindes in der Weise steuern, dass es weder unter- noch überfordert wird.

Das zuvor Dargestellte bezieht sich vor allem auf die Bedürfnisse, die vom Kind ausgehen. Sobald die beschriebenen vier Reaktionsmöglichkeiten der Eltern Unter- und Überlastung vermeiden helfen, kann sich ein Empfinden für die Handhabbarkeit der Anforderungen aus der inneren und äußeren Umwelt entwickeln.

In der psychoanalytischen Literatur[142] wird oftmals von einer Interaktionsdynamik zwischen Kleinkind und Mutter in der frühkindlichen Entwicklung gesprochen. Das mutet so an, als ob die Interaktionsprozesse im Wesentlichen auf eine Dynamik zwischen Kleinkind und Mutter zu reduzieren seien. Petzold und Mitarbeiter[143] stellen hierzu fest: »Die einseitige Zentrierung auf die Mutter steht in guter, psychoanalytischer Tradition. Der Vater [...] wird unzureichend berücksichtigt.«

Ein wichtiger nicht zu unterschätzender Aspekt ist somit die prägende Einflussnahme beider Eltern, in der letztendlich eine Wechselbeziehung zwischen deren Erziehungsstil, der Partnerbeziehung und der Kindesentwicklung im Sinne eines Gesamtsystems Familie zu erkennen ist. Es handelt sich um ein Systembild des Lebens, das alle Ereignisse in einem Verständnis von Strukturen darstellt, die im Zusammenspiel miteinander wirken und voneinander abhängig sind. Diese systemische Betrachtungsweise bietet insbesondere einen Blick auf die Passung zwischen Eltern und Kind, denn: In der Übertragung der Wirkmechanismen auf die Familie als soziales System kann nun hinterfragt werden, wie deren Mitglieder sich wechselseitig beeinflussen, wie sich zum Beispiel ein längerer Elternzwist auf die Befindlichkeit des gerade geborenen Kindes auswirkt und wie die ältere Tochter, die soeben eingeschult wird, den Streit erlebt. Die Reaktion überlegter und besonnener Eltern auf ein zu Wutausbrüchen neigendes Kind wird sich erheblich unterscheiden von der Reaktion unsicherer Eltern. Während Erstere das Kind beruhigen und trösten wollen, werden die unsicheren Eltern ihr Kind vielleicht durch Schläge bzw. Sanktionen einzugrenzen versuchen. Dabei wird die Gewaltanwendung nicht mehr allein als Ausdruck der Persönlichkeit der schlagenden Eltern zu betrachten sein, sondern gleichzeitig auch als Resultat der Eltern-Kind-Beziehung, die durch das Kind ebenso beeinflusst und mitgestaltet wird wie von seinen Eltern.

Die Frage der zuvor angesprochenen *Passung* möchten wir als ein Prinzip des Zusammenspiels zwischen Individuum und Umwelt näher erläutern. Bereits ältere Studien zur Temperamentforschung[144] ergaben, dass sich Säuglinge in ihrem Verhalten schon in den ersten Lebenswochen voneinander unterscheiden und dass die Kinder ihre Verhaltensweisen – weitgehend auch unabhängig vom Erziehungsstil ihrer Eltern – in den wechselseitigen Austausch einbringen. Diese Betrachtungsweise entlastet zunächst einmal die Eltern als ausschließliche Urheber kindlichen Verhaltens, die sich nicht selten mit der Schuld konfrontiert sehen, im Umgang mit den Problemen ihres Kindes nicht ausreichend flexibel zu sein. Vielmehr handelt es sich um ein Zusammenspiel zwischen dem Kind und seinen Eltern, welches im Sinne der Passung auch als *Temperament-Umwelt-Interaktion* bezeichnet werden kann. Das Temperament, wir

können auch sagen, der *Verhaltensstil* des Vierjährigen, der sehr
aktiv, nicht selten impulsiv durch die kleine Stadtwohnung läuft,
dabei die Blumen vom Tisch reißt und sich seinen Brüdern in den
Weg stellt, wenn sie fortgehen wollen, wird von seinen unsicheren
Eltern vermutlich als von der Norm abweichend, vielleicht sogar als
gestört erlebt. Wenn seine Eltern mit ihrer Familie aber auf einem
Bauernhof zu Hause wären, so würde der Kleine sicher weniger auf-
fallen.

Weiterhin könnte überlegt werden, ob den etwas unsicheren
Eltern mit der Vermittlung von Umgangstechniken und Erzie-
hungsstilen, die auf das Temperament ihres Kindes abgestimmt
sind, geholfen werden könnte. Darin läge ein weiterer Vorteil. Es
könnte auf diese Weise vermieden werden, dem Kind die stigmati-
sierende Diagnose der heute inflationär zugedachten ADHS (Auf-
merksamkeitsdefizitstörung mit Hyperaktivität) aufzubürden. So
sagt Papoušek[145]: »Die Zahl der Elternratgeber ist ja ins Unermess-
liche gestiegen. Die der Ängste auch. Das Schreckgespenst ADHS
lauert überall, wohlmeinende Eltern rennen von der musikalischen
Früherziehung in die PEKiP-Gruppe[146], von der PEKiP-Gruppe zum
Säuglingsschwimmen, statt einfach mit ihren Kindern zu spielen,
und haben dabei immer noch das Gefühl, ihren Pflichten nicht
Genüge zu tun. Außerdem gibt es nun mal eine wachsende Zahl
von ›schwierigen‹ Kindern mit so genannten Regulationsstörun-
gen.«

Grundsätzlich haben auch die Anlagen des Kindes – wie das Beispiel des Vierjährigen zeigt – im weitesten Sinne einen maßgeblichen
Einfluss. Die Eltern müssen deshalb nicht unbedingt ihren Erziehungsstil verändern, sondern gegebenenfalls überlegen, wie sie dem
Temperament ihres Kindes Rechnung tragen können. Das bedeutet
zugleich, dass eine pädagogische Einflussnahme, die bei dem einen
Kind sinnvoll wäre, bei dem anderen aber weniger, ja sogar eher
einen verstärkenden Effekt hervorrufen könnte. Und so ist es entgegen populärwissenschaftlichen Aussagen auch verständlich, dass es
nicht *den* optimalen Erziehungsstil geben kann.

Als eine wichtige Bewältigungsstrategie bezeichnet Antonovsky[147]
die »Flexibilität«, die »auf das Vorhandensein von Kontingenzplänen
(Vielfalt wählbarer Möglichkeiten, Anm. d. Verf.) und Taktiken und
auf die Bereitschaft, diese zu berücksichtigen, verweist«. Eltern, die

neben der Flexibilität auch auf »Alternativen und Selbststeuerung, Bedeutung, Konsistenz, Wahlmöglichkeiten und dem Erleben, daß Probleme handhabbar und lösbar sind«, ausgerichtet seien, würden ihrem Kind wahrscheinlich auch nichts abverlangen, wodurch es unter- oder überfordert wäre. Letztendlich folgert Antonovsky: »Je ausgeprägter das SOC der Eltern, desto wahrscheinlicher ist, daß sie die Lebenserfahrungen des Kindes so beeinflussen, daß dieses in dieselbe Richtung geführt wird.«[148]

In vorausgegangenen Kapiteln sind wir bereits auf die Entdeckung der Spiegelneurone durch Rizzolatti und Gallese eingegangen. Wir möchten noch eine andere Bedeutung dieser Fähigkeit zur Resonanz betonen. Die Spiegelneurone machen das Kind fähig, die Gedanken der Erwachsenen zu »lesen« und sie bei der eigenen Reaktion zu berücksichtigen. Diese Erkenntnisse stehen im unmittelbaren Zusammenhang mit der *Passung*, die bereits mit der Aufnahme des Blickkontaktes ihren Anfang findet.

In Untersuchungen hat sich erwiesen, dass Mütter, die engen Kontakt zu ihrem Kind direkt nach der Geburt hatten, ihm später mehr Zärtlichkeit entgegenbrachten und mehr Blickkontakt aufrechterhielten als Mütter, die nicht von Anfang an so eng mit dem Kind verbunden waren.

Den Eltern gelingt es auf fein abgestimmte Weise, die Aufmerksamkeit des Säuglings anzuregen und zu erhalten, indem sie ihre Impulse dem kindlichen Reaktionsvermögen so anpassen, dass der Säugling reagieren kann, ohne überfordert zu werden. »Du gehörst zu uns, wir nehmen dich an, so wie du bist, und wir wollen dir nahe sein«, so vermitteln die Hauptbezugspersonen dem Neugeborenen, angenommen und geliebt zu werden. Grossmann[149] beschreibt das feinfühlige Bemühen der Eltern zur Herstellung des Blickkontaktes als Teil intuitiver Verhaltensweisen in der Interaktion. Eltern schauen ihr Kind in einer Distanz von 20 bis 25 Zentimetern an, und das Kind wird durch Rufkontakte zum Schauen aufgefordert. »Durch häufiges Nachahmen von Lauten und Gesichtsausdruck des Kindes bieten die Eltern dem Säugling in ihrem Gesicht einen ›biologischen Spiegel‹ oder ein ›biologisches Echo‹ als einen frühen Beitrag zur Selbstwahrnehmung. [...] Ohne sich dessen bewusst zu sein, suchen die Betreuer den Blickkontakt mit dem Neugeborenen, bringen ihr Gesicht in sein Blickfeld, erleichtern seine noch einge-

schränkte visuelle Wahrnehmung, indem sie den Abstand verkürzen
[...], und belohnen das Neugeborene für jeden erreichten Blickkontakt mit einer auffallenden ›Grußreaktion‹. Sie tun dies selbst dann,
wenn sie fest überzeugt sind, dass das Neugeborene noch nichts
sehen kann.«[150]

Für das Kind bedeuten das liebevolle Anschauen der Eltern und
ihre Reaktionen, dass es sich als Verursacher elterlichen Verhaltens
erleben kann. Das ist unter anderem eine wichtige Grundlage für
die Entwicklung des Selbstwertgefühls, was wir schon im Kapitel 2
ausgeführt haben.

Dornes[151] vermittelt uns ein Bild von der »Kompetenz« des Säuglings, der schon »aktiv, differenziert und beziehungsfähig, als Wesen
mit Fähigkeiten und Gefühlen, die weit über das hinausgehen, was
die Psychoanalyse bis vor kurzem für möglich und wichtig gehalten
hat«, gesehen werden kann. Das wurde in den letzten Jahren insbesondere durch die neurobiologischen Forschungen bestätigt. So
verweist Bauer auf die Reaktionen des Säuglings, der die Gesichtsausdrücke seiner Bezugspersonen zu imitieren sucht, und beschreibt
diese als »wechselseitiges Aufnehmen und spiegelndes Zurückgeben
von Signalen. [...] Dadurch erhält der Säugling, lange bevor er über
so etwas wie Bewusstsein verfügt, Zeichen, die ihm anzeigen, dass er
erkannt wurde, und ihn seinerseits zu weiteren Resonanzaktionen
stimulieren.«[152]

Wenn Kinder den Blickkontakt mit den Eltern aktiv vermeiden,
dann ist davon auszugehen, dass sie nicht oder nicht ausreichend
zu Resonanzaktionen stimuliert wurden. Studien beschreiben der-
artiges Verhalten als Vermeidung durch Blinzeln, Kopfwegdrehen,
Körperdrehen, Augenschließen usw. Fragt man sich, warum diese
Kinder ihre Eltern nicht anschauen, so ergibt die Feinanalyse des
elterlichen Verhaltens in der Interaktion einige Hinweise. »Wenn
der Erwachsene seine Miene [...] regungslos beibehält, dann wen-
det sich das Kind impulsiv ab. Wird die Prozedur mehrere Male wiederholt, hat dies einen emotionalen Rückzug zur Folge: Die Bereitschaft des Säuglings nimmt ab, nach weiteren Möglichkeiten für
mimischen Signalaustausch zu suchen.«[153]

Kinder im Vorschulalter wollen gern helfen, sie sind bereit zum
Risiko und trauen sich vieles zu, auch das, was sie eigentlich noch
nicht können. Eltern könnten sicherlich viele Beispiele anführen, die

diese Tatsache beschreiben. Es wäre falsch, dieses Verhalten als Überschätzung abzutun und zu meinen, dass Kinder nicht fähig sind, sich selbst einzuschätzen. Es ist zwar aus der Sicht des Erwachsenen oft eine Selbstüberschätzung, wenn der Vierjährige behauptet, er könne ja auch schon ganz allein den Rasen mähen, einen Kuchen backen oder sogar ganz allein das Auto in die Garage fahren. Die Tätigkeiten, die genannt wurden, sind sicherlich von dem Kleinen nicht allein zu bewältigen. Aber er traut es sich zu, wobei er auch ohne Skrupel das Risiko eingeht, dass er es dann doch nicht kann. Eventuell ist ja auch schon der Versuch ein Erfolg.

Kinder, die zuversichtlich an unbekannte Aufgaben herangehen oder meinen, dass sie das, was beim Papa so leicht aussieht, auch können, haben ein gesundes Selbstvertrauen. Außerdem haben sie in ihrer bisherigen Entwicklung mit viel Einsatz, Übung und Wiederholung erfolgreich gelernt und dafür viel Lob geerntet. Sicherlich erinnern Sie sich daran, wie viele Übungen notwendig waren und wie oft Ihr Kind gefallen ist, bis es das Laufen endlich beherrschte. Aber als dann die ersten Schritte gelangen, war der Jubel groß. Die ganze Familie feierte mit dem Kind dieses großartige Ereignis. Das, was in diesem Alter so gut gelingt und von den Eltern intuitiv auch meist richtig gefördert wird, scheint später nicht mehr so zu gelingen. Warum eigentlich?

Wir wissen, dass die Entwicklung des Selbstwertgefühls in engem Zusammenhang mit Belohnung und Bestrafung steht. Antonovsky sagt dazu, dass die Ansprüche des Kindes entweder Bestrafung finden können oder durch Kanalisierung (»auf diese Weise, ja«; »anders, nein«; »jetzt nicht, aber später«) und Ermutigung (was eine doppelte Belohnung bedeutet: sowohl den Spaß an der Aktivität als auch die Bestätigung von wichtigen anderen Menschen) positiv gelenkt werden können. Auf diese Weise können Unterforderung oder Überforderung vermieden und schon früh der Grundstein für die Handhabbarkeit von Anforderungen gelegt werden.[154] Erlebt das Kind, dass es schwierige Situationen bewältigen kann und dass es dafür die Anerkennung seiner Bezugspersonen erhält, dann kann sich das Gefühl des eigenen Wertes entwickeln.

Der zweieinhalbjährige Kevin holt schnell seine Bauklötze herbei und beginnt mit dem Vater zu spielen, der dem Kleinen die farbigen Bau-

klötze als Handlanger reicht. Das »Knallturmspiel« fordert ihn immer
wieder heraus; er baut nämlich sehr gerne solche Türme, die zuweilen mit einem lauten Knall umfallen und die er dann wieder zu einem
neuen Turm aufrichten kann. Der »Knallturmbau« ist gewissermaßen
durch ein eingespieltes Teamverhalten beider charakterisiert, und der
aufmerksame Beobachter kann sich der aufkommenden Freude in diesem Miteinander nicht entziehen.

Bedächtig macht der Vater Kevin, der ganz hastig aufbauen will, erst
einmal einen Vorschlag zur Farbe des Bauklotzes, den er ihm langsam
zureicht. Der Vater zeigt auf den bereits eingepassten grünen Bauklotz
und reicht ihm zur Ergänzung ebenfalls einen grünen, doch nach einiger
Zeit fragt er Kevin, zu welcher Farbe er wechseln möchte, weil inzwischen die grünen Bauklötze alle eingebaut sind. Kevin überlegt nicht
lange und setzt den roten Bauklotz darauf. Als der Turm plötzlich zu
kippeln anfängt, schaut Kevin zum Vater herüber, der mit einer etwas
kritischen Miene vorschlägt, den Einbau des letzten Steines zu korrigie-
ren. Kevin greift etwas hastig zu und verursacht dabei den Einsturz des
Turmes, der mit lautem Getöse umfällt. Es ist eine Mischung aus Freude
und Enttäuschung, die beide gleichermaßen erfasst und dazu ermutigt,
einen neuen Versuch zum Bau eines noch höheren Turmes zu starten.

In diesem Spiel zeigen sich eindrucksvoll das Einüben sozialen
Teamverhaltens und die wechselseitige emotionale Abstimmung der
beiden durch den Blickkontakt, wodurch das Erleben und Verhalten Kevins beeinflusst wird. Hier stellt sich der Beginn des eigentlichen »Leistungshandelns« dar, den Brunstein und Heckhausen wie
folgt beschreiben: »Zwischen 2 $\frac{1}{2}$ und 3 $\frac{1}{2}$ Jahren zeigen Kinder
in ihrem Ausdrucksverhalten erstmals selbstbewertende Reaktionen
auf gelungene und misslungene Tätigkeiten.« Das Kind zeige unterschiedliche Erlebnisweisen durch Lächeln oder ein Herunterziehen
der Mundwinkel. »Interpretiert man diese beiden Ausdrucksformen
als Hinweise auf Erfolgs- und Misserfolgserleben, so ist bemerkenswert, dass Erfolge früher (ab 30 Lebensmonaten) als Misserfolge wahrgenommen werden (ab ca. 36 Lebensmonaten). Dieser
Umstand mag jüngere Kinder davor schützen, von Misserfolgen
entmutigt zu werden, bevor sich die Fähigkeit zum Erfolgserleben
entwickelt hat.«[155]
Im zuvor dargestellten Beispiel kann sich im Zusammenspiel der
Beziehungsgestaltung ein Gefühl wechselseitiger Anerkennung und
Motivation für die Entwicklung neuer Ideen und kreativer Varian-

ten entwickeln und so das Spiel zu einem die Kompetenzen fördernden Übungsfeld in wechselseitiger Berührtheit machen. Kevin erfährt sich als Gestalter des Geschehens, der in der Erprobung seiner Tüchtigkeit der Furcht vor dem Misserfolg dadurch entgehen kann, indem er in der Hoffnung auf Erfolg einen neuen Versuch wagt und so ein Gefühl der Zuversicht (»Ich kann das schaffen«) entwickeln wird. In der gemeinsamen Abstimmung werden die Herausforderungen der Aufgabe ausbalanciert, so dass ein Gefühl für die Handhabbarkeit des Geschehens entstehen kann. Es ist ein schöpferisches Miteinander, denn »Spiel, Berührung, Zuwendung und Stimme drücken in unendlicher kultureller Vielfalt aus: Du bist uns wichtig«.[156]

Schule und Stress

Wenn wir von Belastungsbalance sprechen, dann meinen wir, dass Anforderung und Können, Erwartung und Ergebnis in richtiger Balance sind, dass also das Kind immer so gefordert wird, dass es etwas dazulernen kann. Die unsinnigste Art wäre, wenn das Kind überhaupt nicht gefordert wird. Antonovsky hält die Wahrscheinlichkeit, dass das Kind sich selbst überlassen bleibt und gar nicht gefordert wird, für gering.[157] Antonovsky hat seine Theorie nicht aus der Pädagogik her entwickelt, sondern aus der Stresstheorie. Deshalb hat er auch nicht berücksichtigt, dass es durchaus eine von Pädagogen und Pädagoginnen vertretene Meinung gab, dass die Entwicklung des Kindes von sich heraus geschehe und dass die Erwachsenen nur auf das, was da geschieht, warten sollten. Diese Theorie ist unter dem Begriff »antiautoritäre Erziehung«[158] bekannt geworden. In den 1960er Jahren wurde sie von Eltern gern aufgenommen, denn in dieser Zeit passte sie auch recht gut zu der gesellschaftlichen und politischen Stimmung in Deutschland. In der Folge einer nur unzulänglich geführten geistigen und moralischen Auseinandersetzung mit dem Gedankengut des Nationalsozialismus und den Folgen des Krieges wurden alle Autoritäten als fragwürdig eingestuft und einer kritischen Analyse unterzogen. Dies betraf auch ganz besonders die Erziehungsinstitutionen. Unter dem Motto der antiautoritären Erziehung wurden bisherige Erziehungskonzepte abgelehnt

und neue Prinzipien formuliert, zum wichtigsten Erziehungsziel
wurde die freie Entfaltung der Persönlichkeit des Kindes erklärt.
In dieser Theorie wurde davon ausgegangen, dass dazu die psychische Unabhängigkeit des Kindes und seine Selbständigkeit gefördert
werden müssen. Dies wiederum sollte dadurch geschehen, dass den
Kindern bei ihrer Bedürfnisbefriedigung keine Grenzen gesetzt werden und dass sie selbst bestimmen können, welche Erfahrungen sie
machen wollen. Das hatte auch zur Folge, dass die Macht von Pädagogen und Eltern bezweifelt und eingeschränkt wurde. Sicherlich
haben nur wenige Eltern die antiautoritäre Erziehung auch tatsächlich praktiziert und der Schaden hielt sich am Ende im Rahmen.

Heute begegnen wir eher dem anderen Extrem: Die Kinder werden mit hohen Anforderungen konfrontiert. Das ist an sich noch
nichts Falsches. Wenn aber die individuellen Voraussetzungen des
Kindes nicht berücksichtigt werden, dann besteht die Gefahr, dass
die Diskrepanz zwischen Anforderung und Fähigkeitsniveau zu groß
ist und das Kind durch wiederholte Misserfolge frustriert wird. Diese
Situation erleben nicht wenige Kinder, vor allem dann, wenn sie
Schulkinder sind.

Eltern wollen bestmöglichste Abschlüsse für ihre Kinder, denn sie
wissen sehr gut, dass die »Lebenskarriere« ihres Kindes in der Leistungsgesellschaft vom Schulabschluss abhängt. Da die ersten Entscheidungen schon nach den vier Grundschuljahren fallen, sind die
Erwartungen an das Kind hoch. Die Entwicklung auf dem Arbeitsmarkt löst bei den Eltern nicht nur Angst um die eigene Zukunft,
sondern auch um die ihres Kindes aus. Deshalb überfordern sie
unbewusst mit zusätzlichem Druck ihr Kind, indem sie zum Beispiel bei Schwierigkeiten in der Schule Übungszeit am Nachmittag festlegen oder Nachhilfeunterricht organisieren, indem sie noch
weitere Übungsaufgaben aufgeben und Verweigerungen bestrafen.
Sie wollen »das Beste für ihr Kind und merken oft nicht, dass sie
gerade an den wirklichen Wünschen und Bedürfnissen des Kindes
vorbeigehen«.[159]

Reflexionen des jüngeren Schulkindes über seine Eltern sind meist
mit deren Reaktionen auf erbrachte Schulleistungen und andere
aus der Schule kommende Informationen verbunden. Viele Kinder
erleben, dass Liebe und Zuwendung ihrer Eltern nunmehr in beson-
derem Maße von der eigenen Tüchtigkeit in der Schule abhängen.

Kinder, die aufgrund ihrer Schwierigkeiten beim Lernen den Liebesverlust ihrer Eltern erleben, leiden deshalb besonders und verlieren die ursprüngliche Sicherheit sowie das Vertrauen in ihre eigenen Möglichkeiten. Ein Junge des dritten Schuljahres drückte das in seiner Selbstbeschreibung so aus: »Ich bin nicht gut in der Schule, ich bin schlecht. Ich möchte mich bessern. Ich bin unartig im Unterricht. Mein Betragen ist auch schlecht. Die Besserung gelingt mir nie.«[160]

Maja (Klasse 2) brachte die Bedeutung der elterlichen Reaktion auf Schulleistungen sehr deutlich zum Ausdruck, wenn sie schrieb: »Verbessern muß ich, daß ich zu Hause artig bin. Und daß ich in der Schule gut lerne. Dann schimpft Mutti nicht mehr so doll mit mir. Meistens bringe ich gute Zensuren nach Hause. Dann freut sich Mutti doll.«

Nicht allein die notwendigen Handlungskompetenzen, sondern auch die ökonomischen und sozialen Voraussetzungen sind ungleich entwickelt bzw. verteilt. Für den Einzelnen können die Herausforderungen durchaus Stressoren sein. Folgen von Stress sind unter anderem psychosomatische Beschwerden, die auch schon im Kindesalter beängstigend häufig auftreten. Kopf- und Bauchschmerzen, Appetit- und Schlaflosigkeit – das sind die häufigsten Symptome, über die Kinder klagen. Laut UNICEF-Bericht 2007 gibt es bei knapp 15 Prozent der Kinder und Jugendlichen Hinweise auf Verhaltensauffälligkeiten und emotionale Probleme. Der Anteil liegt bei Jungen mit 17,8 Prozent deutlich höher als bei Mädchen (11,5 Prozent).[161]

Einer der besonders auffälligen Stressoren und Auslöser von psychischen Störungen ist die Unsicherheit der Kinder bezüglich der Zufriedenheit ihrer Eltern mit ihren schulischen Leistungen.[162] Die schulische Leistung des Kindes signalisiert den Eltern, welche Chance ihr Kind für sein Leben im Allgemeinen und seine Berufslaufbahn im Besonderen haben wird. Darum ist es verständlich, dass sie die Belastungsbalance nicht halten können, sondern die Anforderungen noch erhöhen, in der Hoffnung »viel hilft viel«. Sie werden selbst zu Hilfslehrern oder organisieren welche, sie reagieren traurig, wütend oder bestrafend, wenn es dann trotzdem wieder schiefgeht. So entsteht für manche Kinder ein Teufelskreis aus Versagen, Angst vor der Reaktion der Eltern, Erleben der Enttäuschung oder Bestrafung, Demotivierung und erneutes Versagen.

Psychischer Stress scheint allgegenwärtig zu sein, auch die Suizidraten sind bedrohlich. Der Europäische Gesundheitsbericht aus dem Jahre 2005[163] gibt bekannt, dass die Selbsttötungen in der Altersgruppe unter 20 Jahren in den letzten beiden Jahrzehnten in vielen Ländern gestiegen sind. Der Anstieg fiel unter Jungen stärker aus als unter Mädchen. Es wird jedoch eingeräumt, dass aufgrund von Meldelücken die tatsächlichen Suizidraten nur schwer festzustellen sind.

Neben den psychosozialen Stressfaktoren sind es auch Umweltfaktoren, die die Gesundheit von Kindern beeinträchtigen. Insbesondere Kinder, die in dicht besiedelten Gebieten wohnen – etwa in Großstädten –, leiden unter der Lärmbelastung, unter Einschränkung ihrer Bewegungsfreiheit und dem hohen Fernsehkonsum.[164]

In der Tabelle 2 ist dargestellt, welche Stresssymptome Schüler und Schülerinnen während der ersten drei Grundschuljahre benennen. Kopfschmerzen, Bauchschmerzen und Erschöpfung nahmen vom ersten bis zum dritten Schuljahr zu.

Tabelle 2: Stresssymptome bei Schülern und Schülerinnen zu Schulbeginn (T1) und am Ende des dritten Schuljahres (T4) (Angaben in Prozent)[165]

Symptome	Mädchen n = 256		Jungen n = 348		gesamt n = 604	
	T1	T4	T1	T4	T1	T4
Kopfschmerzen	10,9	12,8	10,1	11,6	10,5	12,3
Konnte nicht schlafen	14,6	15,0	12,1	13,7	13,3	14,4
Bauchschmerzen	14,3	6,2	10,1	10,1	12,1	8,7
Mir war schlecht	7,8	4,4	3,9	7,5	5,8	5,8
Ich war erschöpft	12,2	9,9	7,2	10,4	9,7	10,1
Hatte keinen Hunger	10,5	6,6	8,1	7,9	9,3	7,2

Ein paar weitere Daten aus dem UNICEF-Bericht[166] zur Lage von Kindern in Deutschland verdeutlichen die aktuelle Situation und zeigen den großen Handlungsbedarf:

Chronische Krankheiten: Am häufigsten leiden Kinder an chronischer Bronchitis oder Neurodermitis (ca. 13 Prozent), gefolgt von

Heuschnupfen (ca. 11 Prozent). Insgesamt 40 Prozent der 3- bis 17-Jährigen reagieren auf mindestens eines von 20 Allergenen.

Übergewicht: Insgesamt 15 Prozent der Kinder im Alter von 3 bis 17 Jahren sind übergewichtig, davon 6,3 Prozent adipös. Der Anteil der Übergewichtigen steigt mit dem Lebensalter auf bis zu 17 Prozent bei den 14- bis 17-Jährigen an. Kinder aus Familien mit niedrigem Sozialstatus und aus Familien mit Migrationshintergrund sind besonders betroffen.

Essstörungen: Insgesamt 21,9 Prozent der Kinder und Jugendlichen zeigen Symptome von Essstörungen – bei Mädchen liegt der Anteil bei 28,9 Prozent, bei Jungen bei 15,2 Prozent.

Gewalterfahrungen: 19,6 Prozent der Jungen und 9,9 Prozent der Mädchen haben in den letzten zwölf Monaten Gewalt ausgeübt. 5,2 Prozent der Jungen und 3,9 Prozent der Mädchen waren Opfer. Haupt- und Gesamtschüler sowie Kinder und Jugendliche mit Migrationshintergrund sind deutlich häufiger Täter von Gewalthandlungen.

Alkohol, Tabak, Drogen: In keinem anderen Industrieland rauchen so viele Kinder und Jugendliche wie in Deutschland. 20,5 Prozent der 11- bis 17-jährigen Jungen und 20,3 Prozent der Mädchen in dieser Altersgruppe rauchen. Etwa ein Drittel der Jungen und ein Viertel der Mädchen gaben an, mindestens einmal in der Woche Alkohol zu trinken. Haschisch und Marihuana nahmen 9,2 Prozent der Jungen und 6,2 Prozent der Mädchen. Etwa ein Prozent der Jugendlichen gab an, Ecstasy oder Speed zu konsumieren. Alkohol- und Drogenkonsum sind in allen gesellschaftlichen Schichten gleichermaßen verbreitet.

Alles im Umbruch

Die wichtigsten Entwicklungsaufgaben im Jugendalter haben wir schon beschrieben. Es geht in dieser Zeit darum, dass die frühen grundlegenden Erfahrungen zur Ausbildung eines stabilen Kohärenzgefühls gefestigt werden können. Das Jugendalter beginnt mit dramatischen Veränderungsprozessen. Es stellt die Phase des Übergangs von der Kindheit zum Erwachsenenalter dar und im Hinblick auf die hormonellen Veränderungen in dieser Zeit spielen sich nicht allein entscheidende körperliche Wandlungsprozesse ab, sondern auch umfassende psychische Veränderungen.

Zunächst finden vor allem hormonelle Prozesse statt, die die Ausbildung der sekundären Geschlechtsmerkmale wie das Wachstum der Brüste und die Veränderung der charakteristischen Fettverteilung bei der Frau verursachen, während beim Mann der Bartwuchs, die Veränderung der Körperbehaarung und das Einsetzen einer tieferen Stimme stattfinden. So erleben die jungen Mädchen die Entwicklung der rundlicheren Körperformen nicht selten als belastend und nicht alle sind auf ihre erste Menstruation vorbereitet, so dass Schamgefühle und Ängste entstehen können. Ein weiteres Merkmal dieses Entwicklungsschrittes ist das körperliche Wachstum, das sich keineswegs bei allen Körperteilen synchron verhält, sondern durch unterschiedliche Wachstumsschübe die charakteristischen Gliederschmerzen bei Jugendlichen verursacht. Jungen verstricken sich in dieser Zeit nicht selten wegen ihrer zunehmenden Körperkräfte in ärgermotiviertem, aggressivem Verhalten.

Während Kathrin Situationen meidet, in denen sie verletzt werden könnte, vermeidet sie zugleich, ihre Gefühle in für sie schwierigen Situationen zu zeigen. Sehr oft zieht sie sich in letzter Zeit aus Kontakten sehr schnell zurück, insbesondere dann, wenn sie schon zu ahnen glaubt, dass jemand ihr zu nahe treten könnte. Sie bemerkt, wie ihre Selbstkritik zugleich zunimmt, vermag aber nicht dieser Strategie entgegenzusteuern.

Morgan erlebt das anders: Für Gelegenheiten, in denen er sich angegriffen fühlt, hat er sich – wie er meint – die einzig sinnvolle Gegenstrategie zugelegt. Er schreit sofort los, droht mit der Faust, schlägt auch schon mal heftig zu und sucht in der schnellen Reaktion das Gegenüber einzuschüchtern. Er sagt bilanzierend: »Das klappt nicht immer, nicht selten bekomme ich selber einen an die Birne, doch ich muss einfach noch schneller werden.«

Die verstärkte Orientierung an der eigenen Geschlechtsgruppe hilft auch bei der Entwicklung zunehmender Akzeptanz des eigenen männlichen und weiblichen Körpers sowie bei der Auseinandersetzung mit den gesellschaftlich vorgegebenen Rollen als Mann bzw. Frau.

Es ist eine herausfordernde Zeit, in der alles im Umbruch erlebt wird. So muss die Pubertät zunächst als eine Phase der Unsicherheiten betrachtet werden, in der sich nicht nur die körperliche Reifung vollzieht, sondern auch das Denken von der konkreten Vorstellung hin zu abstrakten Inhalten voranschreitet. Die Gesellschaft verlangt von den Heranwachsenden die Übernahme und Anwendung der Normen und Werte, nach denen die Erwachsenen in einer Kultur handeln. Das kann für Jugendliche aus Migrantenfamilien Konflikte heraufbeschwören, da sie sich einerseits zu der Gruppe der Gleichaltrigen, mit denen sie ihre Zeit verbringen, zugehörig fühlen und andererseits die Werte ihrer Kultur, die durch die Familie vertreten und eingefordert werden, leben sollen.

So geht es zum Beispiel in dieser Zeit darum zu lernen, wie der Umgang mit Alkohol, der gesellschaftlich als anerkanntes Genussmittel bei allen nur denkbaren Gelegenheiten Ausschank findet, mit Tabak oder anderen Drogen wie auch mit dem Fernsehen gestaltet werden soll. Wir können nicht das ganze Spektrum dieses sehr komplexen Entwicklungsgeschehens entfalten, möchten aber kurz gefasst Folgendes sagen: Den Höhepunkt der Entwicklung des Jugendalters findet die Identitätsentwicklung in der Loslösung aus familiären Strukturen über die Erprobung eigener Beziehungsverläufe und der beruflichen Ausrichtung bis hin zur Übernahme selbst verantworteter Familienstrukturen. Dies ist ein Sozialisationsprozess, der sich in allen Lebenswelten und Lebenslagen vollzieht.

Eine zentrale Frage im Konzept der Salutogenese ist die nach dem Umgang mit belastenden, ja herausfordernden Lebensumständen und den Bewältigungsmöglichkeiten, die die Person im Laufe ihres Lebens für sich entdeckt. Diese wiederum sind abhängig von den Ressourcen, die der Person helfen, mit den Stressoren gesundheitsförderlich umzugehen, das heißt den Belastungen bzw. Stressoren wirksam entgegenzutreten. Das ist natürlich nur möglich, wenn die eigenen Ressourcen bewusst sind und wenn die Person daran glaubt, dass sie die notwendigen Ressourcen zur Verfügung hat und sie in der bedrohlichen Situation auch einsetzen kann. Es geht also darum, in widrigen Lebensbedingungen eine Belastungsbalance herstellen zu lernen, die gerade in der Entwicklungsphase des Jugendalters einer gewaltigen Bewährungsprobe standhalten muss.

Antonovsky beschreibt auch die Bedeutung der Emotionsregulierung: »Es gibt [...] keine Forderung und kein Problem, die nicht auch die Frage der Regulierung von Emotionen aufwerfen.

Spannung, die Antwort auf einen Stressor, ist ein emotionales Phänomen.«[167] Die Emotionsregulierung hat also einen maßgeblichen Einfluss darauf, wie Jugendliche mit herausfordernden Lebensumständen umgehen. Wie oben schon ausgeführt, entwickeln Kinder im Grundschulalter die Fähigkeit, über ihre eigenen emotionalen Regulierungsbemühungen zu berichten. Es ist indes noch gar nicht hinreichend erforscht, welche praktischen Hinweise Eltern ihren Kindern zur Emotionsregulierung geben, doch fest steht, dass Kinder sich bereits früh in einer Atmosphäre des Vertrauens an ihre Eltern wenden, wenn sie negative Emotionen, wie zum Beispiel Angst und Trauer, durchleben müssen.

In den erwähnten Längsschnittuntersuchungen wurden die Kinder unter anderem auch aufgefordert, Satzanfänge zu ergänzen. Bei dem Satzanfang »Wenn ich etwas nicht schaffe …« konnten die Aussagen in folgende Kategorien zusammengefasst werden:
– Suche nach sozialer Unterstützung (»frag ich meine Mama«, »gehe ich zu meinen Eltern«),
– Wiederholen, Weitermachen, Anstrengen (»dann probier ich's nochmal«, »dann üb ich«),
– Aufschieben (»dann mach ich morgen weiter«),
– Misserfolg mit Selbstbewertung (»dann bin ich traurig«),
– Vermeiden, Ablenken (»dann lass ich das«, »dann mache ich ein Spielchen«).

Die Aussagen der ersten Kategorie »Suche nach sozialer Unterstützung« waren zu allen fünf Befragungszeitpunkten am häufigsten vertreten. Die befragten Schüler und Schülerinnen wollten sich in den meisten Fällen an ihre Eltern wenden, um Hilfe zu bekommen. Die Kategorie der emotionalen Selbstbewertung jedoch nahm von Schuljahr zu Schuljahr zu, sie war bei den Zehnjährigen am Ende des vierten Schuljahres am höchsten (vgl. Abbildung 22).
Es gibt auch Studien[168], die belegen, dass Heranwachsende bei Ärger eher dazu neigen, sich von Freunden abzuwenden und sich möglichst mit Aktivitäten abzulenken. Statt im Gespräch Entlastung von den emotionalen Anspannungen zu suchen, neigen sie eher dazu, sich »cool« zu präsentieren.

Die Emotionsregulierung spielt natürlich auch eine herausragende Rolle, wenn die Jugendlichen die Ablösung vom Elternhaus zu

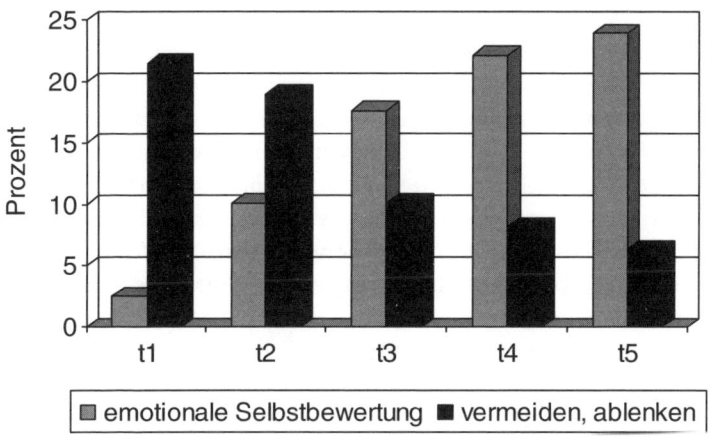

Abbildung 22: Wenn ich etwas nicht schaffe

bewältigen haben. Schon in der Pubertät werden Freunde die wichtigsten Gesprächspartner. Wichtige und intime Probleme werden lieber mit ihnen besprochen, wobei das nicht als Abwendung von den Eltern zu verstehen ist, sondern als Bereicherung ihres Lebens. Vor allem bei Gefühlen wie Ärger, Angst und Trauer hat der Austausch mit Gleichaltrigen, mit den Freunden oder der Clique eine entlastende Funktion.

Sarah berichtet, dass sie über ihre Probleme nur mit ihrer besten Freundin sprechen kann, die ganz in der Nähe wohnt. Sie spürt zu ihr die Vertrautheit, die ihr wichtig zum Austausch über emotionale und vor allem sexuelle Fragen ist, die in der Familie eher ausgespart bleiben. Sie schildert: »Also zwischen uns ist das so, dass ich mit Jutta den Halt verspüre, den ich zur Klärung meiner wichtigsten Fragen brauche. Weil sie schon ein bisschen reifer ist als ich, fragte ich sie kürzlich, wo es Kondome zu kaufen gibt. Und wie sie darauf reagierte, das war purer Wahnsinn. Sie beantwortete ganz locker meine Frage. Das hätte ich nicht erwartet. Ich versuchte mir vorher eine Antwort auszumalen und hatte eher die Vorstellung, dass sie vielleicht wie meine Mutter reagieren würde. Die hätte sicherlich gefragt, was ich denn damit will. Und diese nervigen Diskussionen wollte ich auf jeden Fall vermeiden.«

Das steigende Lebensalter geht aus privater und beruflicher Sicht mit der zunehmenden Festlegung der Lebensorganisation einher. Schüler und Schülerinnen, die noch im Elternhaus wohnen, sind eher am Genuss des Lebenskonsums ausgerichtet, während sie mit kritischen Äußerungen eher zurückhaltend sind. Je höher allerdings das Bildungsniveau ist, desto eher verlagert sich der Schwerpunkt zur Kritikbereitschaft. Zu den emotionalen Herausforderungen kann aus der 15. Shell-Jugendstudie zitiert werden:»Im Jahr 2006 sind die Ängste Jugendlicher eher von nationalen wirtschaftlichen Problemlagen bestimmt. Die Sorge um den Verlust des Arbeitsplatzes bzw. davor, gar keinen Ausbildungs- oder Arbeitsplatz zu finden, stieg in den vergangenen vier Jahren drastisch von 55 auf 69 Prozent an. Auch die Angst vor der schlechten Wirtschaftslage und steigende Armut nahm um einige Prozentpunkte zu. Hinzu kommt die Angst vor Zuwanderung nach Deutschland. Alle diese Ängste stehen in engem Zusammenhang mit der eigenen beruflichen und finanziellen Existenzsicherung.«[169] Wie sich herausstellte, weisen Mädchen eher auf ihre Ängste hin als Jungen. Das könnte an ihrer Bereitschaft liegen, bereitwilliger als Jungen über ihre Ängste zu sprechen, denn noch immer ist es wohl so, dass die gesellschaftlichen geschlechtspezifischen Rollenbilder diese Fähigkeit den Frauen traditionell zubilligen.

Eltern bleiben aber für die meisten Jugendlichen die wichtigsten Ratgeber und Vertrauenspersonen. Wenn sie sensibel mit den in der Adoleszenz zuweilen übermächtigen Gefühlen ihrer Kinder umgehen und sowohl die erforderliche Spannungsabfuhr ertragen und zulassen als auch die Identitätsfindung unterstützen, dann werden sie eine neue Qualität der Verbundenheit mit ihrem Kind erleben und das Zugehörigkeitsgefühl ihrer Tochter bzw. ihres Sohnes erhalten und stärken können.

Entscheidend ist vor allem, den Jugendlichen dabei behilflich zu sein, ihre personalen und sozialen Ressourcen situationsangemessen zum Einsatz zu bringen. Eltern können ihre Kinder in jeder Entwicklungsphase in ihrer *Selbstwirksamkeitserwartung* bestärken. Darunter ist eine innere Überzeugung zu verstehen, die Herausforderungen bewältigen zu können bzw. die zur Bewältigung notwendigen Ressourcen zum Einsatz bringen zu können. Weiterhin können Eltern ihren Kindern in einer Atmosphäre der Liebe, Anerkennung und Wertschätzung vermitteln, welche Bedeutung gerade die soziale Ressource Familie hat. Welche Herausforderungen auch immer in

diesem Alter in der Dynamik der zu durchlaufenden Bewältigungs-
schritte auszubalancieren sind, immer geht es darum, eine Belastungsbalance zu finden, so dass sich das Kohärenzerleben noch einmal zur Bewältigung der anstehenden Lebensfragen im Erwachsenenalter festigen kann.

Lebenserfahrungen der Teilhabe

Die Lebenserfahrungen der Teilhabe (Partizipation) sind Voraussetzungen zur Entwicklung der Bedeutsamkeit, der motivationalen Komponente des Kohärenzgefühls, die untrennbar mit den Gefühlen verbunden ist. Sie entsteht, wenn die Heranwachsenden beim Handeln
Resonanz erfahren und in ihrem Engagement als Person mit ihren
Stärken und Schwächen akzeptiert, geachtet und respektiert werden.

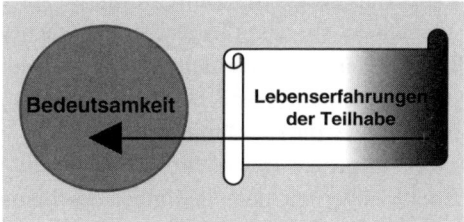

Abbildung 23

Lucy durchlebt schon sehr früh eine ganz besonders spannende Ent-
wicklungszeit. Wenn sich die Mutter zeigt, dann ist sie in der Lage, ihre
Aufmerksamkeit durch vermehrte Laute auf sich zu ziehen, und schaut
ihr, sobald sie sich nur ausreichend nähert, jetzt einige Zeit länger als
sonst in das Gesicht. Sie sucht der Mutter zu vermitteln: Wenn du mir
nahe bist, dann studiere ich dein Gesicht, weil es mich so freundlich
anschaut. Dein Gesicht übt auf mich eine faszinierende Anziehungskraft
aus und es wirkt wie ein Buch, in dem ich ganz viel lesen kann. Und
was noch spannender ist: Wir können uns wechselseitig auf zärtliche
Weise imitieren. Ich kann mit meinem Gesicht zu dir sprechen und du
antwortest. Ich verziehe meinen Mund. Hurra, ich hab es geschafft, du
machst es mir nach! Das bestätigt mir, dass du mich erkannt hast, und
so verstehen wir uns.

Diese Sequenz vermittelt einen Eindruck darüber, was Antonovsky unter der Partizipation oder auch der »Teilnahme an sozial anerkannten Entscheidungen« versteht. Antonovsky geht in Übereinstimmung mit anderen Kindheitsforschern davon aus, »daß sogar der Säugling ein pro-aktives Wesen ist, das seine Umwelt unmißverständlich unter Handlungsdruck setzt und versucht, ihr Verhalten zu formen«.[170] Dabei ist der Aspekt der *Proaktivität* etwas ganz Spannendes. Darunter verstehen wir eine aktive Suche zum Beispiel nach Informationen, nach Resonanz und nach sozialem Kontakt. Es geht letztendlich um das Bedürfnis des Kindes nach Teilnahme an sozialen Ereignissen.

Das konnte sehr gut in den so genannten »still-face«-Situationen nachgewiesen werden. Das sind Situationen, in denen der Erwachsene eine Zeit lang in seiner Mimik erstarrt und nicht mehr auf das Kind reagiert. Es konnte beobachtet werden, dass Kinder schon im Alter von zwei Monaten einen aktiven Interaktionspartner erwarten. Ist er das nicht, dann werden sie selbst aktiv: Sie suchen den Blickkontakt, sie lächeln, sie geben Laute von sich, sie bewegen sich. Dauert es zu lange, bis eine Reaktion der Mutter zum Beispiel erfolgt, dann beginnen sie sogar zu weinen.[171]

Auch ein weiterer Aspekt ist spannend, weil er genau das beschreibt, was Antonovsky meint. Proaktivität steht im unmittelbaren Zusammenhang mit dem Bedürfnis des Menschen nach Kontrolle und der Suche nach Sinn.[172] Der Mensch möchte Unsicherheiten vermindern – und das beginnt schon ganz früh –, indem er sich Situationen zu erklären sucht und sie mit Bedeutungen versieht. Nach Papoušek bedeutet dies, »dass schon Neugeborene eine starke innere Motivation besitzen zu lernen. Sie investieren sehr viel Energie darauf, die Welt zu verstehen, Regelhaftes zu entdecken und sich eigene kleine Konzepte zu machen.«[173]

Die Hirnforschung bestätigt diese Erkenntnisse. Immer dann, wenn es um etwas Besonderes, wir können auch sagen, um Neues geht, was uns zunächst eventuell auch verunsichert, sind wir sehr schnell darum bemüht, das Geschehen zu verstehen und ihm eine Bedeutung zuzuweisen. Es wurde auch jener Teil des Gehirns gefunden, wo diese Prozesse ablaufen: Es ist der Hippocampus (von griechisch »Seepferdchen«, der Name wurde wegen der Form des Hippocampus ausgewählt). »Er wird zuweilen auch als Neuigkeitsdetektor [...] bezeichnet, denn er ist auf eines ganz besonders aus: auf Neuigkeiten.«[174]

Antonovsky berichtet dazu aus seinen Untersuchungen: »Diejenigen, die nach unserer Einteilung ein starkes SOC hatten, sprachen immer von Lebensbereichen, die ihnen wichtig waren, die ihnen sehr am Herzen lagen, die in ihren Augen ›Sinn machten‹ – und zwar in der emotionalen, nicht nur der kognitiven Bedeutung des Terminus. Ereignisse, die sich in diesen Bereichen abspielten, wurden tendenziell als Herausforderung und als wichtig genug angesehen, emotional in sie zu investieren und sich zu engagieren.«[175]

Was unser Kind schon alles kann

Kehren wir zurück zum frühen Kindesalter. In der psychoanalytischen Tradition wurde der Säugling lange Zeit als ein Wesen dumpfer Erlebniswelt betrachtet, welches als »psychologische Frühgeburt«[176] seinen Trieben passiv ausgeliefert und zur »Hilflosigkeit und Abhängigkeit«[177] verurteilt sei. Diese Ansicht konnte gründlich revidiert werden, nicht zuletzt aufgrund der modernen Psychologie- und Hirnforschung. So wird heute vom *kompetenten Säugling* gesprochen, der bereits in seiner vorgeburtlichen Phase Umweltreize verarbeitet und – vermittelt über die umsorgende Person – erste Erfahrungen sammeln und Verhaltensmuster ausbilden kann. Die Wahrnehmungsfähigkeiten und die motorische Ausstattung des Neugeborenen sind erstaunlich effektiv. Und sie sind darauf ausgerichtet, die Aufmerksamkeit und Fürsorge der Bezugspersonen – insbesondere natürlich der Mutter, deren Hormonsystem ebenfalls darauf vorbereitet ist – herauszufordern und Bindungsverhalten zu provozieren. Das ist sinnvoll und für das Überleben des Menschenkindes unabdingbar – es ist letztlich eine evolutionäre Errungenschaft.

Fassen wir zusammen: Schon das Neugeborene ist auf Partizipation ausgerichtet, und es bringt alle Voraussetzungen dazu mit. Es agiert so, dass es mit seinen Interaktionspersonen in einen Kommunikationsprozess treten kann. Werden seine Bemühungen belohnt und erfährt es Zuwendung, dann kann in sicherer Bindung das weitere Gedeihen fortschreiten. Auf diese Weise werden die Grundlagen

zur wichtigsten Komponente des Kohärenzgefühls – der Bedeutsamkeit – gelegt.

Die folgenden Beispiele sollen das oben Gesagte – die Bedeutung
der Teilhabe des Kindes und das Erleben der eigenen Initiative –
noch einmal verdeutlichen.

Lewis, Allessandri und Sullivan[178] haben Säuglinge im Alter von zwei bis
acht Monaten fernsehen lassen. Ja, Sie haben richtig gelesen, sie durften
schon fernsehen. Das waren natürlich nur Experimente, mit denen allerdings erstaunliche Erkenntnisse gemacht werden konnten. Die Kinder
bekamen eine Schnur in ihr kleines Händchen, mit der sie durch Ziehen
Bilder ihrer Altersgenossen auf dem Fernsehbildschirm erscheinen lassen konnten. Und wenn es ihnen dann gelang, die verschiedenen Bilder
auf den Bildschirm zu zaubern, dann wurden auch ihre Freude und ihr
Interesse am Geschehen deutlich, und sie wollten gern weitermachen.
Der Sinn dieses Experiments bestand nun darin, herauszufinden, wie
Babys schon Ärger ausdrücken, wenn sie beim Ziehen mit der Schnur
nicht mehr ihr Ziel, andere Kinder zu sehen, weiterverfolgen konnten. So
entdeckt das Kleinkind schon sehr früh einen Zusammenhang zwischen
seinem Verhalten und dem Ergebnis seines Handelns. Sie erinnern sich
sicherlich an Situationen, in denen Sie beobachten konnten, mit welcher
Freude Kleinkinder diese Entdeckung machen und wie es sie zum Handeln motiviert. Meist können sie gar nicht genug bekommen von dieser
wunderbaren Tatsache, selbst Verursacher bestimmter Handlungen und
deren Ergebnisse zu sein.

Da sitzt zum Beispiel die etwa 7 Monate alte Lisa in der Sofaecke und
bekommt eine Zeitung in die Hände. Zufällig gelingt es ihr, ein Stück
davon abzureißen: Sie hört das seltsame Geräusch, und danach hat sie
ein Stück Papier in der Hand. Sie wird wahrscheinlich gleich versuchen,
ein weiteres Stück abzureißen. Ja, und dann können Sie ihr eigentlich
einen Berg Zeitungen bringen, Sie wird sicherlich nicht so schnell müde
werden, diese neue Fähigkeit immer wieder zu erproben.

Es ist eine unabdingbare Voraussetzung zur Erfahrung der eigenen sinnvollen Existenz, ein Gefühl dafür entwickeln zu können,
willkommen und bejaht zu sein. Und dies vollzieht sich im Miteinander, im Dialog und der wechselseitigen Subjektivität. So, wie der
Säugling angeschaut wird, fühlt er sich und so, wie er berührt wird,
erlebt er seinen Körper. Das ist der Boden »zur Ausbildung einer
›Daseinsgewissheit‹ und damit über die Daseinsgewissheit hinaus-
gehende Selbstgewissheit.«[179] So entsteht das Erleben, wichtig zu
sein und dazuzugehören. Der Säugling verspürt Hunger, vielleicht

drückt etwas in der Wiege oder er hat Bauchweh, alle diese Empfindungen werden angenommen und von den Eltern oder anderen Bezugspersonen beantwortet, und so kann er schon ganz früh das Gefühl entwickeln, wichtig zu sein. Dornes beschreibt, wie der Säugling diese Form der Gemeinsamkeit und Zugehörigkeit sucht: »Der Säugling will nämlich im Spiel nicht nur seinen Spaß haben [...] oder mit der Mutter kommunizieren, sondern er will, dass sie sein Spiel- und Kommunikationsbedürfnis sieht und ›sagt‹: Ja, ich sehe, dass du spielen willst und dich mit mir unterhalten willst, und ich begrüße die Art und Weise, in der du dieses Bedürfnis zum Ausdruck bringst.«[180]

Wir haben schon an anderen Stellen dieses Buches auf die *Motivation* hingewiesen. Deshalb möchten wir Sie noch auf einen ganz wesentlichen Aspekt der Entstehung eines gefestigten Kohärenzerlebens aufmerksam machen. Antonovsky bezeichnet die Komponente der *Bedeutsamkeit* »als diejenige, die das motivationale Element repräsentiert.«[181] In der Fachwelt[182] wurde lange Zeit zwischen der *intrinsischen* (von innen kommend, aus sich selbst heraus) und der *extrinsischen* (von außen kommend) *Motivation* unterschieden. So werden Antriebe, die wir im Vollzug der Tätigkeit, also gewissermaßen aus uns selbst heraus in der Begegnung mit unserer Umwelt erleben, unterschieden von Motiven, die wir nach erfolgreicher Tätigkeit und den von außen erhaltenen Belohnungen entwickeln. Und schon Aristoteles grenzt in seiner »Nikomachischen Ethik« die Lust, die einer Tätigkeit wesensmäßig zuzuordnen ist – wir können auch von einer *Schaffenslust* sprechen –, von der Lust ab, die von außen als *Befriedigungslust* hinzutritt. Diese Schaffenslust ereignet sich zum Beispiel täglich in Künstlerateliers, in denen die Menschen selbstversunken mit ihrem Werk beschäftigt sind, so dass sie nahezu alles um sich herum zu vergessen scheinen und im Bann ihrer künstlerischen Beschäftigung aufgehen. Allein die Vorstellung von dieser Beschäftigung übt einen magischen Reiz aus, denn es handelt sich um Phänomene, die auch Csikszentmihalyi[183] als *flow-Erfahrung* beschrieb.

Die neurobiologischen Forschungsergebnisse verweisen unserer Meinung nach zu Recht darauf, dass Motive immer intrinsisch sind, das heißt, Menschen können nicht motiviert werden, da ihr Denken, Fühlen und Handeln stets *eigenmotiviert* ist.[184]

So ist aus Befunden bekannt, dass der Säugling bereits über ausreichende Motivation verfügt, denn nicht der Reiz von außen ist der motivationale Auslöser, sondern das eigene Bemühen darum, etwas hervorrufen zu können, so wie es erwartet und damit gewollt ist.

Haben Sie sich nicht auch schon darüber geärgert, wenn Ihr Sprössling bei der Umstellung auf feste Nahrung die Tischdecke, den Teller, den Löffel und die Mama zugleich mit allem ihm zur Verfügung stehenden Engagement in seinen Besitz zu bringen sucht? Nicht selten sind wir dann am Rande der Verzweiflung. Doch es geht dem Kind nicht allein darum zu essen, sondern es möchte auch die Gegenstände be-greifen, verstehen und deren Sinn er-fassen lernen, und das ist mindestens genauso wichtig für die Entwicklung des Kindes wie die Nahrungsaufnahme.

Von der Illusion des Motivierens

Auch aus pädagogischer Sicht ist dieser Sachverhalt besonders interessant. Von Lehrern und Lehrerinnen wird ja ständig verlangt, dass sie ihre Schüler und Schülerinnen für die Lerntätigkeiten im Unterricht motivieren. Sie bemühen sich auch redlich, diesen Forderungen nachzukommen, jedoch mit wenig Erfolg, da Motivieren von außen nicht möglich ist. So erleben sie programmierte Misserfolge und werden allmählich frustriert. Ihre Schüler dagegen sind ständig motiviert, wenn auch häufig nicht für das, was von ihnen erwartet wird. Wie aber sollen Lehrkräfte die dreißig vor ihnen sitzenden Kinder dazu bringen, Freude am Lernen in der Schule zu entwickeln und zu behalten? Sie werden erstaunt sein, wie einfach die Antwort klingt: Es geht um die Teilhabe am gemeinsamen Tun, um das Erreichen gemeinsamer Ziele und das Erleben gemeinsamer Erfolge, und das geht nur über die gelebte und erlebte Beziehung.

Im amerikanischen Wahlkampf im Jahre 2008 wurde uns sehr anschaulich vermittelt, wie junge Menschen zur Teilhabe aktiviert werden können. »Yes, we can« rief der erste schwarze USA-Präsidentschaftskandidat im Wahlkampf den Wählern und Wählerinnen zu, und Tausende stimmten ein und riefen mit ihm »yes, we can«. Barack Obama gelangen zwei wichtige Dinge: Er vermittelte den Menschen Vertrauen in ihre Möglichkeiten und ihre Stärke und außerdem sagte er ihnen, dass keiner allein ist, dass sie eine Gemeinschaft, ein »Wir« sind. Zu diesem Wir gehöre er auch selbst – das war die Botschaft. Obama nutzte dabei sehr kreativ die modernen Kommunikationsmittel der Jugend, brachte die jungen Leute über das Internet untereinander in Kontakt und konnte gleichzeitig seine Botschaften verbreiten.

Als kurze Zeit später der Vorsitzende der deutschen SPD seine Genossen animieren wollte, auch mit ihm gemeinsam »yes, we can« herauszuschreien, erntete er nur ein klägliches Hüsteln. Das Problem war: Er wollte Menschen motivieren, die nicht in seinem Sinne motiviert waren, und es fehlten außerdem die Emotionen. Er machte nicht einmal selbst den Eindruck, dass er von dem »yes, we can« überzeugt sei. Und das ist einer der entscheidenden Irrtümer, denen wir unterliegen, wenn wir meinen, andere motivieren zu können.

Wenn Geschwister streiten

Kommen wir zurück zu den Kindern. Schon Vorschulkinder haben ein gutes Gespür dafür, ob wir das, was wir Erwachsene sagen, auch so meinen. Sie können die Perspektive anderer übernehmen und mitfühlen. Im Schulalter entwickeln sie die Fähigkeit, über sich selbst zu reflektieren und differenzierte Bewertungen vorzunehmen. Sie werden dadurch auch sozial kompetenter. Kinder, die ein gutes Selbstwertgefühl haben, helfen auch gern anderen, und das wiederum bestärkt sie in ihrem Selbst. Kindern im mittleren Schulalter ist ihre Gruppe sehr wichtig, sie identifizieren sich mit ihr. In der Gruppe erwerben und erproben sie prosoziales Verhalten, Empathie und Rücksichtnahme. Sie probieren natürlich auch antisoziales Verhalten, ihre Macht und ihr Durchsetzungsvermögen aus.

Ein fast allen Eltern bekanntes Beispiel dafür, dass das Mitreden, Entscheiden und Sich-Behaupten in der Kindheit geübt wird, sind die Konflikte unter Geschwistern. »Müsst ihr euch denn immer streiten?« – wer kennt diesen Satz von Eltern mit mehreren Kindern nicht. Warum aber streiten Geschwister? Zum einen rivalisieren Kinder einer Familie um die elterliche Liebe und streiten um die Aufmerksamkeit der Eltern, um Privilegien und Besitz. Zum anderen wollen sie ihr eigenes Terrain abstecken, das des anderen erobern und Überlegenheit demonstrieren. Und ihr Denken, Fühlen und

Handeln ist darauf angelegt, Teilhabe und Kooperation einzuüben. Das können sie am besten im geschützten Raum der Familie tun. Später in der Jugendzeit erproben sie ihre Kräfte im Argumentieren und Sich-Behaupten mit den Eltern. Auch das kann man am besten lernen in einem Raum, wo man sich sicher und ungefährdet in solch heikle Situationen begeben kann.

Wenn Kinder von klein auf Respekt erfahren und in die Entscheidungen ihrer Lebenswelt (Familie, Kindergarten, Schule) einbezogen werden, dann werden sie auch Achtung vor anderen haben und Verantwortung für die Gemeinschaft übernehmen. Eines der interessantesten Ergebnisse der World-Vision-Studie war, dass Kinder tatsächlich gefordert werden möchten.[185] In der Schule werden sie jedoch häufig gezwungen, sich unkooperativ zu verhalten. »Du darfst nicht abschreiben«, »Vorsagen verboten« und viele solcher unseligen Ge- und Verbote kennen wir Erwachsenen noch aus unserer Schulzeit recht gut und sie sind immer noch aktuell. Denn sie sind – wir haben es schon mehrfach angesprochen – Ausdruck des selektierenden Schulsystems und der auf Wettbewerb und Konkurrenz basierenden Lernkultur. An diesem System hat sich bisher nicht viel geändert und damit auch nicht an der Schulkultur. Die heranwachsende Generation soll für die bestehende Gesellschaft ausgebildet und erzogen werden, um diese und das sie beherrschende Wirtschaftssystem auch zukünftig zu erhalten, zu festigen und zu verbessern. Diejenigen, von denen man annimmt, dass sie das am besten können, werden von den anderen getrennt und auf der höheren Schule auf die verantwortungsvollen und entscheidungstragenden Positionen vorbereitet. Nicht jedes Kind wird also für die Teilnahme an sozial anerkannten Entscheidungen für gut genug befunden.

Partizipation bedeutet die Teilnahme an sozial anerkannten Entscheidungen. Was sind sozial anerkannte Entscheidungen? Antonovsky erläutert, wie die Arbeit einer Hausfrau eben gerade nicht sozial anerkannt ist.[186] Obwohl diese Arbeit für die soziale Gemeinschaft von unersetzlichem Wert ist, erhält sie in vielen Gesellschaften wenig Anerkennung. Deutschland ist ein Beispiel dafür, wie die Hausfrau einerseits in einer familienzentrierten Gesellschaft sehr gebraucht wird, andererseits aber wenig soziale Anerkennung für ihre Tätigkeit erhält. Sie wird deshalb so gebraucht, weil der Familie zwar ein hoher Wert zugeordnet, sie aber vom Staat wenig unterstützt wird. Das betrifft sowohl die strukturellen und ökonomischen Voraussetzungen als auch die bildungs- und berufspolitischen Angebote. Wenn es für Kleinkinder nicht ausreichend Kinderkrippen und Kindergärten gibt, dann bleibt den Müttern allein wegen der ungleichen Macht- und Statusverteilung in der Gesellschaft kein anderer Weg, als Hausfrau zu werden. Im Unterschied zu den skandinavischen Ländern muss ca. die Hälfte aller Frauen in (West-)Deutschland deshalb ihre Berufstätigkeit für mehrere Jahre unterbrechen, was für ihre Berufskarriere einen Abbruch oder zumindest eine längere Verzögerung der beruflichen Aufstiegschancen und damit Benachteiligung gegenüber den Männern bedeutet. Denn der Frau fehlt während dieser Jahre die Möglichkeit zur Weiterbildung und zum beruflichen Austausch. Außerdem ist sie von der Teilhabe an kulturellen Angeboten weitgehend ausgeschlossen, insbesondere dann, wenn sie zu der unteren Herkunftsschicht gehört oder gar einen Migrationshintergrund hat und keine private Betreuung der Kinder finanzieren kann.

Zusammengefasst kann die Frage, was sozial anerkannte Tätigkeiten sind, nicht eindeutig beantwortet werden. In Abhängigkeit von gesellschaftlichen Werten wird bestimmt, welche Tätigkeiten soziale Anerkennung erfahren. Darum gibt es Tätigkeiten, die zwar für das Fortbestehen der Gesellschaft sehr wichtig sind (Beispiel Hausfrau), aber trotzdem sozial wenig Anerkennung finden. So erlebt die berufstätige Mutter eine Doppelbelastung, weil sie wenig sozialstaatliche Unterstützung erhält und außerdem von der sozialen Anerkennung in der patriarchalisch organisierten Gesellschaft ausgeschlossen ist.

Ist das, was Kinder in der Schule tun, sozial anerkannte Tätigkeit? Die Ausführungen zur Hausfrauentätigkeit treffen unserer Meinung nach im weiteren Sinne auch auf die Schülertätigkeit zu.

Mit der Peitsche lernen

Wenn Kinder immer lernen und ihr Gehirn besonders auf Neues aus ist, dann entsteht die Frage, wie es uns eigentlich gelingt, dass sie in der Schule schon während der ersten Schuljahre die Freude am Lernen verlieren und das Gefühl der Teilhabe nicht oder nur ansatzweise erleben können.

Versuchen wir einmal, diese Frage durch die Beschreibung und Diskussion des heutigen deutschen Schulsystems zu beantworten:

- *Leistungszwang in der Schule und frühe Selektion entmutigen, frustrieren und traumatisieren Schüler und Schülerinnen.* Die schulische Ausbildung gilt heute als »zentrales Instrument der Lebensplanung«[187]. Bereits die Grundschule bedeutet für Kinder weniger Freude als notwendige Pflicht, hohe Belastung und häufig angstbesetztes Lernen. Schulische Inhalte bestimmen den gesamten Tagesablauf, teilweise auch die Wochenenden und die Schulferien. Kinder haben wenig Freizeit, gemeinsames Spielen ist selten geworden. Das verschärft vor allem die Situation von Kindern benachteiligter Familien.

  Weshalb hat sich denn nur in unseren Köpfen der Gedanke festgesetzt, dass Menschen nur mit Zuckerbrot und Peitsche zu erziehen seien? Selbst Menschen in verantwortungsvollen Positionen scheinen immer noch daran zu glauben und danach zu handeln. Auf diese Weise werden die kreativen Möglichkeiten ganzer Generationen verspielt.

- *Schule erzeugt Stress und in der Folge häufig Angst.* Paulus bezeichnet die Schule als »Risikofaktor für die Gesundheit der in ihr Lernenden«[188]. Sie sei aber auch jene Institution, die sich zukünftig viel »grundsätzlicher mit der veränderten gesundheitlichen Situation ihrer Schülerinnen und Schüler auseinandersetzen«[189] müsse. Darauf ist die Schule aber bisher nicht ausreichend vorbereitet, denn es ist sicherlich nicht zu übersehen, dass immer mehr Schülerinnen und Schüler unter Schulstress leiden und dass Stresssymptome bereits im Grundschulalter auftreten. Die Belastungen ergeben sich unter anderem aus den häufig sehr unterschiedlichen Voraussetzungen der Kinder einer Schulklasse zur Bewältigung der jeweiligen Anforderungen, so dass der Druck auch aus der Konkurrenz der Kinder untereinander entsteht. Das erzeugt viel Stress, der, wenn er zur dauerhaften Belastung wird, Traumatisierungen hervorrufen kann.

- *Das Interaktions- und Kommunikationsgeschehen in der Schulklasse ist auf schulische Inhalte eingeengt.* Die Lehrer und Lehrerinnen kennen nur einen Ausschnitt der Persönlichkeit der Kinder, und zwar jenen, der ihren Erfolg oder Misserfolg bestimmt. Deshalb wird er überbewertet und nicht selten das Kind insgesamt nur auf der Grundlage seiner intellektuellen Fähigkeiten beurteilt. Dass die Erwartungshaltung der Lehrkraft die weitere Entwicklung des Kindes beeinflusst, ist spätestens seit den Untersuchungen von Rosenthal und Jacobson[190] zum so genannten »Pygmalioneffekt«[191] bekannt. Für jene Kinder, die nicht zu den Erfolgreichen gehören, bedeuten diese Zusammenhänge, dass sie ihre Stärken, die vielleicht in ganz anderen Bereichen liegen, nicht einbringen können und sich zunehmend als Versager erleben.

Was Bauer[192] mit dem Lernen am Modell als Basis für die zwischenmenschliche Beziehung zum Erwerb sozialer Kompetenzen einfordert, ist ja nicht erst seit gestern bekannt. Es geht nicht um fehlende Bildungsstandards, sondern um die Beziehungsgestaltung: »Da Lehrer bzw. Lehrerinnen nie ausschließlich als Stoffvermittler agieren können, sondern immer als ganze Person in Erscheinung treten, wird klar, dass effizientes Lehren und Lernen in der Schule nur im Rahmen einer gelungenen Gestaltung der Beziehung zwischen Lehrern und Schülern möglich ist. [...] Wirkliches und gesichertes Wissen, aber auch Motivation entstehen erst durch das handelnde oder fühlende Ausprobieren des Gelernten.«[193] Wir fügen hinzu, dass dies nur in einer tragenden und wertschätzenden Beziehung gelingen kann.

Warum ist das so und warum geht das eben nicht mit der Peitsche? Wir lernen nicht nur in der Schule und in der Ausbildung für unseren späteren Beruf, sondern wir lernen unser Leben lang. Was so anstrengend daran ist, ist die Tatsache, dass Lernen Veränderung bewirkt. Veränderungen jedoch lösen zunächst Unsicherheit, eventuell auch Ängste aus. Unser Bestreben nach Sicherheit und Orientierung wird eher erfüllt, wenn wir in gewohnten Strukturen denken, fühlen und handeln können. Eine tragfähige Beziehung halten wir daher für entscheidend, um sich stressfrei Neuem zuwenden zu können und Sicherheit auch in Lernsituationen zu erreichen. Das deutsche Schulsystem zeichnet sich auch dadurch aus, dass es die Gesundheit gefährdet, denn:

– *Die institutionellen Rahmenbedingungen sind eher gesundheitsschädigend als gesundheitsförderlich. Das betrifft alle in der Schule Tätigen, also auch die Lehrkräfte.* Nicht von ungefähr gehören Lehrer und Lehrerinnen zu den Berufstätigen, die am häufigsten wegen psychischer Störungen arbeitsunfähig sind. Bei ihnen werden Ängste, Depressionen und neurotisch-funktionelle Störungen sowie Burnout-Symptome deutlich häufiger als bei anderen Berufsgruppen diagnostiziert.[194] Außerdem gibt es im Lehrberuf eine hohe Rate an gesundheitlich bedingten Frühpensionierungen[195], 20 Prozent der Lehrkräfte leiden an stressbedingten Gesundheitsstörungen.[196]

Neben Persönlichkeitsmerkmalen der Lehrenden selbst sind folgende im System Schule liegende Belastungsfaktoren maßgeblich daran beteiligt:

– *Der Lehrberuf genießt wenig Ansehen*, was die Identifizierung mit dem eigenen Beruf erschwert. Es gibt kaum Aufstiegsmöglichkeiten, trotzdem aber ständigen Innovationsdruck.
– *Es mangelt an Kooperation und Isolation innerhalb des Lehrkörpers*, keine gemeinsame Schulphilosophie und wenig fachlicher Austausch erschweren auch die Identifizierung mit dem Arbeitsplatz, der eigenen Schule. Die hohe Verantwortung, aber fehlende Unterstützung durch die Schulleitung und zusätzliche Konflikte im Kollegium erzeugen Stress und machen krank. Die Rollenansprüche sind widersprüchlich und diffus.
– *Zeitprobleme* haben Lehrer und Lehrerinnen im Unterricht wegen vermeintlich fehlender Motivation und Desinteresse bei Schülern und Schülerinnen, wegen des Zwangs zur Leistungsbeurteilung, wegen der Vielfalt administrativer und bürokratischer Aufgaben, wegen der Stofffülle und dem Leistungsdruck.
– *Die Schulorganisation stellt hohe Anforderungen.* Zu diesen gehören: große Klassen und heterogene Zusammensetzung der Lerngruppe, Lärmbelästigung und Sprechbelastung, Entscheidungsverantwortung für Schulwegempfehlung trotz geringer diagnostischer Kompetenzen.

Viele dieser Belastungsfaktoren, denen Lehrkräfte ausgesetzt sind, treffen auch auf die Schüler und Schülerinnen zu. Diese haben der Spannung, die zum Beispiel durch den Leistungsdruck und durch ausgebrannte Lehrer erzeugt wird, noch weniger entgegenzusetzen als die Erwachsenen.

Was Lehrkräfte schon lange wissen und was sie krank macht, ist letztendlich ihre eigene und selbst berichtete Angst vor den großen Belastungen, die am Ende zu chronischem Stress und Burnout führen können. Dabei ist es nicht einmal der befürchtete Stress im Zusammenhang mit den hohen Anforderungen, der zur Krankheit führt, sondern es gibt einen unmittelbaren Bezug zur menschlichen Bedürfnisbefriedigung, die sich bei lang anhaltendem Mangel negativ auf die Gesundheit auswirkt. In diesem Zusammenhang hat die Angst einen entscheidenden Anteil, denn alle Menschen entwickeln natürlich Angst, wenn grundlegende Bedürfnisse wie zum Beispiel die »nach Orientierung, Sicherheit und Kontrolle«, nach »Bindung und Liebe« wie auch nach »Achtung und Wertschätzung«[197] nachhaltig frustriert werden.

Weitere Belastungsfaktoren sind:

– *Die Lehrplaninhalte und die didaktische Umsetzung sind wenig motivierend.* Die PISA-Studien haben das noch einmal deutlich gemacht, was seit langem beklagt wird. Was und wie wird eigentlich gelernt und was wäre notwendig? Was sollten Heranwachsende in der Schule lernen? Was braucht die Gesellschaft, was die veränderte Arbeitswelt? Von Schuljahr zu Schuljahr wird den Lernenden in Haupt- und Realschulen klarer, dass sie auf dem Arbeitsmarkt wenige Chancen haben. Die Diskrepanz zwischen zunehmendem Leistungsdruck und der Sinnlosigkeit der Anstrengungen ist auch für Schüler und Schülerinnen erkennbar. Lehrende und Lernende tun etwas, was keinem Spaß macht, was beiden aussichtslos erscheint. Experimentierfreude, Neugierde auf Neues, Freude über Erfolge, Solidarität mit den anderen – das alles sind Lernvoraussetzungen, die selten in unseren Schulen zu finden sind.

– *Eltern üben häufig in guter Absicht zusätzlichen Druck auf ihre Kinder aus.* Eltern wollen das Beste für ihr Kind. Dazu zählt für sie vor allem ein guter Schulabschluss. Sie wissen um die schwierige Lage auf dem Arbeitsmarkt und bangen daher um die berufliche Zukunft ihres Kindes. So erwarten sie von ihrem Kind gute Schulleistungen und sind dabei nicht selten überfordert, da sie die individuellen Besonderheiten ihres Kindes nicht nach diagnostischen Maßstäben einschätzen können. Deshalb verstärken sie häufig unbewusst den schulischen Leistungsdruck, indem sie sich als Hilfslehrer engagieren. Damit unterstützen sie ungewollt das auf Konkurrenz und Leistungsdruck ausgerichtete Schulsystem. So zählen Kinder das Anfertigen von Hausaufgaben zu den ungeliebten Tätigkeiten, die sie am Nachmittag ausführen müssen.

Fassen wir zusammen: Partizipation in der Schule setzt voraus, dass Schule demokratisch organisiert ist. Kann sie das unter den gegenwärtigen Bedingungen? Es könnte funktionieren, wenn eine autonome Schule ihre Beziehungsstrukturen so organisiert, dass sie zumindest in ihrer Einrichtung die Teilhabe der Schüler und Schülerinnen an den Entscheidungen ermöglicht. Das setzt die Veränderung der hierarchischen Strukturen voraus, wie es einzelne Schulen bereits praktizieren.[198]

Wenn sich Träume erfüllen

Im Sinne von Antonovsky geht es bei der Entwicklung von Bedeutsamkeit – ganz besonders im Jugendalter – um die Festigung des Kohärenzerlebens, also darum, in der zwischenmenschlichen Beziehung eine Basis der wechselseitigen Aufmerksamkeit füreinander zu schaffen und ein Miteinander bereitzustellen, in dem gemeinsames Handeln in einer zugewandten Atmosphäre der Teilhabe am Geschehen ermöglicht wird. Bauer[199] formuliert, dass unsere Ziele, die wir im Rahmen unseres Alltags verfolgen, aus neurobiologischer Sicht ihren tiefen und uns meist unbewussten Sinn dadurch erlangen, dass wir damit letztendlich auf zwischenmenschliche Beziehungen ausgerichtet sind. Aus der Teilhabe der am gesellschaftlichen Leben beteiligten Jugendlichen, die einbezogen werden und mitwirken wollen, werden kooperative Strategien für ein kreatives und sinnstiftend gestaltetes Miteinander geschaffen, suchen wir doch nach Zugehörigkeit und Verbundenheit: »Der Mensch wird Mensch durch den Mitmenschen [...], denn er ist wesensmäßig *Koexistierender*. Er entwickelt seine kommunikativen Fähigkeiten in stimmigen Interaktionen von Babyzeiten an [...], in fördernden, stützenden sozialen Netzwerken [...], und er wird krank in misslingenden Beziehungen und Beziehungserfahrungen und zerrissenen sozialen Netzwerken.«[200] Auf dem Weg in das Erwachsenenleben brauchen Jugendliche starke und zugleich klare Eltern sowie Lehrerinnen und Lehrer, Ausbilder und Ausbilderinnen, die mit ihnen gemeinsam die anstehenden Entwicklungsaufgaben und die sich aus ihnen ergebenden Konflikte durchzustehen bereit sind. Dabei geht es nicht allein darum, Wissen zu vermitteln, sondern darum, Fragen zu beantworten, die die Grundlage für eine Lebensperspektive ausbilden helfen. Im Wechselspiel zwischen Unabhängigkeits- und Abhängigkeitsbedürfnissen wollen Jugendliche einerseits ihre gerade gefundene Selbständigkeit leben, andererseits suchen und spüren sie noch die Sicherheiten im Schoß der Familie. Dieser Konflikt nimmt starken Einfluss auf das seelische Gleichgewicht eines Jugendlichen und stört dabei häufig die Stabilisierung des Selbstwerterlebens. In dieser Entwicklungsphase finden sich daher oftmals Probleme, die – wie bereits an anderer Stelle dargestellt – in vielfältigen psychischen Störungen ihren Niederschlag finden. Die Eltern und ihre Kinder verfallen in dieser Zeit nicht selten über diese Ereignisse in eine Sprachlosigkeit, weil die Auseinandersetzungen Kränkungen hervorrufen und Wunden schlagen. Doch gerade in dieser verletzlichen Zeit ist für beide Seiten die wechselseitige Anteilnahme und Teilhabe am Geschehen des anderen von besonderer Bedeutung. Wenn das Aufbegehren als Ausdruck des Entwicklungsgeschehens verstanden werden kann, dann kann auch das Band der Verständigung aufrechterhalten werden, selbst wenn Grenzsetzungen erforderlich sind. Denn Grenzen markieren einen wichtigen Schlusspunkt, nämlich den, dass auch für Eltern und andere wichtige Bezugspersonen Kränkungen nur solange ausgehalten werden können, wie sie kein Leid verursachen. Sonst besteht die Gefahr, dass Liebe in Ablehnung umschlägt.

Wir wollen an dieser Stelle noch einmal zur Bindungstheorie von Bowlby zurückkehren, wonach angenommen werden kann, dass Gefühle von Zuneigung und Sicherheit selbst im Erwachsenenalter aus einer sicheren Bindung in der frühen Kindheit erwachsen. Diese Annahme steht mit der aktuellen Forschungslage in Einklang und so schreiben Grossmann und Grossmann: »Die Entwicklung psychischer Sicherheit ist die Voraussetzung für selbstbestimmte Anpassung an komplexe Partnerschaften und für berufliche Planungen im Wechselspiel von feinfühliger Unterstützung nach Nähe und der kulturellen Notwendigkeit von Wissen.«[201] So wirkt sich die Art

und Weise des Umgangs der Eltern mit ihrem Kind auf seine spä-
tere Bindungsbereitschaft, auf sein Selbstwerterleben und auf sein
eigenes Sozialverhalten, ja sogar auf sein intellektuelles Vermögen
aus. Die Sicherheiten, für die früh der Grundstein gelegt wurde,
können sich nun ganz besonders im Jugendalter bewähren. Gerade
in dieser Phase der Persönlichkeitsentwicklung geht es in der Teilhabe an den gesellschaftlichen Möglichkeiten auch um die Erprobung traditioneller Vorstellungen von Treue und Verantwortung,
die auch heute für Jugendliche noch eine hohe Bedeutung haben.
Die 15. Shell-Jugendstudie stellt hierzu fest: »Die Ergebnisse bieten
wenig Grund, eine vermeintlich nachlassende Familienorientierung
der jungen Generation festzustellen und dies zum Ausgangspunkt
von Befürchtungen um die Zukunft der Familie zu machen.«[202]

Noch einmal zeigt sich gerade in diesem Altersabschnitt, inwieweit
schon in der Jugend ermöglichte Teilhabechancen den Boden für
eine sichere Zukunft bereiten helfen. In der Geschichte der Vereinigten Staaten hat sich das auf der Grundlage der demokratischen Prinzipien der Chancengleichheit in den verschiedenen Etappen auch
gezeigt. Während die Unabhängigkeitserklärung 1776 die Gleichheit aller Menschen verkündete, ignorierte die Verfassung von 1789
stillschweigend die Sklaverei. Hat sich heute endlich für die Schwarzen und für die Jugend der Traum erfüllt, von dem ein junger Pastor
namens Martin Luther King im Jahre 1963 zu erzählen wusste? Vor
dem Lincoln-Denkmal in Washington prophezeite er, dass seine vier
kleinen Kinder eines Tages in einer Nation leben werden, in der sie
nicht mehr nach ihrer Hautfarbe, sondern nach ihrem Charakter
beurteilt werden. Doch noch Mitte des vergangenen Jahrhunderts
setzten die Präsidenten Dwight D. Eisenhower und John F. Ken-
nedy das Militär gegen die Gouverneure der Staaten Arkansas und
Mississippi ein, um den schwarzen Studenten den Zutritt zur High-
school in Little Rock und zur Universität in Oxford zu ermöglichen.
Im selben Jahr musste auch gerichtlich darüber entschieden werden,
dass getrennte Schulen für Schwarze und Weiße nicht mehr zulässig
sein sollten.

Ist Barack Obama bereits heute zu einer Symbolfigur geworden?
Er vermochte bisher besonders den jungen Menschen Hoffnung zu
machen und ihnen Vertrauen darauf zu vermitteln, dass das Land
wieder einen Weg zu den alten Tugenden, zu Verantwortung und

bürgerlichen Pflichten auf der Basis tragfähiger Traditionen finden kann. Nach den acht dunklen Jahren der Bush-Präsidentschaft hat er sich hierfür viel vorgenommen. Neben vielen anderen Aufgaben will er vor allem der Bildung mehr Aufmerksamkeit widmen. Zur Verbesserung der Schulausbildung für alle Kinder sollen Schüler wieder mehr für Technik und Mathematik begeistert werden, um auch mehr studentische Abschlüsse in den Naturwissenschaften zu erreichen. Die Lehrerausbildung soll erneuert werden, es soll insgesamt für mehr Lehrer und Lehrerinnen der Beruf attraktiver werden, so dass die besten Talente ihn anstreben, und schließlich sollen die Forschungseinrichtungen finanziell besser ausgestattet werden.

Bevor wir uns nun von Pettersson und Findus, dem kleinen Tiger und dem Bär verabschieden, wollen wir die Fiedelgrille noch einmal aufspielen lassen und das solidarische Miteinander – getragen von Teilhabe und Zugehörigkeit – nachempfinden.

Zu Anfang erfreuen sich alle Tiere mit der Fiedelgrille auf der Wiese beim Tanz an ihrem schönen Spiel auf der Fiedel. Doch als der Winter kommt, wird es bitterkalt und die gemeinsame Freude weicht dem eisigen Frost. »Schon gar nicht kostenlos« schickt der Hirschkäfer die Fiedelgrille wieder in die Kälte. Selbst die kleine Maus will die Fiedelgrille nicht an ihrem Wohnkomfort und den vielen Vorräten teilhaben lassen. Zum Glück findet sie den blinden Maulwurf, der sich über ihre Ankunft sehr freut. So teilen sie am Ende gemeinsam den warmen Ofen, Krautsuppe, süße Erbsen und lesen zusammen bei Blaubeerwein die Waldzeitung. Das Wichtigste aber hätten wir beinahe vergessen: Die Fiedelgrille vermochte den Maulwurf mit ihrem Grillenkonzert so sehr zu beglücken, dass sie sich zum Ausklang unter der warmen Bettdecke genüsslich aneinanderschmiegten.

Kapitel 6:
Was wir hier und jetzt tun können

Nicht weil die Dinge schwer sind, wagen wir es nicht, sie zu tun.
Sondern weil wir sie nicht wagen, sind die Dinge schwer.

Nossrat Peseschkian

Wir haben herausgearbeitet, wie Gesundheit entsteht und welche Voraussetzungen notwendig sind, damit in der Kindheit und Jugend die notwendigen Kompetenzen entwickelt und gefördert werden können. Bei unseren Erörterungen haben wir uns an den Fragen orientiert, die Antonovsky gestellt hat. Wir haben also gefragt: Was hilft der Person, sich auf dem Gesundheits-Krankheits-Kontinuum in Richtung Gesundheitspol zu bewegen? Welche Ressourcen brauchen Menschen, um für die Risiken des Lebens gewappnet zu sein? In der Beantwortung dieser Fragen haben wir uns auf die personalen Ressourcen *Selbstwert- und Zugehörigkeitsgefühl* konzentriert, und wir haben das Kohärenzgefühl, das Antonovsky als eine dem Leben Orientierung und Sinn gebende Grundhaltung des Menschen herausgearbeitet hat, vorgestellt. In unserem Buch geht es uns vorrangig um die Heranwachsenden und deshalb vor allem um die Frage, unter welchen Bedingungen sich diese Voraussetzungen für die Gesundheit in Kindheit und Jugend entwickeln können.

In unserem letzten Kapitel wollen wir nun einige praktische Konsequenzen für pädagogisches Handeln bei der Erziehung der heranwachsenden Generation diskutieren. Alle, die mit Kindern und jungen Menschen zu tun haben, tragen auch Verantwortung bei der Beantwortung der Frage: Wie kinderfreundlich ist unsere Gesellschaft, wie kinderfreundlich und gesundheitsförderlich sind unsere Bildungseinrichtungen, wie entwicklungsförderlich sind wir als Eltern? Was ist zu tun, um unseren Kindern gerecht zu werden?

Beginnen wir mit der Familie. Denn sie ist die erste und intimste Lebensumwelt des Kindes.

Was die Familie tun kann

Das Kind wird in seine Familie hineingeboren, und es kann sich seine ersten und wichtigsten Bezugspartner nicht aussuchen. Auch Eltern können sich (noch) nicht ihr Kind aussuchen. Glücklicherweise ist der Mensch aber – wie in diesem Buch schon mehrfach erläutert – ein soziales Wesen und bringt bei seiner Geburt alle Voraussetzungen mit, um in Kontakt mit seinen Pflegepersonen treten zu können. Das ist unter anderem daran zu erkennen, dass Säuglinge das menschliche Gesicht vor allen anderen visuellen Mustern bevorzugen, auf sprachliche Laute anders als auf nichtsoziale Laute reagieren, lieber mit anderen zusammen sind als allein und sich flexibel verhalten können, um die Aufmerksamkeit der Eltern zu erreichen, dass sie soziale Antworten von ihren Bezugspersonen erwarten und dass sie Hautkontakt lieben. Auch Eltern verhalten sich normalerweise intuitiv so, dass sie den Bedürfnissen des Kindes gerecht werden können. Aufgrund ihrer positiven emotionalen Zuwendung und ihrer Sensibilität für das Kind prüfen und regulieren sie den Wachheits- und Erregungszustandes des Kindes, reagieren sie mit Blickkontakt auf die Signale des Kindes, beachten sie die Emotionslage des Kindes, bieten sie im Dialog spiegelnde Signale an, bemühen sie sich um eine kindgerechte Sprechweise (die so genannte »Ammensprache«) und ermutigen sie ihr Kind, Neues zu entdecken und zu erproben.[203]

Trotz dieser günstigen Voraussetzungen scheint es nicht so einfach für Eltern zu sein, alles »richtig zu machen«. Das möchten sie aber gern, weil sie ihr Kind lieben und das Beste für seine Zukunft wollen. Die Vielzahl von Elternratgebern, die in Buchläden liegen und auch häufig gekauft werden, machen auf die große Unsicherheit bzw. Verunsicherung der Eltern in Bezug auf Erziehungsfragen aufmerksam.

Nun wollen wir mit unserem Buch keinen weiteren Erziehungsratgeber schreiben, sondern lediglich das, was wir in den vorangegangenen Kapiteln diskutiert haben, mit ein paar praktischen Konsequenzen untermauern. Diese betreffen natürlich nicht nur Sie als Eltern, sondern auch alle anderen Personen, die für das Gedeihen der Kinder Verantwortung tragen. Doch zuerst wollen wir ein paar Denkanstöße für Eltern geben.

Das Kind verstehen

Wir haben in den Kapiteln 2 und 3 herausgearbeitet, dass es zu den Grundbedürfnissen des Kindes gehört, sich zu einer Gruppe zugehörig zu fühlen, und dass es nur durch seine Erfahrungen in dieser Gruppe sein Ich entwickeln kann. Von klein auf ist das Kind bemüht, in seiner Familie, dieser primären Bezugsgruppe, seinen Platz zu finden. Es möchte seine Rolle in der Familie erkunden und festigen, es braucht Anerkennung und Zuneigung. Kinder können sehr einfallsreich sein, um dieses Ziel zu erreichen. Je weniger ihr Bedürfnis nach Zugehörigkeit erfüllt wird, desto größer wird ihre Aktivität in Richtung auf dieses Ziel hin, und desto mehr Ideen entwickeln sie bei der Wahl der Mittel.

Machen Sie sich das einmal am Beispiel des Bedürfnisses nach Nahrung klar:

Sie haben Hunger, aber nicht allzu großen, eben so ganz normal. Sie gehen in eine Gaststätte und wählen sich wahrscheinlich ihre Lieblingsspeise aus. Wenn Sie aber schon längere Zeit nichts zu essen bekommen haben, dann sind Sie schon weniger wählerisch, manchmal reicht dann auch ein trockenes Brötchen. Müssten Sie aber richtig Hunger leiden – wie es ja leider so vielen Menschen auf unserer Erde geht –, dann wären Sie mit allem zufrieden, wenn Sie nur ihren Hunger stillen können. Auch die Aktivitäten, die Sie in Gang setzen, um an Nahrung heranzukommen, hängen von der Diskrepanz zwischen Bedürfnis und dessen Befriedigung ab. Viele Iren sind bei der Großen Hungersnot (engl. Great Famine oder Irish Potato Famine) zwischen 1845 und 1849, die die Folge mehrerer Kartoffel-Missernten war und das damalige Hauptnahrungsmittel der armen Bevölkerung Irlands vernichtete, bis nach Amerika »gegangen«, um dem Hunger zu entgehen. Welchen Unterschied macht es eigentlich für Sie, ob Sie beim Einkaufen im Supermarkt mehr oder weniger hungrig sind? Den Unterschied sehen Sie sicherlich in Ihrem Einkaufskorb!

Nun übertragen wir das auf das Bedürfnis nach Zugehörigkeit:

Maja wollte so gerne Freundinnen haben. Aber die Mädchen in ihrer Klasse wollten nicht mit ihr spielen, sie wurde auch oft ausgelacht oder gehänselt. Sie hatte schon vieles versucht, zum Beispiel Geschichten erzählt, die nicht stimmten. Als es herauskam, wurde es noch schlimmer.

Sie hatte im Unterricht gestört und solchen Quatsch gemacht, dass alle über sie lachten. Aber auch das führte nicht dazu, dass sie dazu gehörte. Sie hatte bei Mutproben immer als Erste etwas gewagt, aber wenn es schiefging, sind alle weggelaufen und sie musste allein für den Schaden einstehen. Eines Tages verfiel sie auf die Idee, Geschenke mitzunehmen. Dazu stahl sie ihrer Mutter kleinere Geldbeträge. Das kam ganz gut an, zumindest stand sie für einige Zeit im Zentrum der Aufmerksamkeit. Schließlich nahm sie eine goldene Halskette ihrer Mutter, um sie in der Schule zu verschenken. Die Mutter aber bemerkte das, fand die Halskette in der Schultasche, war total enttäuscht und verärgert und ging mit ihrer Tochter in die Schule. Dort warnte sie die anderen Kinder vor Maja, denn sie würde stehlen. Daraufhin fühlte sich Maja auch von ihrer Mutter verraten und hatte auch diese Zugehörigkeit verloren.

Auch bei diesem Beispiel wird deutlich, dass Kinder immer und mit den unterschiedlichsten Mitteln versuchen, ihre Grundbedürfnisse zu erfüllen. Und das sind eben nicht nur die Bedürfnisse nach Nahrung, nach Wärme und nach Ruhe. Es sind auch die sozialen und emotionalen Bedürfnisse.

Beobachten Sie Ihr Kind deshalb gut. Wenn Sie Veränderungen des Verhaltens bemerken, hat es wenig Zweck, das Kind zur Rede zu stellen und von ihm erfahren zu wollen, warum es sich so oder so verhält. Hier hilft nur gründliches Hinschauen und Hinhören. Seien Sie sich einfach sicher, dass Ihr Kind Ihnen nicht mit Absicht Ärger bereiten will, dass es aber mit seinen geringen Erfahrungen einfach keine andere Möglichkeit sieht, aus dem Teufelskreis herauszukommen. In solchen Situationen braucht es Ihr Verständnis in besonderer Weise.

Niemand kennt Ihr Kind besser als Sie! Trotzdem: Es ist ein eigenständiges und einmaliges Wesen. Ihre Tochter ist sicherlich ganz anders als Ihr Sohn oder als die anderen Kinder. Es gibt nicht zwei Menschen, die identisch sind. Jeder ist etwas Besonderes. Ja, und manchmal ist es auch nicht so leicht, die Menschen, die uns am nächsten sind, zu verstehen. Sich darum zu bemühen, ist aber der erste Schritt. Und sicherlich kann es auch Freude bereiten, sich wie ein Forscher auf die Entdeckung der Seele des eigenen Kindes zu begeben. Je besser Ihnen das gelingt, desto erfolgreicher werden Sie sich auch als Mutter oder Vater fühlen. Da das Pflegen, Betreuen und Erziehen von Kindern eine sehr komplexe und verantwortungsvolle

Aufgabe ist, stärkt es auch das Selbstwertgefühl der Eltern, wenn sie diese Aufgabe gut meistern können.

Das Kind ermutigen

Was heißt das? Warum ist das wichtig? Kinder sind in der Regel risikobereit. Das hängt mit ihrem Lernbedürfnis zusammen. Erinnern Sie sich: Kinder lernen immer, sie können gar nicht anders, als ständig Neues zu erproben. Und sie brauchen die Erfahrung der Belastungsbalance, also die richtige Balance zwischen Herausforderung und Bewältigung, zwischen Können und Nicht-Können, zwischen Erwartung und Ergebnis.

Sicherlich haben Sie oft Angst, Ihrem Kind die nötigen Freiräume zu geben. Es kann ja so viel passieren! Die Welt ist so gefährlich. Den richtigen Mittelweg zu finden – das ist die Kunst des Erziehens. Nehmen wir zum besseren Verständnis ein Beispiel:

Der Vater steht im Hof und hackt Holz. Der kleine fünfjährige Boris kommt dazu, bewundert erst einmal eine Weile seinen Vater und freut sich darüber, wie schnell aus den großen Holzstücken kleine Stücke werden. Und dann kommt das, was fast zu erwarten ist, nämlich die Frage: »Darf ich auch mal hacken?«

Wir sind uns sicherlich darüber einig, dass der Vater dem Jungen nicht das Beil in die Hand geben kann. Die Gefahr, dass er sich verletzt, ist zu groß. Aber wie reagieren?

Überlegen Sie hier eine Weile, bevor Sie antworten. Sie können das auch gern einmal mit Ihren Verwandten und Bekannten diskutieren. Das Ziel soll sein, die Risikobereitschaft des Kindes nicht zu zerstören. Das können wir tun, indem wir altersgemäße Freiräume gewähren und dem Kind damit zeigen, dass wir ihm vertrauen. Gleichzeitig sollten wir aber auch die Fähigkeit stärken, für sich selbst Verantwortung zu übernehmen.

Hier ein Vorschlag, wie der Vater vielleicht reagieren könnte. Aber wir betonen, dass es ein Vorschlag ist. Es gibt keine »Erziehungsrezepte«, schon allein deshalb nicht, weil jedes Kind anders ist. Keine noch so gute »Nanny« hat den für Ihr Problem passenden Rat parat.

Der Vater unterbricht seine Arbeit, legt das Beil beiseite und bringt seine Freude über die Hilfsbereitschaft des Sohnes zum Ausdruck. Er kann auch zeigen, wie ihn die Arbeit ins Schwitzen gebracht hat. Danach könnte er dem Jungen das Beil einmal in die Hand geben, um zu zeigen, wie schwer es ist und dass es diese Werkzeuge leider nur für Erwachsene gibt. »Wir können aber gern gemeinsam einmal Ausschau halten, ob es Beile für Kinder gibt und dann könntest du die kleinen Zweige hacken.« Oder weiter: »Aber weißt du was, du kannst mir beim Holzstapeln helfen. Die Stücke müssen jetzt nämlich noch hinter unserem Haus gestapelt werden. Hast du Lust, mir zu helfen? Das kannst du auch ganz alleine machen, wenn du willst. Ich zeige dir, wo sie hingetragen werden müssen.«

Wenn es sich in unserem Beispiel um das Bedürfnis des zweijährigen Sohnes handeln würde, beim Tischdecken helfen zu wollen, da könnten Sie sicherlich die Gefahr, dass ein Teller dabei zu Bruch geht, aushalten. Denn was ist schon ein zerschlagener Teller gegen die Verhinderung des mutigen Zugreifens, was lebenslange Folgen haben könnte. Während ein Teller wieder neu angeschafft werden kann, verhält es sich bei der Sache mit dem Beil ganz anders: Ein abgehackter Finger ist eben nicht mehr zu ersetzen!

Wichtig ist, dass das Kind, bei dem, was es tut oder tun will, seinen Entdeckergeist behalten kann und die Überzeugung »Ich kann's schaffen« erhalten bleibt.

Das Kind akzeptieren und anerkennen

Je jünger das Kind ist, desto leichter scheint es Eltern zu fallen, die Entwicklungsfortschritte ihres Kindes wahrzunehmen und die Freude darüber dem Kind zu zeigen. Ja, manchmal schauen Sie neidisch auf Nachbars Tochter, die schon so gut sprechen kann, während Ihr Sohn, der gleichaltrig ist, bisher kaum spricht. Aber in diesem Alter fallen Ihnen sofort die Dinge ein, die Ihr Sohn besser kann. Er kann zum Beispiel schon Fahrrad fahren.

Es ist trotzdem nicht zu übersehen, dass es auch Eltern gibt, die schon im frühen Kindesalter ihr Kind zu diesem und jenem Förderangebot bringen: damit es sportlich wird, damit es musikalisch wird, damit es schon früh eine Fremdsprache lernt usw.

Der Markt ist voll solcher Angebote. Und es wird Ihnen eingeredet, dass das alles nötig sei, damit ... Ja, warum eigentlich? Damit Ihr Kind irgendetwas Besonderes wird? Damit es Chancen in der Leistungsgesellschaft haben kann? Damit Sie Ihre geheimen Wünsche endlich in Ihrem Kind erfüllt sehen? Damit Sie stolz sein können?

Bedenken Sie: Jedes Kind entwickelt und verändert sich auf seine Weise. Es braucht nicht nur Ihren Stolz auf seine Leistung, sondern vor allem Ihr Vertrauen in seine Möglichkeiten. Auch kleine Erfolge sind wichtig und sollten bemerkt werden. Die Entwicklung kann sich schnell oder auch langsam vollziehen, immer jedoch gibt es eine Veränderung, etwas Neues. Freuen Sie sich über jede Veränderung, die Sie beobachten. Selbstverständlich haben Sie daran auch einen Anteil, denn Sie sind doch die wichtigsten Bezugspersonen, Sie sind Vorbilder bzw. Modell für das Kind, Sie leben vor, wie Menschen miteinander umgehen und wie sie Konflikte lösen.

Was Ihr Kind am nötigsten braucht, ist Ihre Liebe und Ihr Vertrauen. Wenn es genügend Wärme und Körperberührung erfährt, wenn Sie ihm ausreichend Aufmerksamkeit und Zeit widmen, wenn Sie zuhören und mit ihm spielen, dann haben Sie jene Atmosphäre des Vertrauens geschaffen, in der Ihr Kind die Erfahrungen der Teilhabe machen kann. Sie erinnern sich: Diese Erfahrungen sind notwendig, um die Überzeugung entwickeln zu können, dass die eigenen Bemühungen im Leben bedeutsam sind und dass das eigene Denken, Fühlen und Handeln sinnvoll ist.

Die Familie S. hatte ein schönes Ritual: Jeden Samstagabend setzten sich die Eltern und ihre drei Kinder ins Wohnzimmer und spielten zusammen. Die Vorbereitungen dazu lagen abwechselnd in der Hand eines Familienmitgliedes, so dass jeder innerhalb von fünf Wochen einmal dran war. Da gab es wunderschöne Einfälle, immer aber sah es irgendwie festlich aus auf dem Tisch, manchmal roch es besonders gut. Auch die Musik, die ausgewählt wurde, war oft eine Überraschung, weil der Geschmack sich sehr unterschied. Und das Spannendste waren die Spiele, die vorgeschlagen wurden. Selbstverständlich wurden diese Gelegenheiten auch zu einer Art Familienkonferenz und zur Klärung von Problemen genutzt, manchmal kam es auch zu Ereignissen, die das Leben veränderten. So ergab es sich bei einem dieser Spielabende, dass die Eltern, als sie beide nach einer Zigarette griffen, erstaunt sahen, dass auch der inzwischen vierzehnjährige Sohn sich eine Zigarette nahm. Sie waren total überrascht, aber auch sprachlos. Erst danach konnten sie beide darüber sprechen. Die Vorstellung, dass sie vielleicht schon bald zu fünft rauchend am Tisch sitzen könnten, war so erschreckend, dass sie entschieden, sofort mit dem Rauchen aufzuhören. Und das taten sie auch, und haben es bis heute beibehalten.

Sie wissen sicherlich aus eigener Erfahrung, dass das eigene Vorbild viel besser wirkt als vieles Reden und Predigen oder sogar Verbieten und Bestrafen. Aber genau das ist das Schwierigste: das eigene Verhalten ändern, sich seiner Vorbildrolle bewusst sein und den eigenen Kindern das vorleben, was Sie von ihnen erwarten.

Konsistent, konsequent und beharrlich sein

Für das Gefühl von Sicherheit und Selbstwertgefühl ist das konsistente Verhalten der Eltern eine wichtige Voraussetzung. Nur wenn Kinder genügend Zeit und Raum haben, die Regeln im Verhalten zu erkennen und im Spiel zu imitieren und dadurch zu üben, können sich die entsprechenden Muster auch in ihrem Gehirn herausbilden. Konsistenz ist im Sinne von Beständigkeit zu verstehen und heißt in diesem Zusammenhang: Was heute gilt, gilt auch noch morgen. Also: »Ich habe dich heute lieb und morgen lieb, auch wenn mir nicht gefällt, was du gerade gemacht hast.« Oder: »Ich verlange heute von dir, dass du dir die Zähne putzt, und ich verlange es morgen und übermorgen. Ich habe auch genügend Geduld, es immer wieder mit dir zu üben und zu warten, bis du es geschafft hast.« Konsistenz ist also eng verbunden mit Konsequenz (im Sinne von Bestimmtheit und Standhaftigkeit), aber nicht zu verwechseln mit Disziplin. Denn darunter wird meist Respekt und Achtung vor Autoritäten gemeint, wobei häufig nicht einzusehen ist, worauf dieser Respekt begründet sein soll. Warum zum Beispiel sollte ein Kind vor einem Vater Respekt haben, der selten zu Hause ist, der kaum Zeit für sein Kind hat und der, wenn er sich Zeit nimmt, nur kontrolliert, tadelt und schikaniert? Wahrscheinlich hat es Angst vor den Kontrollen des Vaters, darum wird es sehr darauf bedacht sein, es genauso zu machen, wie der Vater es will. Raum für Kreativität bleibt da wenig, nein, sie verkümmert. Kinder brauchen Bindung und Sicherheit, um sich auf Neues einlassen zu können. Angst ist ein Zeichen von Bindungsunsicherheit. Konsistenz und Konsequenz sind nur sinnvoll, wenn sie mit Bindung, emotionaler Nähe und Empathie verbunden sind.

Erziehung erfordert auch Beharrlichkeit, sollte aber nicht mit Ungeduld verwechselt werden. Zeigen Sie Ihrem Kind, wie es etwas, das es begonnen hat, zu Ende bringen kann. Und gehen Sie auch bei aller Beharrlichkeit auf die Bedürfnisse und Wünsche ein, bleiben Sie also flexibel und locker. Das können Sie natürlich nur, wenn Sie Ihrem Kind vertrauen.

Robert weiß, dass er am Wochenende sein Zimmer aufräumen muss. Wieder einmal ist Samstag. Am Nachmittag wird sein Vater kontrollieren, ob er aufgeräumt hat. Im Moment sieht es noch wüst aus, und er ist gerade mit dem Herunterladen von Musik beschäftigt, wobei Probleme aufgetreten sind. Normalerweise gelingt es ihm, die Schwierigkeiten zu bewältigen und sein Ziel zu erreichen. Aber ihm sitzt die Zeit im Nacken. Schließlich fängt er mit dem Aufräumen an, nebenbei läuft das Download auf seinem PC. Und dann passiert es: Als sein Vater ins Zimmer kommt, sieht er sofort dessen Enttäuschung und Verärgerung. Er will sich entschuldigen und versprechen, dass er es ganz bestimmt erledigen wird. Da aber hat der Vater schon seine Konsequenzen gezogen: »Man kann dir einfach nicht vertrauen. Die Disko heute Abend kannst du vergessen«. Wütend verlässt er das Zimmer.

Urteilen Sie selbst! Wäre ein Gespräch nicht hilfreicher gewesen? Ertappen Sie sich selbst nicht oft genug dabei, wie Sie mehrere Dinge gleichzeitig tun wollen und wie schwierig es ist, die Pflichten in Einklang mit den aktuellen Bedürfnissen zu bringen?

Helfen Sie also bei der Lösung solcher Probleme, unterstützen Sie Ihr Kind bei den Entscheidungen und der Übernahme von Verantwortung. Und nicht vergessen: Bringen sie auch eine anerkennende Bemerkung über die Lippen, wenn das Zimmer aufgeräumt ist, wenn Ihr Kind pünktlich von der Disko nach Hause kommt, wenn der kleine Bruder betreut wurde, wenn es die ganze Woche keinen Streit mit der Schwester gab usw.

Das Kind achten

Kinder sind heranwachsende Persönlichkeiten und haben ein Recht auf die Achtung ihrer Integrität und Würde, auf Schutz und Fürsorge sowie Meinungsäußerung.[204] Wie zeigen Sie Ihrem Kind, dass Sie seine Wünsche, seine Meinung und seine Leistungen achten? Wenn Sie sich die Zeit nehmen, Ihrem Kind zuzuhören und es nicht schon nach dem ersten Satz unterbrechen – dann ist das schon ein Zeichen dafür, dass Sie dies tun.

Kinder, vor allem Vorschulkinder, leben in der Gegenwart. Wenn Sie ihr Kind beobachten, zum Beispiel beim Spielen oder beim Umgang mit anderen Kindern, dann werden Sie bemerken, wie vertieft es in das Spiel ist, wie ernst es das nimmt, was andere Kinder tun und sagen, und auf welche Weise Ihr Kind Enttäuschung, Schmerz und Misserfolg verarbeitet.

Kinder müssen auch wissen, was ihre Bezugspersonen von ihnen erwarten. Diese Erwartungen jedoch sollten als Möglichkeit, als Perspektive für das Kind geäußert werden. Anstelle von »Ich habe von dir ja auch nichts anderes erwartet« würden Sie sagen:»Ich weiß, dass du das besser kannst, wenn du dir Mühe gibst.« Der Unterschied, der in den beiden Äußerungen liegt, scheint gering zu sein. Er macht aber sehr viel aus: Im ersten Fall signalisieren Sie Ihrem Kind, dass Sie mit dem Misserfolg gerechnet haben, dass Sie also wenig Vertrauen in die Fähigkeiten des Kindes haben. Im zweiten Fall jedoch teilen Sie mit, dass Sie davon überzeugt sind, dass Ihr Kind die Fähigkeiten hat, um erfolgreich sein zu können. Kinder erspüren schon sehr früh, was ihre Eltern von ihnen erwarten. Wenn für Eltern vor allem die guten Noten in der Schule zählen und sie sich nur dann freuen, wenn ihr Kind mit Bestnoten nach Hause kommt, dann werden Kinder sich sicherlich bemühen, diese Erwartungen zu erfüllen. Problematisch wird es aber dann, wenn das zu einer dauerhaften Überforderung führt, die Belastungsbalance also nicht eingehalten werden kann. Wir haben schon gesagt, dass Eltern ihre Kinder am besten kennen. Wissen Sie, welche Schwierigkeiten Ihr Kind hat? Warum es trotz des vielen Übens zu Hause dann doch beim Diktat im Fach Deutsch wieder versagt? Sie haben doch gesehen, dass es beim Üben zu Hause kaum noch Fehler gemacht hat ... Machen Sie sich die Mühe und versuchen Sie herauszufinden, was das Versagen in der Schule bewirkt.

Handeln statt Reden

Wie schon gesagt: Es ist immer besser zu handeln als zu »predigen«[205]. Am allerbesten ist es, dass Kindern das Verhalten, das Sie erwarten, vorgelebt wird. Wenn Sie das tun, können Sie sich die langen Reden sparen.

Frau M. kam mit Ihrem Sohn in die Beratungsstelle, weil sie sich sehr um die Entwicklung ihres Kindes sorgte. Seit einiger Zeit kam er nur noch mit schlechten Noten aus der Schule. Er machte oft keine Hausaufgaben oder nur dann, wenn sie ihn unter Druck setzte. Fernsehverbot, Stubenarrest, Internetsperre und Aussetzen des Fußballtrainings – das waren so die gängigsten Strafen, die sie versucht hatte. »Ich rede so oft mit ihm, aber er hört mir ja nicht zu. Ich habe den Eindruck, das geht alles zu dem einen Ohr herein und zum anderen hinaus«, beklagte sie sich. Sie erzählte noch, dass er manchmal sogar fragen würde: »Bist du jetzt fertig? Kann ich gehen?«

Was können wir in einem solchen Fall tun? Die Wahrnehmung von Frau M. ist sicherlich richtig. Die sich wiederholenden Reden der Mutter verfehlten ihre Wirkung, aber trotzdem blieb sie dabei. Watzlawick[206], einer der bedeutendsten Kommunikationsforscher, bezeichnet das als ein verhängnisvolles »mehr desselben« und rät stattdessen zur Wahl eines anderen »Spiels« oder zumindest zu anderen »Spielregeln«. Also: Das »Predigen« lassen und handeln! Handeln heißt aber nicht, sich ständig neue Strafen einfallen zu lassen. Meist sind diese Strafen sowieso nicht neu und wiederholen sich, weil es für Eltern schwer ist, sich angemessene Strafen einfallen zu lassen. Handeln heißt in diesem Fall: die eigenen Sorgen aussprechen, die Situation des Sohnes im ruhigen Gespräch klären, Verstehen und Mitgefühl äußern und dann einen Maßnahmeplan mit ihm gemeinsam aufstellen. Die Entscheidung liegt bei dem Sohn! Wenn er aber spürt, dass die Eltern seinen Möglichkeiten vertrauen und ihm helfen, mit Misserfolgen umzugehen, dann besteht eine reale Chance, dass er die Kraft zur Veränderung seiner Lage aufbrin-

gen kann. Wichtig dabei ist, dass das nur zum Erfolg führt, wenn
Sie, liebe Eltern, auch wirklich an die Entwicklungspotenzen Ihres
Kindes glauben. Sie können Ihrem Kind nichts vorspielen, es durch-
schaut Sie sowieso. Vertrauen Sie auf die Möglichkeiten Ihres Kindes,
seien Sie zuversichtlich und strahlen Sie Optimismus aus. Aber for-
dern Sie nur das von Ihrem Kind, was Sie von sich selbst verlangen.
Sie sollten Ihr Kind sensibilisieren für das, was es gut kann. Jedes
Kind kann etwas besonders gut!

Im Elternkurs »Ohne Eltern geht es nicht«[207] werden die Eltern
durch viele Übungen angeregt, über ihre Erziehungspraktiken und
-möglichkeiten nachzudenken. Beim Thema »Wie kann ich das Selbstwertgefühl meines Kindes stärken« werden sie angeregt, darüber nachzudenken, was ihr Kind in der letzten Woche besonders gut gemacht
hat. Das sollten sie dann malen und diese Zeichnung für ihr Kind mit
nach Hause nehmen. Es ist sehr aufschlussreich, wie schwer es manchen Eltern fällt, etwas Lobenswertes zu finden. Manche müssen lange
nachdenken, bis ihnen zum Beispiel einfällt, dass der Sohn einen wun-
derschönen Schneemann gebaut hat, dass ein anderer sich ohne Aufforderung geduscht hat, dass die Tochter dem Bruder bei den Hausaufgaben geholfen hat, dass eine andere ohne Murren den Fernsehapparat
ausgeschaltet hat. Es sind oft die kleinen Dinge, die, wenn sie gut funktionieren, unserer Aufmerksamkeit entgehen.

Verantwortung geben

Kinder können sich nützlich machen, auch wenn sie noch klein
sind. Das vermittelt ihnen, wie wichtig sie für die Familie, für die
Gemeinschaft sind. Die folgende Geschichte schildert ein Beispiel,
wie Kinder in den 1950er Jahren sich aus freien Stücken und mit
hoher Motivation nützlich machten. Es war die Zeit nach dem Zweiten Weltkrieg und das Problem der Nahrungsbeschaffung war den
Kindern sehr gut bekannt. Die meisten wussten, was es heißt, sich
nicht satt essen zu können.

Lustig schnatternd und behängt mit Töpfchen und Krügen begibt sich die
Gruppe kleiner Mädchen in den Wald, um Blaubeeren zu sammeln. Sie
tun das nun schon die dritte Woche. Das Vesperbrot und etwas zu trinken
haben sie dabei, und sie gehen nicht eher nach Hause, bis die Krüge

gefüllt sind. Stundenlang hocken sie zwischen den Blaubeerbüschen und »arbeiten«. Es gibt natürlich auch einen kleinen Wettbewerb unter ihnen, wer seinen Krug am schnellsten gefüllt hat. Ja, und man kennt sich inzwischen sehr gut. Da ist zum Beispiel die kleine Angelina dabei, die immer viel Beeren in ihren Mund steckt, was alle sehen können, denn der Mund wird davon sehr blau. Ihre zwei Jahre ältere Schwester hat durch das Beisein der Kleinen noch eine zusätzliche Verantwortung. Wenn die kleine Gruppe am späten Nachmittag den Heimweg antritt, dann sind sie zwar auch ganz schön müde, aber eben auch sehr stolz. Am meisten freuen sie sich auf die glänzenden Augen ihrer Mama, die sicher wieder sehr staunen wird, dass sie so viele Beeren gesammelt haben. Stolz erzählen die Mädchen am nächsten Morgen, wie viele Gläser die Mama schon einwecken konnte.

Was hat die Mädchen motiviert? Es war vor allem das Gefühl, etwas für die Familie tun zu können. Das Ergebnis waren die gefüllten Einweckgläser, die auf dem Küchentisch standen und von allen bewundert werden konnten. »Das habe ich getan«, »Ich habe euch eine Freude gemacht«, »Wir haben jetzt für den Winter und für die Behandlung von Erkältungen einen schönen Vorrat.« Noch viele Jahre später, im Erwachsenenalter, klingt dieses Gefühl des Stolzes, der übernommenen Verantwortung und der eigenen Bedeutsamkeit nach. Und sicherlich hat es zur Entwicklung von Beharrlichkeit und Ausdauer beigetragen.

Es gibt noch einen anderen wichtigen und erwähnenswerten Aspekt in dieser Geschichte. Die Mädchen gingen als Gruppe in den Wald, sie waren viele Tage gemeinsam tätig, auf dem Weg zum Wald und nach Hause – es waren immerhin einige Kilometer – wurde gesungen. Wir haben es in unserem Buch an verschiedenen Stellen schon erwähnt: Gemeinsam aktiv sein und etwas für andere tun – das macht glücklich. In dieser kleinen Geschichte ist all das vereint.

Wir sollten uns fragen, warum sich Kinder heute freiwillig Stubenarrest verordnen und allein vor ihrem PC, vor dem Fernseher, vor ihren Lehrbüchern sitzen. Welche verantwortlichen Aufgaben haben Ihre Kinder in der Familie? Wie werden sie in den Familienalltag und die täglichen Pflichten einbezogen? Um ihnen das Gefühl zu geben, dass sie gebraucht werden und dass sie wichtig für uns sind, brauchen sie keinen Schonraum, sondern feste Pflichten. Selbstverständlich gehört auch dazu, dass das, was sie tun, bemerkt, akzeptiert und anerkannt wird. Was kann denn schöner sein, als wenn Eltern sagen: »Weil du uns so geholfen hast, haben wir jetzt auch Zeit, mit dir gemeinsam zu spielen.«

Unabhängigkeit fördern

Jedes Kind wird einmal ein erwachsener Mensch. Der Weg ist immer gleich: Er führt von der Abhängigkeit des Neugeborenen zur Selbständigkeit des Erwachsenen und von der Erziehung zur Selbsterziehung. Auf diesem Weg gibt es viele Zwischenstationen, viele Unwägbarkeiten und Hindernisse. Aber am Ende steht in jedem Fall ein erwachsener Mensch. Was Eltern dazu beitragen können, kann in drei Funktionen zusammengefasst werden[208]:

- Eltern sind Kommunikationspartner (eine Funktion, die mit zunehmendem Alter des Kindes an Bedeutung gewinnt),
- sie sind Erzieher (eine Funktion, die in ihrer Bedeutung abnimmt) und
- Arrangeure der Anregungen und Angebote für die Entwicklung des Kindes (eine Funktion, die ebenfalls eher abnimmt).

Die meisten Eltern bleiben für immer wichtige Kommunikationspartner für ihre Kinder, auch für ihre erwachsenen Kinder. Das hängt mit der in der frühen Kindheit entstandenen engen und vertrauten Bindung zusammen. Sichere Bindung und das Gefühl von Loslassen können – das ist das Geheimnis gelungener Erziehung. Kinder, die sich ihrer Eltern sicher sein können, können auch eher loslassen. Beobachten Sie das einmal etwas genauer: Kinder, die sich an den Rockzipfel der Mutter klammern, Heranwachsende, die sich nicht in die Welt hinaustrauen und schon nach kurzer Trennung Heimweh haben, sind meist jene Kinder, die eine enge Bindung zu ihren Bezugspersonen nicht aufbauen konnten, die Trennungen verkraften mussten, die Angst haben, das ihnen der letzte Halt auch noch verloren gehen könnte. Nichts macht einem Kind größere Angst, als der Verlust seiner engsten Bezugspersonen und des Gefühls von Zugehörigkeit.

Frau und Herr P. kamen mit ihrem achtjährigen Sohn in die Beratungsstelle. Sie machten sich große Sorgen, weil der Junge seit zwei Jahren ein seltsames und die Eltern sehr beunruhigendes Verhalten zeigt. Die Eltern beschreiben es so: Er gehe gegen 20 Uhr ins Bett und schlafe schnell ein. Aber jeden Abend, ziemlich genau um 23 Uhr, stehe er traumwandlerisch auf, komme ins Wohnzimmer, zeige mit dem Finger auf seine Mutter und schreie sie mit unverständlichen Worten an. Die Eltern erzählen, dass sie große Angst um ihr Kind haben, weil es einen ähnlichen Fall schon einmal in der Familie gegeben habe, der mit dem Suizid der Schlafwandlerin geendet habe.

Die Beraterin erfährt im Gespräch, dass es keinerlei Probleme in der Familie gebe, lediglich die Schwägerin habe vor zwei Jahren ihren Mann und die beiden Kinder verlassen und sei zu einem anderen Mann gezogen.

Der Junge sitzt die ganze Zeit bei dem Gespräch dabei und hört aufmerksam zu. Die Beraterin fragt die Eltern, wie denn der Ablauf des Aufstehens um 23 Uhr bis zum Beschimpfen der Mutter genau sei. Wie verlässt er das Bett? Hat er die Augen geöffnet? Geht er schnell? Die Eltern können die meisten Fragen zum konkreten Geschehen nicht beantworten. Deshalb werden sie gebeten, am Wochenende je dreimal abends mit der Kamera den Ablauf zu filmen, damit es dann gemeinsam angeschaut werden kann.

Am Montag rufen die Eltern an, dass sie nicht kommen könnten, da sie drei Abende vergeblich mit der Kamera in den Händen am Bett des Sohnes gestanden hätten und nach dem Besuch in der Beratungsstelle das Verhalten schlagartig verschwunden sei.

Wie groß muss die Angst des Jungen gewesen sein, dass seine Mutter auch die Familie verlässt, so wie es die Tante getan hat. Es ist bemerkenswert, was Kindern alles einfällt, um die Angst abzuwenden. Und wenn es dann funktioniert, ist es schwer, damit aufzuhören.

Manchmal brauchen Eltern Hilfe, wenn sie sich das Verhalten ihres Kindes nicht erklären können und ihm helfen wollen. Leider ist die Hemmschwelle sehr groß und Eltern holen sich ungern professionelle Hilfe. Andererseits sind Erziehungsberatungsstellen auch rar und nicht so leicht zugänglich. Die Unterversorgung der Schulen und Kindergärten mit psychologischen und pädagogischen Fachkräften ist inakzeptabel und gefährlich. Außerdem fehlt es an niedrigschwelligen Hilfsangeboten für Eltern und viele von jenen Eltern, die die Hilfe dringend brauchen, gehen nicht in Beratungsstellen. Außerdem müssten sie da sehr beharrlich und ausdauernd sein, um einen Termin zu bekommen.

Was in Kindergarten und Schule getan werden kann

Wir haben es schon mehrfach betont: Das wichtigste Medium beim Lernen sind die konstanten Bezugspersonen. Das trifft selbstverständlich auch für das lernende Kind im Kindergarten oder in der Schule zu. Es hängt immer von der *Qualität der Beziehung* ab, was gelingt und wie es gelingt. Denn gelernt wird immer, wir können die Tätigkeit des Gehirns nicht abschalten. Aber wir – die Erwachsenen und insbesondere diejenigen, die professionell das Lernen organisieren und lenken – beeinflussen den Inhalt und die Art und Weise des Lernens der Heranwachsenden. Hinzu kommt, dass in den Erziehungs- und Bildungsinstitutionen normalerweise *Lernziele* verfolgt werden. Es ist also nicht beliebig, was den Kindern angeboten wird. Aber die Person, die diese Angebote macht, entscheidet mehr, als ihr wahrscheinlich bewusst ist, darüber, ob das Angebot angenommen wird und die Lernenden gewillt sind, sich damit auseinanderzusetzen. Wenn die Erzieherin sich über das gemalte Bild freut und die Kreativität des Kindes anerkennt, dann wird sich ihre Freude auf das Kind übertragen, und es ist stolz auf sein Bild. Vergleiche mit den Bildern der anderen Kinder und ein Abwägen von »besser« oder »schlechter« erweist sich in diesem Fall als irrelevant, was bei diesem Beispiel gut nachzuvollziehen ist. Wie aber verhält es sich bei anderen Lernergebnissen eines Kindes? Kann auch beim Lesenlernen zum Beispiel die Individualität des Kindes akzeptiert und gefördert werden? Wird nicht zu häufig an Standards gemessen? Wer durch das Raster fällt, weil er oder sie einen anderen kreativen Weg gehen will, hat schlechte Karten.

Nun können wir nicht den pädagogischen Fachkräften den schwarzen Peter zuschieben, wie es sehr gern getan wird. Unsere Gesellschaft ist eine Leistungsgesellschaft und wird es auch (vorläufig) bleiben. Aber trotzdem oder gerade deshalb gilt: Die Persönlichkeit der Lehrerin oder des Lehrers ist der Schlüssel zum Erfolg jeglicher Erziehungs- und Bildungsbemühungen. Noch im Erwachsenenalter denken wir an unsere Lehrerinnen und Lehrer, ist ihr Bild uns gegenwärtig und begleitet uns auch nach der Schule auf unserem Lebensweg. Jene Pädagogen, die den Heranwachsenden geholfen haben, sich selbst zu finden, ihre Möglichkeiten zu erkennen und zu nutzen, die Begeisterung für Neues und Neugierde wecken konnten, sind in guter Erinnerung geblieben. Deshalb wollen wir im Folgenden versuchen, einige Gedanken zum pädagogisch Machbaren zusammenzutragen. Auch im gegenwärtigen Bildungssystem, das seit einigen Jahren an Reformüberlegungen nicht mehr vorbei kann, ist mehr möglich, als von den meisten gewagt wird. Niemand verbietet den pädagogischen Fachkräften, den Kindern im Kindergarten und den Schülern und Schülerinnen in der Schule so zu begegnen, dass sie ihren Selbstwert, ihr Zugehörigkeitsgefühl und das Gefühl für ihre eigenen Ressourcen sowie die Bedeutsamkeit ihres Handelns erhalten und stärken können.

Frau H. muss vertretungsweise eine sechste Klasse übernehmen. Sie unterrichtet Deutsch. Als sie das erste Mal die 6b betritt, nimmt das von den 28 Jungen und Mädchen keiner wahr, sie rennen umher, unterhalten sich, streiten sich – es ist sehr laut.

Irgendwie gelingt es Frau H., sich Gehör zu verschaffen und sich vorzustellen. Sie sagt den Kindern, dass sie nicht so laut sprechen kann, weil sie ganz schnell Halsschmerzen bekommt. Den Rest der Stunde verbringt sie damit, den Kindern etwas von sich zu erzählen und zu sagen, wie sie sich den Unterricht vorstellt. Sie bemerkt, dass einige Kinder sich durch auffälliges Verhalten hervortun, geht aber nicht darauf ein.

Die erste Stunde war sehr anstrengend, und es war ihr klar, dass sie so nicht unterrichten kann. Von den Kollegen war ihr diese Schulklasse schon als schwierig und ziemlich gefürchtet geschildert worden. Für die nächsten Unterrichtsstunden in dieser Klasse plant sie deshalb, immer das erste Drittel der Stunde für das Lernen und Üben von Verhalten zu benutzen. Dazu erarbeitet sie sich und dann gemeinsam mit den Kindern ein Programm: Es werden Verhaltensregeln erarbeitet, und es wird festgelegt, wer das Einhalten überprüft, und wie es kontrolliert wird. In die Kontrolle werden vor allem jene Schüler einbezogen, die besondere Schwierigkeiten mit Verhaltensnormen haben. Sie erklärt aber zuerst den Kindern, warum sie sich diese Dinge überlegt hat und warum sie die Klasse bittet, es einmal gemeinsam zu versuchen. »Ich glaube, dass wir es gemeinsam schaffen können und dass wir dann alle viel glücklicher sein werden.«

Außerdem besucht sie in den folgenden zwei Monaten die Eltern der Kinder. Sie hat sehr schnell bemerkt, dass die meisten Kinder keine

Hausaufgaben anfertigen, dass sie keine Schulbücher mitbringen und auch häufig zu spät zum Unterricht kommen. Gemeinsam mit den Eltern werden Möglichkeiten der Veränderung beraten.

Das erste Diktat zeigt, dass 80 Prozent der Schüler die Note »ungenügend« erhalten müssen. Die Leistungen entsprechen nicht den Anforderungen. Darum wird sie bei den nächsten Diktaten nur noch die Fehlerzahl und keine Note unter das Diktat schreiben. Und es werden die richtig geschriebenen Wörter rot unterstrichen! Sie will den Kindern vor allem ihre Fortschritte bewusst machen. Auch wenn bei einer Senkung der Fehlerzahl von 25 auf 20 noch lange nicht das Ziel »genügend« erreicht ist, sollen Fortschritte Mut machen.

Es dauert ungefähr acht Wochen, bis sich ein Verhaltensmodus, der ein ungestörtes und fröhliches Arbeiten im Unterricht ermöglicht, durchgesetzt hat. Die Kinder haben neues Verhalten gelernt, sie sind selbst froh über die neue Situation. Ihre Lehrerin freut sich mit den Kindern über die Lernerfolge, die in der Klasse regelrecht gefeiert werden: »Hurra, P. hat es nun auch das erste Mal geschafft, weniger als 10 Fehler zu machen. Welche Leistung!«

Während des Unterrichts wird viel gemeinsam gelacht. Die Überzeugung der Lehrerin, dass jedes Kind es schaffen kann, hat sich auf die Kinder übertragen.

Dieses Beispiel verdeutlicht, wie auch in der Schule das Kohärenzgefühl entwickelt werden kann. Die Überzeugung davon, dass
– die eigenen Erfolge oder Misserfolge erklärbar und kontrollierbar sind,
– mit Hilfe der eigenen Ressourcen eine Verbesserung machbar ist und
– diese Anstrengung sinnvoll ist und sich letzten Endes lohnt,

konnte über einen längeren Zeitraum allmählich entwickelt bzw. gefördert werden. Sicherlich kann dem Vorgehen der Lehrerin entgegengehalten werden, dass sie wertvolle Unterrichtszeit für etwas verwendet, was nicht zur Stoffvermittlung gehört. Kann aber Stoff überhaupt »vermittelt« werden? Und wem würde sie denn etwas »vermitteln«, wenn sowieso keiner zuhört oder wegen des Lärms nichts verstanden werden kann?

Was also ist beim Erziehen und Lehren wichtig?

Transparent, echt und präsent sein

Kinder – auch kleine Kinder – wollen und sollen wissen, was Sie von ihnen erwarten und wie Sie mit Erfolgen und Misserfolgen umgehen wollen. Wenn bewertet werden muss – wie es ja in der Schule der Fall ist –, dann sollten auch die Bewertungsmaßstäbe transparent sein. Die Kinder müssen selbst kontrollieren können, ob ihre Lösungen (im Diktat zum Beispiel) richtig sind bzw. ob sie den Anforderungen (im Aufsatz zum Beispiel) entsprechen.

Zur Transparenz gehört auch, dass der Erwachsene als Mensch präsent ist. Die Lehrerin zeigt ihre Traurigkeit über das schlechte Ergebnis und ihre Freude über den Fortschritt. Für Carl Rogers (1902–1987), den Begründer der klientenzentrierten Gesprächstherapie und -beratung, war *Echtheit* eine der wichtigsten Kompetenzen des Beraters. Kinder können sehr schnell erkennen, ob das erhaltene Lob echt ist, ob die Freundlichkeit der Lehrerin nur vorgetäuscht ist und ob der Lehrer gern zu ihnen in die Klasse kommt. Aus der Emotionsforschung und aus der modernen Hirnforschung ist bekannt, dass zu Beginn einer Begegnung oder eines Gesprächs die Echtheit des Kommunikationspartners eingeschätzt wird. Dies geschieht innerhalb weniger Sekunden auf der Grundlage einer schnellen Analyse des Gesichtsausdrucks, der Tönung der Stimme und der Körperhaltung.

»In der Lernsituation ist dies genauso. Schüler stellen schnell und zumindest im ersten Schritt unbewusst fest, ob der Lehrer motiviert ist, seinen Stoff beherrscht und sich mit dem Gesagten identifiziert. Dem Lehrer sind die von ihm ausgesandten Signale meist nicht bewusst, und er kann sie deshalb nicht oder nur nach großem Training willentlich steuern (manche Schauspieler und Demagogen scheinen dies zu können).«[209]

Joachim Bauer gibt in seinem Buch »Lob der Schule« dazu ein paar ganz konkrete Ratschläge:
– Lehrer/-innen sollen dem Betreten des Klassenraumes eine eigene Bedeutung geben. Sie sollen ruhig auftreten, die Materialien ablegen, frei stehen und den Blick durch die Klasse wandern lassen, danach die Klasse freundlich begrüßen.
– Sie sollen den Stundenbeginn nicht mit Formalien beginnen, sondern erst einmal Kontakt zur Klasse aufnehmen.[210] Das könn-

ten Fragen zu aktuellen Ereignissen, etwa zur Präsidentenwahl in den USA, sein: »Habt ihr auch die Wahlveranstaltung in Washington gesehen?« »Was sagt ihr denn zu der Wahl von Obama?«

Es ist doch völlig weltfremd, wenn das Tagesgeschehen ausgeklammert wird und so getan wird, als wären die Schule und das Klassenzimmer im luftleeren Raum. Dass es trotzdem so häufig passiert, ist sicherlich im Zusammenhang mit den im Kapitel 5 diskutierten Belastungen von Lehrerinnen und Lehrern zu erklären. Wenn eigene Bedürfnisse nicht befriedigt werden können, werden die Anforderungen als Belastung erlebt und unsichere Situationen eher vermieden.[211] Eine offene Diskussion über aktuelles Geschehen kann Unsicherheit und Angst erzeugen.

Dabei könnte sich nach einem kurzen Gedankenaustausch bestimmt immer ein passender Übergang zum Stoff finden lassen. Und wenn solch ein Gespräch bei besonders wichtigen Ereignissen einmal länger dauert – dann ist das auch nichts Schlimmes, denn wie gesagt: Gelernt wird immer. In dem Fall des oben angeführten Beispiels könnte Wissen aus der Geschichte, Geographie und Kultur aufgefrischt oder erweitert werden.

Schüler achten und fördern

Das bedeutet im Umgang mit den Heranwachsenden, dass sie genügend Freiraum für eigene Entscheidungen haben. Das ist nicht immer leicht, vor allem wenn es um das Lernen in einer Gruppe mit einem definierten Lernziel geht. Sicherlich gibt es Dinge, die einfach von allen erledigt werden müssen, an denen keiner vorbeikommt. Die Kunst der pädagogischen Arbeit besteht jedoch darin, den verbleibenden Freiraum für Überlegungen zu nutzen, die auf die Individualität der Kinder zugeschnitten sind. Lehrende könnten sich ihre eigene Arbeit erleichtern, wenn sie mehr Vertrauen in die Fähigkeiten ihrer Schüler hätten. Warum muss denn unter Wettbewerbssituation gelernt werden? Es wird auf diese Weise von vornherein festgelegt, dass es Sieger und Verlierer gibt.

Eine junge Grundschullehrerin in Bayern bekam große Schwierigkeiten mit ihren Kollegen und Vorgesetzten, weil sie ihre Schüler und Schülerinnen so gut förderte, dass sie in Kontrollarbeiten Notendurchschnitte von 1,6 und 1,8 erreichte. Schließlich hatten am Ende der Grundschule 91 Prozent ihrer Schüler so gute Noten, dass sie ans Gymnasium wechseln konnten. Das machte die anderen nervös, und es begann der Spießrutenlauf der Lehrerin. Der Rektor, das Schulamt und das Ministerium, aber auch die Kolleginnen aus den Parallelklassen konnten und wollten diese Erfolge nicht akzeptieren. Schon an der Vorgängerschule hatten die auffälligen Lernzuwächse mit einer zweiten Klasse zur Konfrontation mit dem zuständigen Schulrat geführt. »Sie haben sich an das Niveau der Parallelkollegen anzupassen!«, wies der Mann seine Lehrerin an. Sich anzupassen – das würde aber bedeuten, absichtlich schlechtere Resultate zu produzieren.

Dieses traurige Beispiel[212] zeigt, welche gefährliche Ideologie die Schulpolitik noch beherrschen kann. Nach dem Motto »Es kann nicht sein, was nicht sein darf!, denn wir haben nun einmal das dreigliedrige Schulsystem und müssen es auch rechtfertigen«, werden Unterschiede manipuliert und Kinder bewusst zu Versagern gemacht. Es gibt kein anders Land, das so homogene Lerngruppen in einer Schule hat wie Deutschland. Das scheint doch so gewollt. Warum muss dann aber innerhalb dieser Homogenität unbedingt Heterogenität provoziert werden? Wissen Sie die Antwort darauf?

Wenden wir uns wieder den Möglichkeiten zu, die Sie haben, um die unterschiedlichen Fähigkeiten der Kinder nutzen. Sie können sie zum Beispiel in die Aufgabenstellungen und die Bewertungen einbeziehen, das erleichtert nicht nur Ihre Arbeit, sondern fördert auch den Gemeinschaftssinn und das Zugehörigkeitsgefühl der Kinder. Gleichzeitig kann selbstverantwortetes Verhalten entwickelt und geübt werden. Manfred Spitzer erzählt in seinem Vortrag »Erfolgreich lernen in Kindergarten und Schule«[213], mit welch einfacher Methode das erreicht werden kann.

In einer amerikanischen Schule sitzen Kinder über ihren Mathematikaufgaben, und jedes Kind rechnet die vom Lehrer auf Arbeitsblättern ausgeteilten Aufgaben aus. Aufgabe für Aufgabe ... bis zum Ende der Stunde, dann werden die Blätter zur Bewertung beim Lehrer abgegeben.

In einer japanischen Schule macht es sich der Lehrer viel einfacher. Er teilt die Klasse in zwei Gruppen auf. Jede Gruppe hat den Auftrag, sich

Aufgaben für die andere Gruppe auszudenken. Sind die Aufgaben gelöst, dürfen die Aufgabensteller sie auch kontrollieren. Wie einfach und doch so effektiv. Der Lehrer ist von der Aufgabenzusammenstellung befreit. Die Kinder lernen gleich mehrere Dinge auf einmal. Denn wenn sie sich die Aufgaben ausdenken, dann müssen sie diese auch lösen können. Da sie es gemeinsam tun, kommen sie auch miteinander ins Gespräch und jeder kann seine Vorschläge einbringen. Außerdem müssen sie dann noch die Aufgaben lösen, die die andere Gruppe sich ausgedacht hat. Eigentlich genial, oder?

Seit dem Erscheinen der ersten PISA-Studie im Jahre 2000 ist in der deutschen Bildungslandschaft vieles in Bewegung geraten. Nicht immer wurden jedoch gute Lösungen gefunden. Bildungspolitische Entscheidungen wurden vorschnell getroffen, ohne die Ursachen der offensichtlich gewordenen Defizite zu klären. Leider standen nicht die Klärung der vielfältigen und individuellen Lernprobleme von Schülern und die Untersuchung der Gründe für den Frust, den sowohl Lehrer als auch Schüler in der Schule haben, im Vordergrund, sondern die Suche nach Maßnahmen zur Leistungssteigerung.[214] Im Ergebnis der bisher eingeleiteten Maßnahmen wurde der formale Wettbewerb zwischen den Bundesländern, zwischen Schulen und auch zwischen den einzelnen Schülern und Schülerinnen angeheizt, und so hat sich der Druck auf alle Beteiligten noch einmal erhöht. Dass unter Stressbedingungen nicht effektiv gelernt werden kann und die Kreativität auf der Strecke bleibt, das haben wir in unserem Buch ausgiebig diskutiert.

Der Streit um die Bildung ist aber in vollem Gange: Gestritten wird um die Rolle von Bildung im Kindergarten, um die Verbesserung der Ausbildung von Erzieherinnen und Erziehern und die Veränderung des Studiums für zukünftige Lehrerinnen und Lehrer, um Bildungsstandards, um das Zentralabitur, um die verkürzte Zeit bis zum Abitur, um Gemeinschaftsschulen und um die Öffnung der Schule. Immer wieder taucht auch die leidige Diskussion um das hochselektive Bildungssystem in Deutschland auf. Dabei gibt es schon eine Reihe von Schulen, die ihre Schule umbauen und eine neue Schul- und Lernkultur erproben, ohne auf politische Entscheidungen zu warten. Wenn Sie diese Schulen kennen lernen möchten, dann schauen Sie doch einmal auf die Internetseite »Archiv der Zukunft«.[215]

Finnische Schulen waren in allen drei PISA-Studien bisher die Testsieger. Fast 80 Prozent eines Schuljahrgangs gehen in Finnland zur Universität. Das bedeutet: Die Spitze, die sie im PISA-Test belegen, ist eine breite Spitze. Wie machen die das bloß? Pädagogen, Wissenschaftler und Politiker, die finnische Schulen besuchten, fanden nichts Besonderes im Unterricht. Erst beim genaueren Hinschauen und Hinhören konnte das Besondere bemerkt werden: Es war die freundliche und vertrauensvolle Beziehung zwischen Lehrkräften und ihren Schülern.

In Finnland fand schon 1970 eine umfassende Bildungsreform statt, sie beinhaltete die Entwicklung einer gemeinsamen Schule für unterschiedliche Lerner. Kein Kind wird aufgegeben, jeder wird bestmöglich gefördert – und zwar in der Schule! Die Förderkräfte kommen in die Schule, die Förderung ist also nicht von den finanziellen Möglichkeiten der Eltern abhängig. Es wird gemeinsam gelernt, und zwar neun Jahre lang. Diese Struktur bildet die Grundlage für die »Pädagogik des Willkommenheißens«, ein von Matti Meri, Professor der Lehrerausbildung an der Universität Helsinki, gefundener Begriff für die finnische Schulkultur. Gemeint ist eine Erwachsenenhaltung, die in folgenden Sätzen zum Ausdruck kommt: »In deiner Einzigartigkeit, mit deinen Besonderheiten und Unzulänglichkeiten bist du hier willkommen« und »Jeder ist in etwas gut und niemand kann alles«.[216] Das ist praktizierte Akzeptanz der Individualität und Ermutigung jedes Kindes. Wenn Menschen sich in ihrem So-Sein akzeptiert fühlen, sind sie auch frei dafür, ihre Möglichkeiten zu erkennen und das aus sich zu machen, wozu sie sich befähigt fühlen.

Verständnisvoll, freundlich und gerecht sein

Bei der Neugründung eines Betriebskindergartens wurden die Eltern der Kinder um einige Auskünfte über ihre Vorstellungen zur Arbeit dieser neuen Einrichtung gebeten. Eine Frage bezog sich darauf, welches pädagogische Konzept sie sich wünschen würden. Die Antwort der Eltern war sehr deutlich: »Wir wünschen uns, dass die Erzieherinnen unsere Kinder gern haben, sie nett behandeln und in ihrer Entwicklung fördern.« Den Eltern ist es ziemlich gleichgültig, ob nach dem »offenen Ansatz« oder dem »situationsbezogenen

Ansatz« gearbeitet wird. Aber sie möchten, dass die Erzieherin ihr Kind mag und dass sie es ganz beruhigt am Morgen bei ihr abgeben können. Auch von den Lehrern und Lehrerinnen wird das erwartet. Sicherlich ist das nicht die einzige Voraussetzung, die den Erfolg im Lehrberuf bedingt, aber ohne das Verständnis für Kinder und Jugendliche, ohne Geduld und Empathie werden die gemeinsamen Stunden für beide Seiten problematisch.

Professionelle Erzieher (Lehrkräfte in der Schule sind damit auch gemeint, denn sie erziehen natürlich auch!) befinden sich in einem Dilemma: Einerseits sollen sie sich mit pädagogischer Empathie dem einzelnen Kind verständnisvoll zuwenden, andererseits sollen sie aber auch die Führung übernehmen. Sie sollen gerecht und möglichst objektiv sein und die Kinder und Jugendlichen geschickt und konsequent zum Ziel führen. Auch die Schüler und Schülerinnen selbst wollen diese Mischung aus Verständnis und Führung. Hier einige Zitate aus den Schüleraufsätzen:

»Ich gehe nicht ganz gerne zur Schule. Das liegt an den Lehrern. Manchmal schimpfen sie einen aus, obwohl man nichts getan hat. Ich finde, es liegt an den Lehrern, ob der Unterricht Spaß macht.« (Mädchen, 5. Klasse)
»Unsere Lehrer sind mitunter ungerecht. Bei manchen macht der Unterricht Spaß, bei manchen nicht.« (Junge, 7. Klasse)
»Manchmal bin ich mit Zensuren, die Lehrer geben, nicht einverstanden. Da versuche ich meine Meinung zu sagen. Aber mit den Lehrern streiten, lohnt nicht. Weil man dadurch selbst den Kürzeren zieht.« (Mädchen, 8. Klasse)
»Ich komme mit den Lehrern gut aus, bis auf die, die keine Ahnung haben. Ich will nicht sechs Stunden sinnlos in der Schule versitzen.« (Junge, 9. Klasse)

Das Schwierige am pädagogischen Beruf ist, dass die Lehrperson ununterbrochen unter Beobachtung steht. Beobachtet wird sie von bis zu 30 Augenpaaren, die zu Kindern und Jugendlichen gehören, die jahrelang mit den unterschiedlichsten Lehrern und Lehrerinnen zu tun haben, was sie zu Experten macht. Außerdem verständigen sie sich mit ihren Klassenkameraden, so dass Lehrkräfte durchaus das Gefühl haben können, allein gegen eine Mauer rennen zu müssen. In solcher Situation hilft nur die Kommunikation: das Problem ansprechen, alle Beteiligten zu Wort kommen lassen, Lösungsvorschläge erarbeiten, aus den Vorschlägen gemeinsam auswählen, was erprobt werden soll, und dann Festlegungen treffen.[217]

Wenn alle beteiligt sind, dann werden die Entscheidungen auch als gerecht erlebt, und außerdem sind die Erfahrungen, die bei diesem Vorgehen gesammelt werden, wieder ein Baustein für die Entwicklung des Gefühls der Teilhabe – einer Komponente des Kohärenzgefühls.

Mit der Grundhaltung der »Pädagogik des Willkommenheißens« kann die Beziehungsgestaltung gelingen, weil in einem Klima des Vertrauens Kreativität, Forscherdrang, Selbstvertrauen und Gemeinschaftssinn entstehen. Die Entwicklung dieser Schutzfaktoren trägt zur Herausbildung des Kohärenzgefühls bei, was eine wertvolle Investition in die Zukunft bedeutet.

Humorvoll und tolerant sein

Warum eigentlich gibt es in unseren Schulen so wenig zu lachen? Viel mehr als Humor scheint in diesen Institutionen Demütigung, Beschämung, Bloßstellung, Zynismus, Angst und Traurigkeit üblich zu sein.

Bei der Suche nach Literatur zum Thema »Humor in der Schule« sind wir auf das Buch mit Cartoons von Renate Alf »Schule ist, wenn man trotzdem lacht«[218] gestoßen. Sie hat viele schulische Situationen wunderbar und teilweise gnadenlos entlarvend dargestellt. Dabei ist es ihr aber auch gelungen, die schwierige Arbeit von Lehrern und Lehrerinnen humorvoll zu skizzieren.

Unter Humor verstehen wir die Fähigkeit, ein Lachen hervorbringen oder hervorrufen zu können. Als »humorvoll« werden daher oft Personen bezeichnet, die andere zum Lachen bringen. Es scheint aber keine endgültige Theorie des Humors zu existieren. Immerhin ist bekannt, dass das Lachen ein Kulturphänomen ist, dass Humor sehr vielfältig sein kann und dass Lachen auch heilsam sein kann. Echtes Lachen und Lächeln sind ansteckend. Das ist nachgewiesen und hängt mit unseren Spiegelneuronen zusammen.

Auch wenn noch vieles zum Thema Humor und Lachen unerforscht ist[219], ist die gesundheitsförderliche Wirkung bekannt.

Gelacht wird in der Gemeinschaft, es wirkt befreiend und fördert die Toleranz. Wenn Sie über das Verhalten oder den Fehler eines Schülers herzlich lachen können (wir reden nicht vom Auslachen!), dann ist das Eis gebrochen und es kann neuer Mut geschöpft werden.

Eltern als Partner akzeptieren

Jeder Lehrer und jede Lehrerin weiß und erlebt es täglich, dass im Unterricht zwar leiblich der Schüler Steffen P. sitzt, dass aber – wenn auch unsichtbar – die Familie P. anwesend ist. Denn Steffen ist Teil des Systems der Familie P., er vertritt deren Kultur und Werte, deren Verhaltensregeln und Lebensanschauungen. Wenn das Kind im ersten Schuljahr in die Schule kommt, hat es schon einen ziemlich langen und intensiven Weg der Sozialisation hinter sich, und Sie werden in einer Schulklasse sehr unterschiedlichen Kindern begegnen.

Aber auch jede Erzieherin erfährt täglich die Nähe der Familie. Die Eltern interessieren sich sehr für das Geschehen in der Kindertagesstätte, sie fragen nach, manche können auch sehr hartnäckig sein. Freuen Sie sich darüber! Oder wären Ihnen gleichgültige Eltern lieber?

Eltern sind aber auch oft sehr unsicher, vor allem wenn es um ihr erstes Kind geht. Sie halten Sie für eine Expertin oder einen Experten bei Fragen der Erziehung. Nehmen Sie sich die Zeit, sprechen Sie mit den Eltern, setzen Sie sich aber in Ruhe mit ihnen hin, unterhalten Sie sich nicht im Flur oder in der Garderobe. Wenn es nötig ist, dann machen Sie einen Termin für ein Gespräch aus. Es ist auch nicht verboten, einen Elternbesuch anzubieten. Die Mühe zahlt sich in jedem Fall aus. Wenn Eltern Ihr ehrliches Interesse an der Entwicklung ihres Kindes spüren, dann haben Sie wichtige Verbündete gewonnen.

Bieten Sie Elterngesprächsrunden an oder organisieren Sie thematische Veranstaltungen. Oft kann man die etwas resignierenden Feststellungen hören: »Diejenigen Eltern, die wir so gern in die Schule holen möchten, kommen nie. Sie haben kein Interesse.« Machen Sie sich die Mühe, über die Ursachen in jedem Einzelfall nachzudenken. Denn – wie schon mehrfach gesagt: Eltern wollen das Beste für ihr Kind. Also ist es kein Desinteresse an der Entwicklung des Sohnes oder der Tochter, dass sie nicht gern in die Schule oder in den Kindergarten kommen. Auch hier gilt: Neue Wege erproben! Wie kann es gelingen, die Eltern zu gewinnen? Es gibt eine Reihe von Schulen, denen das gelungen ist.

In der preisgekrönten Grundschule Kleine Kielstraße in Dortmund sind 83 Prozent der Kinder Migranten, ihre Eltern kommen aus 30 Ländern, ein Drittel der Familien lebt von Hartz IV. Eltern- und Familienarbeit hat an dieser Schule einen hohen Stellenwert. Das Kollegium hat sich viel Gedanken darüber gemacht, wie Eltern für Kooperation gewonnen werden können, und sie waren erfolgreich: 95 Prozent der Eltern besuchen Elternabende, wer nicht kommt, wird von der Lehrerin am nächsten Morgen angerufen und zu einem Nachhol-Termin eingeladen. Das funktioniert, weil alle Eltern bei der Einschulung ihres Kindes einen Erziehungsvertrag unterschrieben haben. Sie verpflichten sich dazu, an Schulveranstaltungen teilzunehmen, ihr Kind pünktlich zur Schule zu schicken und ihm einen ruhigen Platz für die Hausaufgaben einzurichten. Im Elterncafè können sich die Eltern zum Frühstück treffen und sich zwanglos austauschen.

Die vielen Mühen haben sich gelohnt für die Kinder: ein Drittel eines Jahrgangs können in der Regel ins Gymnasium wechseln.[220]

Was Politik und Gesellschaft tun können

Was tut unsere Gesellschaft oder könnte sie tun, um die Heranwachsenden auf die Beteiligung am gesellschaftlichen Leben vorzubereiten und sie zu befähigen, ihr eigenes Leben eigenverantwortlich zu meistern?

Während Befragungen von Jugendlichen häufig durchgeführt wurden, gab es in der Vergangenheit wenige Studien, die die Meinung von Kindern zu ihrem Leben erforschten. Regelmäßig werden seit 1952 die so genannten Shell-Studien in Auftrag gegeben, 1965 wurden die Kinder- und Jugendberichte der Bundesregierung ins Leben gerufen, und es gibt Jugendforschungsinstitute in München und in Leipzig. Seit 2006 sind nun mehrere wichtige Studien zum Kindesalter erschienen: der Erste Kinder-Werte-Monitor des Kindermagazins GEOlino in Zusammenarbeit mit UNICEF, die Studie des Koch-Instituts (KIGGS), die World-Vision-Studie, die von der Universität Bielefeld und dem Münchner Sozialforschungsinstitut

TNS Infratest durchgeführt wurde, und der UNICEF-Bericht zur Lage der Kinder in Deutschland.[221]

In diesen Studien wurden Kinder bis zu 11 Jahren befragt. Hier einige Ergebnisse aus der World-Vision-Studie.

Kinderängste

Über 50 Prozent der befragten Kinder nannten die Angst vor Armut, häufig genannt wurden auch die Ängste vor kriegerischen Auseinandersetzungen und schlechten Noten in der Schule. 37 Prozent der Kinder erwähnen ihre Ängste vor einer möglichen Arbeitslosigkeit der Eltern. Es sind die Kinder aus der untersten Herkunftsschicht, die am häufigsten Angst vor schlechten Noten (62 Prozent) und vor Arbeitslosigkeit der Eltern (55 Prozent) haben. Kinder aus der Oberschicht haben am meisten Angst vor Armut (59 Prozent) und vor Umweltverschmutzungen (57 Prozent).

Die Kinder wurden auch danach gefragt, ob sie den Umgang mit Kindern in unserer Gesellschaft für gerecht halten. 72 Prozent der Kinder waren der Meinung, Kinder würden gerecht behandelt, 69 Prozent halten den Umgang mit alten Menschen für gerecht, 58 Prozent den Umgang mit Behinderten und 54 Prozent den Umgang mit Ausländern.

Aber nur 27 Prozent glauben, dass Politiker häufig an Kinder denken und sich überlegen, was sie für das Wohlbefinden von Kindern tun müssen. Bei den Kindern der unteren Bildungsschichten ist die Skepsis noch größer.

Die Ergebnisse dieser Studie sind erstaunlich, denn sie machen darauf aufmerksam, dass Kinder durchaus kompetent genug sind, um Auskunft über ihre Befindlichkeiten geben zu können.

Kinder scheuen sich nicht vor Aufgaben

Mehr als die Hälfte (59 Prozent) der befragten Kinder gaben an, schon in der einen oder anderen Weise gesellschaftlich aktiv gewesen zu sein: Sie hatten Aufgaben in einem Verein übernommen, sich an Hilfsaktionen beteiligt, das Amt eines Klassensprechers inne, waren Streitschlichter gewesen. Bei einem Kinderparlament oder Kinderforum haben aber nur wenige Kinder im Alter von 8 bis 11 Jahren einmal mitgemacht (2 Prozent). Solche formellen politischen Beteiligungsformen sind Kindern kaum bekannt.

Wichtig jedoch ist: Dort, wo es Angebote gibt, sind Kinder bereit, Aufgaben zu übernehmen. Besonders gut geeignet sind Räume, in denen Kinder in sozialen Gruppen agieren können, also zum Beispiel Vereine, aber auch Schulen. Kinder helfen gern anderen Kindern oder Menschen in Not.

Wo Kinder sich ernst genommen fühlen

Nach Einschätzung der Kinder legen die Eltern mehr Wert auf ihre Meinung als die Klassenlehrer oder das Personal in Betreuungseinrichtungen. Von ihren Müttern fühlen sich die Kinder offenbar ernster genommen als von den Vätern. Mädchen fühlen sich tendenziell ernster genommen als Jungen, und je niedriger die Herkunftsschicht, desto weniger wird die Meinung der Kinder berücksichtigt.

Kinder sind begeisterungsfähig und wollen mitgestalten. Kompetente Kinder profitieren von einem stabilen häuslichen Umfeld. Das trifft auch zu, wenn die Eltern berufstätig sind, für die Kinder aber verlässliche Formen der Betreuung sowie genügend gemeinsame Zeit zur Verfügung stehen. Sie erhalten Anregungen für eine abwechslungsreiche Freizeitgestaltung, und ihre Umwelt schafft ihnen die Möglichkeit, ihre eigene Meinung zu sagen, und vermittelt den Kindern, dass ihre Bedürfnisse ernst genommen werden.

Begeisterungsfähigkeit ist eine der herausragenden und produktivsten Eigenschaften von Kindern. Leider wird in unserer Gesellschaft wenig Wert darauf gelegt, dass diese natürliche Kompetenz von Kindern genutzt wird. Kinder sind Akteure ihres Lebens, die ihre eigenen Zugänge zur Welt finden müssen. Sie brauchen dafür Regeln und Strukturen, um sich zu orientieren, und Vorbilder, um an Modellen zu lernen. Sie brauchen Wertschätzung und Gestaltungsräume. Sie entfalten ihre Potenziale am besten, wenn sie aktiv einbezogen werden, ihre Belange vortragen und zu Gehör bringen können und wenn sie ermutigt werden, selbständig Entscheidungen zu treffen.

Kinder brauchen Menschen in ihrer Umgebung, die sie begeistern können und in wichtige Tätigkeiten einbeziehen. Manchmal meinen die Erwachsenen, dass Kinder einen Schonraum brauchen, bevor der Ernst des Lebens anfängt. Kinder selbst fordern das jedenfalls nicht. Wichtiger ist, die Umwelt so zu gestalten, dass sich Kinder einbringen und entfalten können. Daran ist zu messen, wie kinderfreundlich eine Gesellschaft ist.

Die Kinder sagen uns allen also recht deutlich, dass sie sich sehr wohl ein Urteil darüber bilden können, wie wichtig sie in der Gesellschaft, in der sie leben, genommen werden. Wenn nicht einmal ein Drittel der befragten Kinder der World-Vision-Studie glaubt, dass Politiker sich überlegen, was sie für das Wohlbefinden von Kindern tun müssen, dann sollte das sehr ernst genommen werden.

Hier ein paar Ideen, was Sie, die Politiker und andere Menschen in verantwortlichen Positionen unserer Gesellschaft, tun können.

Die Politik sollte ihren zersplitterten, an einzelnen Ressorts orientierten Ansatz aufgeben und das Wohlergehen von Kindern in den Mittelpunkt stellen. Das Wohl der Kinder sollte nicht zum Parteiengerangel werden. Zur Frage, was Kinder für ihre Entwicklung brauchen, gibt es genügend wissenschaftliche Erkenntnisse, so dass sich Politiker sehr schnell Konsens darüber verschaffen könnten, was zu tun ist. In Finnland zum Beispiel existiert der wunderschöne Begriff »gesellschaftliche Mutterschaft«[222]. In der Praxis bedeutet es, dass sich die politischen Parteien darüber einig sind, dass das Beste für alle Kinder zu tun ist. An den Bildungschancen, die eine Gesellschaft ihren Kindern ermöglicht, lässt sich deutlich ablesen, wie ernst Politiker es mit ihren Versprechungen meinen. Wir haben das in unserem Buch an verschiedenen Stellen diskutiert. Leider ist auch die Prognose für die folgenden Jahre düster. Die Selektionsfunktion der Schule wird durch die bildungspolitischen Maßnahmen nach PISA eher gestärkt als geschwächt. In Deutschland gilt noch immer die These, dass Leistungsverbesserung durch Selektion gelinge. Obwohl diese These nicht durch empirische Forschung bewiesen ist, hält sie sich hartnäckig. »Empirisch belegt ist freilich, dass Förderung die Leistung steigert. Wer Standards ohne Konzepte für die Förderung der Schülerinnen und Schüler, die in Gefahr sind, die Standards nicht zu erreichen, einführt, erzeugt Auslesedruck.«[223] Genau das aber geschieht gegenwärtig. Schüler und Schülerinnen werden mehr getestet in der Hoffnung, mit Tests die Leistung objektiv messen zu können.

Die Politik muss die materielle Existenzgrundlage von Kindern verbessern und alles tun, um das Entstehen von »Problem«-Stadtteilen zu verhindern. Der 3. Armutsbericht der Bundesregierung aus dem Jahre 2008 weist nach, dass Kinder vor allem dann vom Armutsrisiko betroffen sind, wenn sie in Alleinerziehenden-Haushalten, in Haushalten mit geringer Erwerbsbeteiligung oder mit mehreren Kindern aufwachsen. Das Armutsrisiko von Kindern ist deutlich höher als in der Gesamtbevölkerung und in den letzten Jahren auch stärker gestiegen.[224] Mit der Armut verbunden sind Entwicklungsdefizite und Unterversorgung, gesundheitliche Probleme und soziale Benachteiligung.

Kinder mit Migrationshintergrund sind davon besonders betroffen. Meist leben sie in einer vernachlässigten Infrastruktur und sind sozusagen »unter sich«. Die Erhöhung des Kindergeldes ist gerade für diese Familien nicht der richtige Weg. Der Ausbau der Infrastruktur für die Betreuung der Kinder und die Beratung der Eltern zur Stärkung ihrer Erziehungskompetenzen sind der bessere Weg. Konkret heißt das: Angebote zur Ganztagsbetreuung, Förderung in Kindergärten und Schulen (das Geld für Nachhilfeunterricht können arme Familien nicht aufbringen), Bildungsangebote für benachteiligte Familien[225] und die Bereitschaft zum Engagement ehrenamtlich Tätiger zur Vernetzung nutzen.

Was Kinder lernen sollen und in welchen Strukturen das geschehen soll – das sollte einheitlich für alle Länder gelten und vom Bundesbildungsministerium festgelegt werden. Wie die Bildungsziele umgesetzt werden, das sollten die Kommunen oder die Schulen selbst entscheiden. Das heißt, die Auswahl der Bücher und Materialien, die Einstellung der Lehrkräfte oder die Festlegung der Klassengrößen obliegt den Verantwortlichen vor Ort. Standards und Evaluation sollten der Qualitätsentwicklung dienen, also mit dem Ziel, Lernprozesse und Lernergebnisse zu verbessern, erarbeitet und eingesetzt werden. Das ist aber bei den bisherigen Strukturen kaum möglich, und die Abschaffung der föderalen Strukturen – zumindest im Bildungsbereich – ist in naher Zukunft nicht zu erwarten.

Die Ausbildung aller pädagogischen Fachkräfte – auch der Erzieherinnen und Erzieher – sollte grundsätzlich an Universitäten stattfinden, so dass ein akademischer Abschluss erreicht wird. Neu zu durchdenken wäre auch die Auswahl derjenigen, die sich für das Studium entscheiden mit dem Ziel, Kinder zu bilden und zu erziehen. Wenn dieser Beruf hohes Ansehen und Akzeptanz besitzt, wie es zum Beispiel in Finnland der Fall ist, dann können jene pädagogisch begabten jungen Menschen, die sich für diesen Beruf eignen, ausgewählt werden. Wer in Abiturfächern Einsen vorweisen kann, ist nicht automatisch begabt dafür, Kinder auf ihrem Entwicklungsweg professionell zu begleiten und zu fördern. Damit die Lehrer und Lehrerinnen ihre verantwortungsvolle und schwierige Arbeit immer wieder den Erfordernissen anpassen können (Kinder verändern sich!), muss regelmäßige Weiterbildung selbstverständlich werden. Aber auch Angebote von Supervision, Coaching und Beratung gehören in die Schulen und Kindergärten!

Grundsätzlich gehört es zur Aufgabe der Gesellschaft, alle Kinder zu fördern. Bei Lern- und Leistungsschwierigkeiten sollte die Hilfe vor Ort organisiert werden und dort stattfinden, wo das Kind lernt. Wir können es nicht zulassen, dass ein Teil unserer Kinder und Jugendlichen mit dem Gefühl aufwächst, dass es in ihrem Leben keine Perspektiven gibt. Wofür sollen sie sich anstrengen? Wir haben in unserem Buch davon berichtet, dass Kinder gern Verantwortung übernehmen möchten, dass sie sich nützlich machen wollen, bereit sind, am gesellschaftlichen Leben teilzunehmen und sich einzubringen. Orientieren wir uns doch an den Bedürfnissen der Kinder und Jugendlichen und nicht an denen der Wirtschaft!

»Nur ein Land, in dem ›funktionierende Wirtschaft‹ und ›menschliches Zusammenleben‹ mit Kindern und Jugendlichen keine auseinanderdriftenden Größen sind, wird junge Menschen für Bildung, Leistung und Werte begeistern können.« (Joachim Bauer)[226]

Anmerkungen

Vorwort

[1] Keupp, H. (2006, S. 6)
[2] Vgl. Berkman und Syme (1979), Werner (2005).

Kapitel 1: Was heißt Salutogenese und wozu nutzt dieses Modell?

[3] Sven Nordquist: Wie Findus zu Pettersson kam © Verlag Friedrich Oetinger, Hamburg, 2002. – Sven Nordquist ist als schwedischer Architekt und Werbezeichner ein exzellenter Buchillustrator. Er wurde im Jahre 1964 in Helsingborg geboren und arbeitet heute als Kinderbuchautor. Es wurden ihm unter anderem für seine Leistungen der Schwedische Literaturförderpreis und der Deutsche Jugendliteraturpreis verliehen.

[4] Der Mitautor dieses Buches, Rüdiger-Felix Lorenz, hat Aaron Antonovsky ein umfassendes Buch gewidmet: Lorenz (2005). In diesem Buch stellt er ausführlich das Konzept der Salutogenese und vor allem die praktische psychotherapeutische Anwendung dar. Das Buch zeigt mit anschaulichen Beispielen auf, welche Fähigkeiten des Menschen zur Bestärkung des Kohärenzgefühls genutzt werden können. In weiteren gesundheitswissenschaftlichen Veröffentlichungen hat sich der Autor unter unterschiedlichen Themenstellungen zur Salutogenese und ihrer Bedeutung geäußert: Lorenz (2007, 2007a, 2007b, 2007c, 2008, 2008a, 2009).

[5] Antonovsky (1991, S. 112).

[6] Vgl. hierzu unsere Ausführungen im Kapitel 1, Abschnitt »Stresserleben und Stressbewältigung«.

[7] Antonovsky (1991, S. 124).

[8] Englischer Originaltitel: Health, Stress and Coping: New Perspectives on Mental and Physical Well-Being.

[9] Englischer Originaltitel: Unraveling the Mystery of Health – How People Manage Stress and Stay Well.

[10] Antonovsky (1993, S. 7).

[11] Antonovsky (1993, S. 6).

[12] Maoz, B. (2008): Persönliche Mitteilung.

Maoz, B. (2008): Persönliche Mitteilung. Benyamin Maoz, geb. 1929 in Kassel, war als Professor für Psychiatrie und Leiter der Psychiatrischen Universitätsklinik in Beer Sheva tätig. Er arbeitete mit Aaron Antonovsky zusammen. Gemeinsam untersuchten sie in der damals spektakulären Studie zwischen 1960 und 1970 die Anpassung von Frauen an die Menopause. Zu der Forschergruppe gehörten noch Helen Antonovsky, Henricus Wijsenbeek und Nancy Datan. Wijsenbeek, der selbst im Konzentrationslager war, vertrat am energischsten die These, dass ein solches Lebenstrauma in jedem Fall psychische Folgen nach sich ziehen müsse. Als Benyamin Maoz sieben Jahre alt wurde, musste auch seine Familie aus Kassel nach Haifa in Palästina emigrieren, um nach den erlittenen Erniedrigungen dem Terror der Nazis zu entgehen. Sein Vater, Hans Mosbacher, war ein selbstbewusster und gebildeter Vertreter des liberalen jüdischen Bürgertums der Stadt Kassel in einer seinerzeit großen jüdischen Gemeinde. Im Jahre 1994 wurde Benyamin Maoz auf die Franz-Rosenzweig-Gastprofessur der Universität Kassel berufen und amtiert derzeit als Vizepräsident der Internationalen Balint-Vereinigung. Er, der heute im Bekenntnis zum Staat Israel einst Hans Bernhard hieß, bereist noch oft das Land seiner Wurzeln und pflegt in Erinnerung an das, wie er sagt, »zerstörte jüdische Erbe« wertschätzende und rege freundschaftliche Kontakte.

[13] Vgl. Antonovsky (1979, 1988).

[14] Antonovsky (1997, S. 23).

[15] Franke (2008, S. 24).

[16] Von Uexküll und Wesiack (2008, S. 5).

[17] Meier-Oeser (1997, S. 371).

[18] Faltermaier, Kühnlein und Burda-Viering (1998, S. 19 ff.).

[19] Vgl. Janosch (1985a).

[20] Schmitz (1986, S. 89).

[21] Vgl. Engel (1977). Antonovsky beschäftigte sich ausführlich mit den Erkenntnissen Engels, die mit einem grundlegenden Wertewandel in Europa und der Demokratisierung im Zusammenhang stehen. Während im *biomedizinischen* Modell, wir können auch zutreffender von einem *biomechanischen* Krankheitsmodell sprechen, der kranke Mensch als Opfer in der Widerspiegelung krankhafter Prozesse betrachtet wurde, tritt mit der stärkeren Beachtung psychischer und sozialer Faktoren und den darin enthaltenen Ressourcen die Verantwortlichkeit des Individuums für sein Wohlbefinden in einer aktiven Rolle bei der Erhaltung und Förderung der Gesundheit in den Vordergrund. In sei-

nen weiteren Ausführungen (vgl. Lorenz 2008, S. 63 ff.) zu diesem Thema schildert der Autor im Kapitel »Wie wir heute behandelt werden« eine Gesundheitsversorgung, nach der wir noch heute wie seit ca. 200 Jahren als biologische Organismen ohne Verantwortlichkeit für die eigene Gesundheit betrachtet werden, deren Zustände ausschließlich nach naturwissenschaftlichen Erkenntnissen objektivierbar sind.

[22] Vgl. Maslow (1981).

[23] Vgl. Janosch (1985).

[24] Spitzer (2002, S. 164).

[25] Becker (2006, S. 92).

[26] Vgl. Lazarus und Folkman (1984). Lazarus arbeitete mit seinen Kolleginnen und Kollegen vor allem an drei Kriterien: dem Stress selbst, dessen Bewertung und die Bewältigung des Stresses.

[27] Antonovsky (1997, S. 136 ff.).

[28] Vgl. Life-Event-Forschung. Sie beschäftigt sich mit der Wirkung von Lebensveränderungen auf den Menschen wie zum Beispiel Heirat, Geburt eines Kindes, aber auch Arbeitslosigkeit und der Tod eines nahen Angehörigen. Dabei wird von der Annahme ausgegangen, dass alle Ereignisse im Leben eines Menschen, die eine Anpassung an die Situation abverlangen, die Gesundheit beeinflussen und Krankheit auslösen können. Dieser Ansatz wurde oft einerseits wegen methodischer Mängel und andererseits wegen seiner noch immer ungeklärten theoretischen Basis in Frage gestellt. Es wird vor allem in dieser Theorie nicht berücksichtigt, welchen Einfluss ein nicht eingetretenes Ereignis auf die Beteiligten hat, wenn, wie heute sooft, zum Beispiel Eheleuten mit enormem Aufwand die Erfüllung ihres Kinderwunsches mit medizinischen Mitteln in Aussicht gestellt wird, während allerdings nicht selten das erwünschte Ereignis ausbleibt. Darüber hinaus ist die Annahme dieses Ansatzes auch im Sinne der Salutogenese fragwürdig, dass die Lebensereignisse für alle Menschen die gleiche Bedeutung haben sollen. Arbeitslosigkeit muss keineswegs immer dieselbe negative Bedeutung haben, kann doch die Suche nach einem neuen Arbeitsplatz nach jahrelangem Mobbing durchaus als eine entlastende Herausforderung erlebt werden.

[29] Vgl. Antonovsky (1988).

[30] Petzold (1997, S. 438).

[31] Schiffer (2001, S. 14).

[32] Vgl. Antonovsky (1991).

[33] Antonovsky (1979, S. 105), Übers. d. Verf.

[34] Antonovsky (1989, S. 52).

[35] Vgl. Werner und Smith (1982).

[36] Antonovsky (1979, S. 99), Übers. d. Verf.

[37] Vgl. Antonovsky (1979), Faltermeier, Kühnlein und Burda-Viering (1998), Pingsten (1999).

[38] Vgl. Short und Weinspach (2007).

[39] O'Hanlon und Hexum (1994).

[40] Vgl. Lorenz (2005, S. 165 ff.). Rüdiger-Felix Lorenz beschreibt in seinem Buch »Salutogenese – Grundwissen für Psychologen, Mediziner, Gesundheits- und Pflegewissenschaftler« zur Frage der Förderung bzw. Veränderbarkeit des Kohärenzgefühls die Dimension der *Selbstgestaltungspotenziale* und *Selbstgestaltungskräfte*. In Abgrenzung zum Ansatz des *Empowerment*, dem noch sehr die Machtkomponente anhaftet, sucht er mit der Herausstellung unserer Selbstgestaltungspotenziale und Selbstgestaltungskräfte souverän gestaltete Handlungsmöglichkeiten unter Freisetzung der vorhandenen Potenziale (Ressourcen) zu beschreiben. Eine in diesem Sinne der Salutogenese praktizierte Selbstverantwortlichkeit für die eigene Gesundheit vermag die Aufnahme von gesundem und die Aufgabe von Risikoverhalten zur Bekräftigung des Kohärenzerlebens zu verstärken.

[41] Petzold (2003, S. 447).

[42] Vgl. World Health Organisation: Ottawa Charta (1994).

Kapitel 2: Die personale Ressource Selbstwertgefühl

[43] Brooks-Gunn und Lewis (1981).

[44] Die Mitautorin dieses Buches, Christina Krause, hat über viele Jahre die Entwicklung des Selbst im Kindes- und Jugendalter erforscht. Drei Fragen wollte sie beantworten: 1. Was wissen Kinder und Jugendliche über sich, und wie verändern sich Inhalt und Qualität dieses »Selbstbildes« mit zunehmendem Alter? 2. Welche Bedingungen unterstützen die Entwicklung des Selbstbildes? 3. Wie und unter welchen Bedingungen können Kinder einen positiven Selbstwert entwickeln und erhalten? Um einen Einblick in die Variabilität der Entwicklung zu bekommen, wurden verschiedene Methoden eingesetzt. Besonders effektiv war die Methode der freien Selbstbeschreibung. Da die Schüler und Schülerinnen der ersten Längsschnittstudie über acht Jahre und die der zweiten Studie über sieben Jahre sich zu dem Thema »Wie ich bin?« äußerten, konnten zum einen die Besonderheit jeder Individualität und zum anderen der Entwicklungsverlauf erfasst werden. Vgl. hierzu: Krause (1993, 1996, 2007), Krause, Wiesmann und Hannich (2004).

[45] Vgl. Krause, Wiesmann und Hannich (2004, S. 62 f.).

[46] Vgl. Singer (2002), Spitzer (2002), Roth (2003), Bauer (2006).

47 Siefer und Weber stellen in ihrem sehr empfehlenswerten Buch die neuesten Erkenntnisse der Neurowissenschaften vor und zeigen, dass das Bild vom Menschen neu konstruiert werden muss. Die Botschaft des Buches lautet: Jeder kann sich ändern – wann immer er will!

48 Vgl. Tao (2008).

49 Satir (1994, S. 48).

Kapitel 3: Die personale Ressource Zugehörigkeitsgefühl

50 Vgl. Bauer (2006).

51 Bauer (2006, S. 107).

52 Der Staufer-Kaiser Friedrich II. lebte um 1250 auf Sizilien in Italien. Er wollte herausfinden, was die Ursprache des Menschen ist und wie ein Mensch zu sprechen beginnt, wenn ihm kein einziges Wort vorgesagt wird. Er war der Meinung, dass dies von selbst kommen würde. Für diese Untersuchung sammelte er Findelkinder in einem Waisenhaus, stellte Pflegerinnen ein und ordnete an, die Kinder zu pflegen, zu ernähren und auf Hygiene zu achten. Es war den Pflegerinnen jedoch verboten, mit den Kindern zu reden, sie zu umarmen oder zu streicheln. Das Ergebnis war: Alle Kinder starben, obwohl sie gut ernährt und versorgt worden waren. Sie erfuhren jedoch keine Liebe, keine Blicke, keine Resonanz. So verkümmerten sie seelisch und in der Folge auch körperlich, was schließlich zum Tod führte.

53 Vgl. Weiß (2007).

54 Vgl. Werner (2005).

55 Charles Darwin war der Begründer der modernen Evolutionstheorie.

56 Die PISA-Studien der OECD sind internationale Schulleistungsuntersuchungen, die seit dem Jahr 2000 in dreijährigem Turnus in den meisten Mitgliedstaaten der OECD und einer zunehmenden Anzahl von Partnerstaaten durchgeführt werden und die zum Ziel haben, alltags- und berufsrelevante Kenntnisse und Fähigkeiten 15-jähriger Schüler zu messen. PISA bedeutet: Programme for International Student Assessment (*Programm zur internationalen Schülerbewertung*). Es gab bisher drei große Untersuchungen, die erste im Jahre 2000, danach wieder 2003 und 2006. An PISA 2000 haben 43 OECD-Mitglieds- und Partnerländer teilgenommen, darunter auch Deutschland, Österreich und die Schweiz, 2003 waren es 41 Länder und im Jahre 2006 nahmen Schüler aus 57 Ländern teil.

57 Aus dem 2. Armutsbericht der Bundesregierung 2005: »Während nach wie vor der überwiegende Teil (60 Prozent) der deutschen Kinder mit

Sozialhilfebezug aus allein erziehenden Haushalten stammte, galt dies
nur für 35 Prozent der ausländischen Kinder mit Sozialhilfebezug.«

[58]   World-Vision-Studie (2007, S. 3).

[59]   Untersuchungen aus dem Vereinigten Königreich haben zum Beispiel
ergeben, dass ca. 10 Prozent der Kinder im Alter von 5 bis 15 Jahren
unter psychischen Störungen leiden. Davon leiden ca. 5 Prozent unter
Störungen des Sozialverhaltens, 4 Prozent unter emotionalen Störungen
und 1 Prozent unter Hyperaktivität. Die Suizidraten in der Altersgruppe
unter 20 Jahren sind in den letzten beiden Jahrzehnten in vielen Ländern
gestiegen; der Anstieg fiel unter Jungen stärker aus als unter Mädchen
(Daten aus dem Europäischen Gesundheitsbericht 2005).

[60]   Nachzulesen bei Martin (2005), zitiert bei Spitzer und Bertram (2006,
S. 83).

[61]   Diener und Suh (1999), zitiert bei Spitzer und Bertram (2006, S. 87).

[62]   Ein anschauliches Beispiel dafür ist die im Jahre 2008 ausgelöste weltweite Finanz- und Wirtschaftskrise.

[63]   Bucher (2003). Der Autor und seine Mitarbeiter/-innen befragten im
Bundesland Salzburg 1319 Kinder, zwischen 9 und 13 Jahre alt, danach,
wo, mit wem und bei welchen Tätigkeiten sie glücklich sind.

[64]   Vgl. Alsaker (2003).

[65]   Bauer (2006, S. 127).

[66]   Grau (2008, S. 22).

[67]   Für interessierte Leser empfehlen wir: Spitzer (2002), Bauer (2006),
Roth (2003), Pfeiffer und Kleimann (2006).

[68]   Vgl. Goleman (1997).

[69]   *Faustlos* ist ein Curriculum, das entwickelt wurde, um impulsives und
aggressives Verhalten von Kindern zu reduzieren, indem es ihre sozialen
Kompetenzen erhöht. Es vermittelt alters- und entwicklungsadäquate
prosoziale Kenntnisse und Fähigkeiten zum Umgang mit Ärger und
Wut. Die Kinder lernen Beruhigungstechniken und positive Selbstver-
stärkung (Cierpka 2002). – *Klasse 2000* ist ein Programm zur Gesundheitsförderung und Suchtvorbeugung an Grundschulen. Es beginnt in
der ersten Klasse und begleitet die Kinder während ihrer gesamten
Grundschulzeit. Durch frühzeitige Förderung einer positiven Gesund-
heitseinstellung und Stärkung der allgemeinen Lebenskompetenz soll
den Kindern zu einer gesunden und suchtfreien Entwicklung verhol-
fen werden (Kraus, Duprée und Bölcskei 2002). – *Bleib locker* ist ein
Stresspräventionstraining für Kinder im Grundschulalter. Es soll Kindern helfen, mit aktuellen Belastungssituationen besser umgehen zu
können, und sie gleichzeitig auf zukünftige Anforderungssituationen
vorbereiten (Klein-Heßling und Lohaus 1998). – *Fit und stark fürs*

Leben ist ein Unterrichtsprogramm zur Prävention von Gewalt, Aggression und Sucht. In Anlehnung an die WHO behandelt das Programm die Lebenskompetenzbereiche Selbstwahrnehmung und Einfühlungsvermögen, Umgang mit Stress und negativen Emotionen, Kommunikation, kritisches und kreatives Denken sowie Problemlösen (Burow, Aßhauer und Hanewinkel 1998). – *Ich bin ich – Gesundheitsförderung durch Selbstwertstärkung* ist ein Curriculum zum Erhalt und zur Förderung des Wohlbefindens von Kindern durch die Stärkung ihres Selbstwertgefühls. Es konzentriert sich auf die Herausbildung, Stärkung und Förderung von Schutzfaktoren bzw. Widerstandsressourcen, die bei der Bewältigung der Lebensanforderungen helfen, sich vorwiegend auf der gesunden Seite des Gesundheits-Krankheits-Kontinuums zu bewegen. Bei der Bestimmung von Schwerpunkten wurde davon ausgegangen, dass die Entwicklung von gesundheitsförderlicher Selbstreflexion und Empathie zur Steigerung des Selbstwertgefühls beiträgt und auf dieser Grundlage auch eher ein Gefühl für andere entstehen kann, dass das Erlernen von Kommunikationsfähigkeiten hilft, Störungen in den zwischenmenschlichen Beziehungen zu erkennen, Konflikte produktiv zu lösen und damit das Wohlbefinden zu erhöhen, dass die Befähigung zum effektiven Umgang mit Stressoren für die Bewältigung von Belastungssituationen kompetent macht und dass letztendlich Belastungen eher als Herausforderung erlebt werden können (Krause, Hannich, Stückle, Widmer, Rohde und Wiesmann 2000, Krause, Stückle, Widmer und Wiesmann 2001).

[70] Vgl. von Hentig (2001).
[71] UNICEF (2007): Bericht zur Lage der Kinder in Deutschland.
[72] Antonovsky (1993, S. 13).
[73] Vgl. Antonovsky (1997).
[74] Vgl. Spitzer (2002).
[75] Spitzer (2002, S. 356).
[76] Von Hentig (2001, S. 72 f.).
[77] Spitzer (2002, S. 358).
[78] Spitzer (2002, S. 358).
[79] Vgl. Lobe (1972).

Kapitel 4: Das Kohärenzgefühl

[80] Popper (1997, S. 256 f.).
[81] Antonovsky (1997, S. 92).

82 Antonovsky (1993, S. 7). Der aus der Informationstheorie stammende
und durch die Thermodynamik übernommene Begriff der *Entropie*
bezieht sich auf die mit einem Ereignis verbundene Ungewissheit bzw.
dessen Überraschungswert. Es handelt sich dabei gewissermaßen um
Prozesse, denen auch der Mensch vor allem in Zeiten der Unsicherheiten ausgesetzt ist und die er selbst schwer zu steuern in der Lage ist.
Antonovsky beschäftigt sich daher vor allem mit dem Gegenteil von
Entropie, der *Negentropie*, und der damit verbundenen Frage, wie Ord-
nung und Sicherheit entstehen können. In diesem Sinne münden seine
Überlegungen folgerichtig im zentralen Konzept der Salutogenese, dem
des Kohärenzgefühls, welches eine Lebensorientierung des Vertrauens
in die eigenen Fähigkeiten auch in Zeiten der Unwägbarkeiten und Unsicherheiten darstellt.

83 Vgl. Antonovsky (1988, 1991, 1997).

84 Antonovsky (1979, S. 8).

85 Antonovsky (1997, S. 36).

86 Antonovsky (1991, S. 127).

87 Antonovsky (1997, S. 130).

88 Vgl. hierzu unsere Ausführungen im Kapitel 5, Abschnitt »Was hilft, das
Kohärenzgefühl zu entwickeln«.

89 Ondracek, Romanenkova und Rückert (2006, S. 65).

90 Vgl. hierzu unsere Ausführungen im Kapitel 1, Abschnitt »Ressourcen –
Quellen der Hilfe«.

91 Antonovsky (1997, S. 130 f.).

92 Vgl. Becker (2006), Weis (1996).

93 Faltermeier (2002, S. 190).

94 Antonovsky (1991, S. 127).

95 Petzold (1993, S. 315).

96 Bauer (2006, S. 61).

97 Antonovsky (1997, S. 34).

98 Antonovsky (1997, S. 35).

99 Antonovsky (1997, S. 35 f.).

100 Petzold (2003, S. 103).

101 Petzold (2003, S. 102).

102 Michaelis und Mikula (2007, S. 32 f.).

103 Bauer (2006a, S. 209).

104 Maoz, Rabin, Katz und Matalon (2006, S. 228).

Kapitel 5: Was hilft, das Kohärenzgefühl zu entwickeln

[105] Antonovsky (1997, S. 93).

[106] Antonovsky (1993, S. 4).

[107] Antonovsky (1993, S. 4).

[108] Petzold (2003, S. 196).

[109] Vgl. Antonovsky (1979).

[110] Hüther und Krens (2005, S. 71).

[111] Dornes (1996, S. 66).

[112] Vgl. Lebenslagen in Deutschland – 2. Armuts- und Reichtumsbericht des Deutschen Bundestages (2005).

[113] Ebd. (2005, S. 14).

[114] Vgl. Clarke-Stewart (1978).

[115] Vgl. Fthenakis (1988). Prof. Wassilios Fthenakis stellte auf dem IX. Kongress für Erziehung und Bildung am 14. und 15. November 2008 in Göttingen in seinem Vortrag »Glück braucht Eltern – Facetten der Vaterschaft« neueste Ergebnisse seiner Forschungen vor. In diesem Vortrag sprach er über das im Text erwähnte Dilemma der Väter.

[116] Vgl. Bowlby (1958, 1969).

[117] Melanie Klein wurde im Jahre 1882 in Wien geboren. Der Vater, der als Arzt tätig war, vermochte wegen der geringen finanziellen Einnahmen nur dem Sohn ein Studium zu ermöglichen. Im Jahre 1903 zog Melanie Klein mit ihrem Mann nach Budapest, wo sie ihre drei Kinder aufzog und bei Sándor Ferenczi (1873–1933) ab 1918 eine Psychoanalyse begann. Ferenczi vertrat und praktizierte in Abkehr vom Abstinenzprinzip der Psychoanalyse die Auffassung, dass fehlende Zuneigung der Eltern zur Neurose des Kindes führe, während sie durch mütterliches Verhalten des Therapeuten auszugleichen sei. Diese Auffassung führte zum Bruch mit Freud, mit dem er lange und innig befreundet war. Melanie Klein ließ sich in ihrer Analyse sicher von Ferenczi in ihrer Haltung zu Kindern inspirieren, indem sie ihre Beobachtungen zur frühkindlichen Entwicklung in der Analyse ihrer eigenen Kinder sammelte. Zentral bei ihren Thesen ist die Beziehung des Säuglings zur Mutter. So entwickelte sie ihre schon früh in der Fachwelt kritisierten Auffassungen, wonach das Kind die Mutter in seiner Vorstellung bei deren Anwesenheit als ein gutes Objekt, sie in Abwesenheit allerdings als ein böses Objekt erlebe und darauf mit Aggressionen reagiere. Im Jahre 1926 wurde Melanie Klein von dem Vorsitzenden der Londoner Psychoanalytischen Gesellschaft Ernest Jones darum gebeten, seine Kinder zu analysieren. So zog sie nach London und arbeitete dort in eigener Praxis bis zu ihrem Tod im Jahre 1960.

118   Dornes (1996, S. 205).
119   Beyond the Couch: Bowlby im Interview mit Senn (2007, S. 9), Übers.
      d. Verf.
120   Hüther und Krens (2005, S. 81).
121   Bauer (2006, S. 58).
122   Antonovsky (1997, S. 95).
123   Dornes (1996, S. 67).
124   Vgl. Keller (2009).
125   Antonovsky (1997, S. 92).
126   Hinweis auf die Längsschnittuntersuchung siehe Anmerkung 44.
127   Andere Autoren sprechen in diesem Zusammenhang auch vom »Fähig-
      keitsselbstbild« (Helmke 1991); im Englischen wird der Begriff »acade-
      mic self-concept« (z. B. Byrne 1996, S. 287, Shavelson, Hubner und Stan-
      ton 1976) benutzt. In Bezug auf das Fähigkeitsselbstbild muss jedoch
      ergänzend gesagt werden, dass es sich dabei um einen Teilbereich des
      »schul- und lernbezogenen Selbstbildes« handelt, der sich direkt auf
      das Selbstbild hinsichtlich schulischer Fähigkeiten und Fertigkeiten, wie
      z. B. Lesen, Schreiben, Rechnen, und nicht auf das Selbstbild als Schü-
      ler im Allgemeinen bezieht. Für den Grundschulbereich scheint der
      Begriff »schul- und lernbezogenes Selbstbild« besser geeignet zu sein,
      da sich gezeigt hat, dass sich die Kinder zu Beginn ihrer Schulzeit rela-
      tiv global als gute bzw. schlechte Schüler/Schülerinnen sehen, die die
      Anforderungen gut oder schlecht bewältigen können, viele oder wenige
      Freunde haben, die Lehrerin mögen oder auch nicht mögen. Das Fähig-
      keitsselbstbild differenziert sich erst später bereichsspezifisch aus, zum
      Beispiel »Ich bin gut in Deutsch, aber schlecht in Mathematik« (vgl.
      Krause 1997, S. 96).
128   Zu ähnlichen Ergebnissen kamen auch Damon und Hart (1988), Felger-
      Pärsch (1995) und Baldering (1993).
129   Vgl. Shavelson, Hubner und Stanton (1976).
130   Vgl. Oerter und Montada (2008).
131   Antonovsky (1997, S. 100).
132   Hurrelmann und Albert (2006, S. 300).
133   Antonovsky (1997, S. 104).
134   Gille, Sardei-Biermann, Gaiser, de Rijke (2006, S. 278 f.).
135   Gille, Sardei-Biermann, Gaiser, de Rijke (2006, S. 279).
136   Hurrelmann und Albert (2006, S. 183).
137   Rauh (2008, S. 162).
138   Antonovsky (1997, S. 98).
139   Papoušek und Papoušek (1992, S. 147).
140   Vgl. Marcel (1978).

141 Vgl. Oerter und Montada (2008).
142 Vgl. Massie, Bornstein, Afterman und Campbell (1988).
143 Petzold, Goffin und Oudhof (1993, S. 422).
144 Vgl. Thomas und Chess (1980).
145 Papoušek (2007, S. 41).
146 Gemeint ist das Prager-Eltern-Kind-Programm nach Jaroslav Koch.
147 Antonovsky (1979, S. 112 f.), Übers. d. Verf.
148 Antonovsky (1997, S. 99).
149 Vgl. Grossmann (1978).
150 Papoušek und Papoušek (1992, S. 148 f.).
151 Dornes (1996, S. 21).
152 Bauer (2006, S. 58 ff.).
153 Bauer (2006, S. 62).
154 Antonovsky (1997, S.99).
155 Brunstein und Heckhausen (2006, S. 144).
156 Antonovsky (1997, S. 97).
157 Antonovsky (1997, S. 99).
158 Vgl. Ludwig (1997).
159 Hurrelmann (1994, S. 129).
160 Vgl. Krause (1996, S. 46 f.).
161 Vgl. UNICEF-Bericht zur Lage von Kindern in Deutschland.
162 Vgl. Landesgesundheitsbericht 2002 »Gesundheit von Kindern und Jugendlichen in Nordrhein-Westfalen« (S. 51).
163 Vgl. Europäischer Gesundheitsbericht 2005 »Maßnahmen für eine bessere Gesundheit der Kinder und der Bevölkerung insgesamt«.
164 Vgl. Landesgesundheitsbericht 2002 »Gesundheit von Kindern und Jugendlichen in Nordrhein-Westfalen« (S. 51).
165 Krause, Wiesmann und Hannich (2004, S. 115).
166 Vgl. Der UNICEF-Bericht zur Lage von Kindern in Deutschland.
167 Antonovsky (1997, S. 138).
168 Vgl. von Salisch (2000).
169 Hurrelmann und Albert (2006, S. 74).
170 Antonovsky 1997, S. 97.
171 Vgl. Oerter und Montada (2008, S. 172).
172 Vgl. Weick (1995).
173 Papoušek (2007, S. 40).
174 Spitzer (2002, S. 34).
175 Antonovsky (1997, S. 35).
176 Vgl. Portman (1951).
177 Vgl. Dornes (1996, S. 21).
178 Vgl. Lewis, Allessandri und Sullivan (1990).

179 Petzold (2003, S. 538 f.).

180 Dornes (1997, S. 139).

181 Antonovsky (1997, S. 53).

182 Vgl. hierzu Krapp und Weidenmann (2001, S. 221).

183 Vgl. Csikszentmihalyi (1999). Mit der Metapher der *flow*-Erfahrung wird die Erfahrung eines mühelosen Handelns in Momenten beschrieben, das wir auch als besonders angenehm in Augenblicken der Übereinstimmung unseres Denkens, Fühlens und Handelns erleben können.

184 Vgl. Spitzer (2002), Bauer (2006a).

185 Vgl. hierzu unsere Ausführungen im Kapitel 5, Abschnitt »Erfahrungen von Belastungsbalance«.

186 Vgl. Antonovsky (1997, S. 94).

187 Hurrelmann (1994, S. 129).

188 Paulus (2000, S. 26).

189 Paulus (2000, S. 27).

190 Vgl. Rosenthal und Jacobsen (1968, dt. 1971, Kapitel 7 und 8).

191 Der »Pygmalioneffekt« beschreibt Folgendes: Erwartungen haben die Tendenz, sich zu bewahrheiten. Sie beeinflussen das Verhalten so, dass am Ende das Erwartete geschieht. Rosenthal und Jacobson wollten das nachweisen und führten dazu in einer Grundschule in den Klassen 1 bis 6 Intelligenztests durch. Sie sagten zu den 19 Lehrern und Lehrerinnen, diese Tests könnten die künftige Entwicklung der geistigen Fähigkeiten der Kinder voraussagen. Danach wählten sie per Zufall 20 Prozent der Kinder aus und behaupteten, es seien jene, bei denen der Test diese positive Entwicklung vorausgesagt hätte. Ein Jahr später wurde der Intelligenztest wiederholt. Es zeigte sich, dass die willkürlich ausgewählten Kinder jetzt tatsächlich signifikant bessere Ergebnisse hatten.

192 Vgl. Bauer (2006).

193 Bauer (2006, S. 123).

194 Vgl. Rudow (1994).

195 Vgl. hierzu Rudow (1994), Freitag (1998).

196 Vgl. Bauer (2008).

197 Becker (2006, S. 111 ff.).

198 Zum Beispiel die Odenwaldschule in Ober-Hambach, die Gesamtschule Winterhude in Hamburg, die Helene-Lange-Schule – eine Integrierte Gesamtschule in Wiesbaden –, die Montessori-Oberschule – eine Oberschule mit integrierter Primarstufe in Potsdam –, die Carl-von-Linné-Schule – eine Förderschule in Berlin –, die Robert-Bosch-Gesamtschule – eine Integrierte Gesamtschule in Hildesheim – und das Friedrich-Schiller-Gymnasium in Marbach am Neckar.

199 Vgl. Bauer (2006).

200 Petzold (2003, S. 743).

201 Grossmann und Grossmann (2008, S. 296 f.).

202 Hurrelmann und Albert (2006, S. 56 f.).

Kapitel 6: Was wir hier und jetzt tun können

203 Vgl. Oerter und Montada (2008, S. 171 ff.)

204 In der UN-Kinderrechtskonvention vom 20.11.1989 wurden die Rechte
von Kindern verabschiedet. Im Artikel 3 »Wohl des Kindes« heißt es:
»(1) Bei allen Maßnahmen, die Kinder betreffen, gleichviel ob sie von
öffentlichen oder privaten Einrichtungen der sozialen Fürsorge, Gerich-
ten, Verwaltungsbehörden oder Gesetzgebungsorganen getroffen werden, ist das Wohl des Kindes ein Gesichtspunkt, der vorrangig zu berück
sichtigen ist. (2) Die Vertragsstaaten verpflichten sich, dem Kind unter
Berücksichtigung der Rechte und Pflichten seiner Eltern, seines Vor-
munds oder anderer für das Kind gesetzlich verantwortlicher Personen
den Schutz und die Fürsorge zu gewährleisten, die zu seinem Wohlergehen notwendig sind; zu diesem Zweck treffen sie alle geeigneten
Gesetzgebungs- und Verwaltungsmaßnahmen. (3) Die Vertragsstaaten
stellen sicher, daß die für die Fürsorge für das Kind oder dessen Schutz
verantwortlichen Institutionen, Dienste und Einrichtungen den von den
zuständigen Behörden festgelegten Normen entsprechen, insbesondere
im Bereich der Sicherheit und der Gesundheit sowie hinsichtlich der
Zahl und der fachlichen Eignung des Personals und des Bestehens einer
ausreichenden Aufsicht.« Im Artikel 12 »Berücksichtigung des Kindes-
willens« steht: (1) Die Vertragsstaaten sichern dem Kind, das fähig ist,
sich eine eigene Meinung zu bilden, das Recht zu, diese Meinung in allen
das Kind berührenden Angelegenheiten frei zu äußern, und berücksichtigen die Meinung des Kindes angemessen und entsprechend seinem
Alter und seiner Reife.«

205 Spitzer (2002).

206 Vgl. Watzlawick et al. (1990).

207 Die Mitautorin Christina Krause hat 2002 die Gründung des Vereins
Kess e. V. initiiert, um die Ergebnisse aus der Forschung zur Entwicklung des Selbst und zur Förderung der Gesundheit von Kindern konsequent in die Praxis überführen zu können. Bei der Durchführung von
Gesundheitsförderung in Grundschulen und Kindergärten wurde sehr
bald deutlich, dass die Eltern mit ins Boot geholt werden müssen, und
es wurde der Elternkurs »Ohne Eltern geht es nicht« entwickelt (vgl.
Krause 2008).

208 Schneewind (2008, S. 145).

209 Roth (2008, S. 61).

210 Vgl. Bauer (2008, S. 81).

211 Vgl. Becker (2006, Kapitel 4).

212 Vgl. Spiegel Special, 7, 2008, S. 60.

213 Spitzer (2000). DVD.

214 Vgl. Gebauer (2005, Kapitel 5).

215 »Archiv der Zukunft« – ein Internetportal, das Schulen, die sich erfolg-
     reich um Reformen bemühen, vorstellt und zur Diskussion über die
     Schule der Zukunft anregt.

216 Vgl. Koskus-Gärtner (2009).

217 Gordon hat sich in seinen Büchern »Familienkonferenz« und »Schüler-
     Lehrer-Konferenz« gründlich mit Wegen zur Problemlösung auseinan-
     dergesetzt und viele praktische Hinweise gegeben.

218 Alf (2008).

219 Wild (2006) hat in ihrem Beitrag »Humor ernst genommen. Lächeln,
     Erheiterung und das Gehirn« die neurophysiologischen Vorgänge, die
     beim Lachen im Gehirn ablaufen, vorgestellt. Sie sagt aber auch, dass
     noch vieles unerforscht ist, z. B. die Frage, was bei humorlosen Personen
     anders abläuft als bei Menschen mit Humor.

220 Die Schule stellt sich auf der Internetseite »Archiv der Zukunft« vor.
     Lesen Sie mehr darüber. Siehe auch Spiegel Special, Nr. 7, 2008.

221 UNICEF Deutschland (2008), Ravens-Sieberer et al. (2007), Hurrel-
     mann und Andresen (2007): World-Vision-Studie (2007).

222 Vgl. Koskus-Gärtner (2009).

223 Böttcher (2004, S. 105).

224 3. Armutsbericht der Bundesregierung (2008).

225 In Göttingen gibt es seit 2008 ein Elternkompetenzzentrum mit Kin-
     dergarten und Fördergruppen in einem Stadtteil, in dem vorwiegend
     Familien mit Migrationshintergrund wohnen. Es ist sowohl von den
     Kindern als auch deren Eltern gut angenommen worden und hat regen
     Zuspruch.

226 Bauer (2008, S. 141).

Danksagung

Wir möchten uns bei Christa Lorenz und Winfried Krause bedanken, die uns bei der Fertigstellung des Manuskripts nicht nur begleitet, sondern uns auch mit Geduld und praktischer Tatkraft hilfreich unterstützt und versorgt haben. Sie haben uns Anregungen und Impulse gegeben, die für uns und das Gelingen des Buches wichtig waren.

Das Gesundheitskonzept des israelisch-amerikanischen Medizinsoziologen Aaron Antonovsky entstand unter der Mitwirkung des deutschstämmigen Israeli Benyamin Maoz. Ihm als Zeitzeuge und aktivem Mitgestalter an der Entstehung des Konzeptes der Salutogenese gebührt unser besonderer Dank für seine spontane Bereitschaft, unsere Ausführungen mit seinem Geleitwort zu bedenken. Er, der, wie er von sich sagt, zwei Wurzeln hat: »eine jüdisch-israelische und eine europäische«, versteht sich noch immer als Reisender, um zwischen diesen Welten Brücken zu schlagen. So suche auch ich (Rüdiger-Felix Lorenz) auf meine Weise in der tief empfundenen Verbundenheit mit der jüdischen Kultur zwischen Israel und dem zerstörten deutschen Judentum Pfade zu finden, die wieder tragen.

Günter Presting und Ulrike Kamp danken wir für ihr Lektorat im respektvollen Umgang mit unserem Manuskript und auch für ihr stets zugewandtes Bestreben, unsere Fragen im Bemühen um ein gutes Gelingen der Arbeit fundiert zu beantworten.

Literatur

Alf, R. (2008): Schule ist, wenn man trotzdem lacht. Lappan Verlag.

Alsaker, F. D. (2003): Quälgeister und ihre Opfer. Mobbing unter Kindern – und wie man damit umgeht. Bern: Huber.

Archiv der Zukunft. Zugriff am 25.1.2009 unter http://www.archiv-der-zukunft.de/ 3. Armuts- und Reichtumsbericht der Bundesregierung. http://www.bmas.de/coremedia/generator/26896/lebenslagen_in_deutschland_der_3_armuts_und_reichtumsbericht_der_bundesregierung.html

Antonovsky, A. (1979): Health, stress, and coping. San Francisco: Jossey-Bass.

Antonovsky, A. (1988): Unraveling the mystery of health – How people manage stress and stay well (2. Auflage). San Francisco: Jossey-Bass.

Antonovsky, A. (1989): Die salutogenetische Perspektive: Zu einer neuen Sicht von Gesundheit und Krankheit. Meducs 2, S. 51–57.

Antonovsky, A. (1991): Meine Odyssee als Stressforscher. In: Rationierung der Medizin. Argument-Sonderband, Jahrbuch für kritische Medizin, Band 17. Berlin/Hamburg: Argument-Verlag, S. 112–130.

Antonovsky, A. (1993): Gesundheitsforschung versus Krankheitsforschung. In: Franke, A., Broda, M.: Psychosomatische Gesundheit. Tübingen: Dgvt-Verlag, S. 3–14.

Antonovsky, A. (1997): Salutogenese. Zur Entmystifizierung der Gesundheit. Tübingen: Dvgt-Verlag.

Baldering, D. (1993): Selbstkonzepte von Kindern im Grundschulalter. Ein Vergleich zwischen psychisch auffälligen Kindern und Kindern der Normalpopulation. Frankfurt a. M.: Peter Lang.

Bauer, J. (2006): Warum ich fühle, was du fühlst. Intuitive Kommunikation und das Geheimnis der Spiegelneurone (8. Auflage). Hamburg: Hoffmann und Campe.

Bauer, J. (2006a): Prinzip Menschlichkeit. Warum wir von Natur aus kooperieren (2. Auflage). Hamburg: Hoffmann und Campe.

Bauer, J. (2008): Lob der Schule. Sieben Perspektiven für Schüler. Lehrer und Eltern (5.Auflage). Hamburg: Hoffmann und Campe.

Becker, P. (2006): Gesundheit durch Bedürfnisbefriedigung. Göttingen: Hogrefe.

Berkman, L. F., Syme, S. L. (1979): Social networks, host resistance, and mortality: A nine-year follow-up study of Alameda county residents. American Journal of Epidemiology 109, pp. 186–204.

Beyond the Couch: John Bowlby, Interview with Milton Senn, M. D. (2007): Zugriff am 25.1.2009 unter
http://www.beyondthecouch.org/1207/bowlby_int.htm

Böttcher, W. (2004): Die Schule und ihre Zukunft. In: Träger der gesetzlichen Schüler-Unfallversicherung in NRW (Hrsg.): Gute und gesunde Schule. Dokumentation.

Bowlby, J. (1958): The nature of the child's tie to the mother. International Journal of Psychoanalysis 39, pp. 350–373.

Bowlby, J. (1969): Attachment and loss. Vol. 1: Attachment. New York: Basis Books.

Brooks-Gunn, J., Lewis, M. (1981): The development of early visual self-recognition. Development Review, 4, pp. 215–239.

Brunstein, J., Heckhausen, H. (2006): Leistungsmotivation. In: Heckhausen, J., Heckhausen, H. (Hrsg.): Motivation und Handeln (3. Auflage). Heidelberg: Springer, S. 143–191.

Bucher, A.A. (2003): Was Kinder glücklich macht. Historische, psychologische und empirische Annäherungen an Kindheitsglück. Weinheim: Juventa.

Burow F., Aßhauer, M., Hanewinkel, R. (1998): Fit und stark fürs Leben. Leipzig: Ernst Klett Grundschulverlag.

Byrne, B. (1996): Measuring self-concept across the life-span: Issues and instrumentation. Washington: American Psychological Association.

Cierpka, M. (2002): Faustlos. Ein Curriculum zur Prävention von aggressivem und gewaltbereitem Verhalten bei Kindern der Klassen 1 bis 3. Göttingen: Hogrefe.

Clarke-Stewart, K.A. (1978): And daddy makes three: The father's impact on mother and young child. Child Development 49, pp. 466–478.

Csikszentmihalyi, M. (1999): Lebe gut! Wie Sie das Beste aus Ihrem Leben machen. Stuttgart: Klett-Cotta.

Damon, W., Hart, D. (1988): Self-understanding in childhood and adolescence. Cambridge: University Press.

Diener, E., Suh, E. M. (1999): National differences in subjective well-being. In: Kahnemann, D., Diener, E., Schwarz, N. (Eds.): Well-Being. The foundations of hedonic psychology. New York: Russell Sage Foundation, pp. 434–450.

Dornes, M. (1996): Der kompetente Säugling. Die präverbale Entwicklung des Menschen. Frankfurt a. M.: Fischer.

Dornes, M. (1997): Die frühe Kindheit. Entwicklungspsychologie der ersten Lebensjahre. Frankfurt a. M.: Fischer.

Engel, G. L. (1977): The need for a new medical model. A challenge for biomedicine. Science, 196, pp. 129–136.

Europäischer Gesundheitsbericht (2005): »Maßnahmen für eine bessere Gesundheit der Kinder und der Bevölkerung insgesamt«. Zugriff am 25.01.09 unter http://www.euro.who.int/Document/E87325G.pdf

Faltermeier, T. (2002): Die Salutogenese als Forschungsprogramm und Praxisperspektive. Anmerkungen zu Stand, Problemen und Entwicklungschancen. In: Wydler, H., Kolip, P., Abel, T.: Salutogenese und Kohärenzgefühl. Grundlagen, Empirie und Praxis eines gesundheits-wissenschaftlichen Konzepts (2. Auflage). Weinheim: Juventa, S. 185–196.

Faltermaier, T., Kühnlein, I., Burda-Viering, M. (1998): Gesundheit im Alltag. Laienkompetenz in Gesundheitshandeln und Gesundheitsförderung. Weinheim: Juventa.

Felger-Pärsch, A. (1995): Untersuchungen zum Stand der Entwicklung von Selbstkonzepten bei Schülern der Primarstufe (Klasse 4) – Eine Erkundungsstudie. Potsdamer Studien zur Grundschulforschung, Heft 5. Potsdam: Universität Potsdam.

Franke, A. (2008): Modelle von Gesundheit und Krankheit. Bern: Huber.

Freitag, M. (1998): Was ist eine gesunde Schule? Einflüsse des Schulklimas auf Schüler- und Lehrergesundheit. Weinheim: Juventa.

Fthenakis, W. (1988): Väter. 2 Bde. München: dtv.

Gebauer, K. (2005): Mobbing in der Schule. Düsseldorf: Walter.

Gille, M., Sardei-Biermann, S., Gaiser, W., de Rijke, J. (2006): Zusammenfassung und Bilanz. In: Gille, M., Sardei-Biermann, S., Gaiser, W., de Rijke, J.: Jugendliche und junge Erwachsene in Deutschland. Lebensverhältnisse, Werte und gesellschaftliche Beteiligung 12- bis 29-Jähriger. Schriften des Deutschen Jungendinstituts: Jugendsurvey 3. Wiesbaden: Verlag für Sozialwissenschaften, S. 277–292.

Goleman, D. (1997): Emotionale Intelligenz (3. Auflage). München: dtv.

Grau, A. (2008): Fernsehen will gelernt sein. Gehirn & Geist, 9, S. 16–23.

Grossmann, K. (1978): Die Wirkung des Augenöffnens von Neugeborenen auf das Verhalten ihrer Mütter. Zeitschrift für Geburtshilfe und Frauenheilkunde, 38, S. 629–635.

Grossmann, K., Grossmann, K. (2008): Die Entwicklung von Bindungen: Psychische Sicherheit als Voraussetzung für psychologische Anpassungsfähigkeit. In: Opp, G., Fingerle, M. (Hrsg.): Was Kinder stärkt. Erziehung zwischen Risiko und Resilienz (3. Auflage). München: Reinhardt, S. 279–298.

Happy Planet Index (2007): Zugriff am 25.1.09 unter http://www.happyplanetindex.org

Helmke, A. (1991): Selbstvertrauen und schulische Leistungen. Göttingen: Hogrefe.

Hentig, H. v. (2001): Ach, die Werte! Über eine Erziehung für das 21. Jahrhundert. Weinheim: Beltz Taschenbuch.

Hurrelmann, K. (1994): Familienstreß, Schulstreß, Freizeitstreß. Gesundheitsförderung für Kinder und Jugendliche (2. Auflage). Weinheim: Beltz.

Hurrelmann, K., Albert, M. (Hrsg.) (2006): 15. Shell Jugendstudie 2006. Frankfurt a. M.: S. Fischer.

Hurrelmann, K., Andresen, S. (2007): Kinder in Deutschland 2007. 1. World Vision Kinderstudie. Frankfurt a. M.: Fischer.

Hüther, G., Krens, I. (2005): Das Geheimnis der ersten neun Monate. Unsere frühesten Prägungen. Düsseldorf: Walter.

Janosch (1985): Die Fiedelgrille und der Maulwurf. Zürich: Diogenes.

Janosch (1985a): Ich mach dich gesund, sagte der Bär. Die Geschichte, wie der kleine Tiger einmal krank war. Zürich: Diogenes.

Keller, H. (2009): Die Rolle positiver Emotionen in der frühen Sozialisation. Eine kulturvergleichende Analyse. Psychotherapeut, 54 (2), S. 101–110.

Keupp, H. (2000): Eine Gesellschaft der Ichlinge? Zum bürgerschaftlichen Engagement von Heranwachsenden. Sozialpädagogisches Institut im SOS-Kinderdorf e. V., München: Eigenverlag.

Klein-Heßling, J., Lohaus, A. (1998): Bleib locker. Ein Stresspräventionsprogramm für Kinder im Grundschulalter. Göttingen, Bern, Toronto: Hogrefe.

Koskus-Gärtner, T. (2009): Was für Kinder wertvoll ist. Kinder willkommen heißen. In: Petzold, Th. D. (Hrsg.): Herz mit Ohren. Salutogenese und Sinn. Bad Gandersheim: Verlag Gesunde Entwicklung, S. 76–91.

Krapp, A., Weidenmann, B. (2001): Pädagogische Psychologie. Ein Lehrbuch (4., überarb. Auflage). Weinheim: Beltz.

Kraus, D., Duprée, T., Bölcskei, P. L. (2002): Erfahrungen mit dem Gesundheitsförderprogramm Klasse 2000. Prävention, 2, 44–47.

Krause, Ch. (1993): Strukturelle und inhaltliche Veränderungen im Selbstbild vom Kindergarten- bis Jugendalter. In: Hanckel, Ch., Gangnus, W. (Hrsg.), Schulpsychologie heute. Bonn: Dt. Psychologen-Verlag, S. 72–83.

Krause, Ch. (1996): Wie uns die Kinder sehen. Frankfurt a. M.: Peter Lang.

Krause, Ch. (1997): Die Entwicklung des schul-und lernbezogenen Selbstbildes in den ersten Schuljahren. Sein Einfluß auf die psychische Gesundheit junger Schülerinnen und Schüler. In: Ruoho, K., Steffen, M. (Hrsg.): Pädagogische Prophylaxe – Aspekte, Perspektiven, Möglichkeiten. University of Joensuu, Bulletins of the Faculty of Education, 66, S. 95–119.

Krause, Ch. (2007): Entwicklung und Veränderung des Zugehörigkeitsgefühls im Lebenslauf. In: Krause, Ch., Lehmann, N., Lorenz, R.-F., Petzold, T. D. (Hrsg.): Verbunden gesunden. Zugehörigkeitsgefühl und Salutogenese. Heckenbeck: Verlag Gesunde Entwicklung, S. 63–73.

Krause, Ch. (2008): Ohne Eltern geht es nicht. Handbuch zur Durchführung eines Elternkurses im Rahmen von Gesundheitsförderung. Bad Gandersheim: Verlag Gesunde Entwicklung.

Krause, Ch., Hannich, H.-J., Stückle, C., Widmer, C., Rohde, C., Wiesmann, U. (2000): Selbstwert stärken – Gesundheit fördern. Unterrichtsvorschläge für das 1. und 2. Schuljahr. Donauwörth: Auer-Verlag.

Krause, Ch., Wiesmann, U., Stückle, C., Widmer, C. (2001): Selbstwert stärken – Gesundheit fördern. Unterrichtsvorschläge für das 3. und 4. Schuljahr. Donauwörth: Auer-Verlag.

Krause, Ch., Wiesmann, U., Hannich, H.-J. (2004): Subjektive Befindlichkeit und Selbstwertgefühl von Grundschulkindern. Lengerich: Pabst Science Publishers.

Landesgesundheitsbericht 2002 »Gesundheit von Kindern und Jugendlichen in Nordrhein-Westfalen, S. 51. Zugriff am 25.1.2009 unter http://www.mags.nrw.de/08_PDF/002/gesundheitsbericht_kinder_jugendliche.pdf

Lazarus, R. S., Folkman, S. (1984): Stress, appraisal, and coping. New York: Springer.

Lebenslagen in Deutschland – Zweiter Armuts- und Reichtumsbericht des Deutschen Bundestages (2005): Zugriff am 25.1.2009 unter http://www.kinder-armut.de/

Lebenslagen in Deutschland – Der 3. Armuts- und Reichtumsbericht der Bundesregierung (2008): Zugriff am 25.1.2009 unter http://www.bmas.de/coremedia/generator/26896/lebenslagen_in_deutschland_der_3_armuts_und_reichtumsbericht_der_bundesregierung.html

Lewis, M., Allessandri, S. M., Sullivan. M. W. (1990): Violation of expectancy, loss of control and anger expressions in young infants. Developmental Psychology, 28, pp. 58–63.

Lobe, M. (1972): Das kleine Ich bin ich. Erzählt von Mira Lobe. Gemalt von Susi Weigel. Wien: Verlag Jungbrunnen.

Lorenz, R. (2005): Salutogenese, Grundwissen für Psychologen, Mediziner, Gesundheits- und Pflegewissenschaftler. (2. Aufl.). München: Ernst Reinhardt.

Lorenz, R.-F. (2007): Die besondere Beziehung der Bindung. In: Krause, Chr., Lehmann, N., Lorenz, R.-F., Petzold, Th. D. (Hrsg.): Verbunden gesunden – Zugehörigkeitsgefühl und Salutogenese. Heckenbeck: Verlag Gesunde Entwicklung, S. 49–62.

Lorenz, R.-F. (2007a): Beziehung als Ressource – Zur gesundheitlichen Bedeutung der Beziehung. In: Krause, Chr., Lehmann, N., Lorenz, R.-F., Petzold, Th. D. (Hrsg.): Verbunden gesunden – Zugehörigkeitsgefühl und Salutogenese. Heckenbeck: Verlag Gesunde Entwicklung, S. 84–96.

Lorenz, R.-F. (2007b): Wie das Leben Edvard Munch zeichnete. Ein Kunst-Werk gegen die Einsamkeit. In: Krause, Chr., Lehmann, N., Lorenz, R.-F., Petzold, Th. D. (Hrsg.): Verbunden gesunden – Zugehörigkeitsgefühl und Salutogenese. Heckenbeck: Verlag Gesunde Entwicklung, S. 164–174.

Lorenz, R. (2007c): Salutogenese und 20 Jahre Ottawa Charta. Zur gesundheitlichen Bedeutung des Ressourcenpotenzials der Beziehung. In: Gesundheit Berlin-Brandenburg (Hrsg.): Dokumentation »Prävention für gesunde Lebenswelten – Soziales Kapital als Investition in Gesundheit«.

Lorenz, R.-F. (2008): Der systemische Charakter salutogenetischer Beziehungsgestaltung. In: Göpel, E., GesundheitsAkademie e. V. (Hrsg.): Systemische Gesundheitsförderung. Gesundheit gemeinsam gestalten. Bd. 3, Frankfurt a. M.: Mabuse-Verlag, S. 50–76.

Lorenz, R. (2008a): Was können wir noch tun? – Tanzen wir auf dem Seil über dem Abgrund oder leben wir in der Sicherheit der sozialen Eingebundenheit? In: Gesundheit Berlin-Brandenburg (Hrsg.): Dokumentation »Teilhabe stärken – Empowerment fördern – Gesundheitschancen verbessern!«.

Lorenz, R. (2009): Die salutogenetische Perspektive. In: Gesundheit Berlin-Brandenburg (Hrsg.): Dokumentation »Gerechtigkeit schafft mehr Gesundheit für alle!«.

Ludwig, P. (Hrsg.) (1997): Summerhill – Antiautoritäre Erziehung heute. Ist die freie Erziehung wirklich gescheitert? Weinheim: Juventa.

Maoz, B., Rabin, S., Katz, H. E., Matalon, A. (2006): Der zwischenmenschliche Ansatz in der Medizin. Die Arzt-Patienten-Beziehung. Berlin: Logos.

Marcel, G. (1978): Leibliche Begegnung. In: Kraus, A. (Hrsg.): Leib, Geist, Geschichte. Heidelberg: Hüthing, S. 47–73.

Martin, P. (2005): Making Happy People. The nature of happiness and its origins in childhood. London, New York: Fourth Estate.

Maslow, A.H. (1981): Motivation und Persönlichkeit. Reinbek: Rowohlt.

Massie, H., Bornstein, A., Afterman, J., Campbell, B. (1988): Inner themes and outer behavior in early childhood development. Psychoanalytic Study of the Child 43, pp. 213–242.

Meier-Oeser, S. (Hrsg.) (1997): Descartes. Ausgewählt und vorgestellt von Stephan Meier-Oeser. München: Diederichs Verlag.

Michaelis, D., Mikula, R. (2007): Integrale Pädagogik. Die Babuschkas tanzen in die Pädagogik hinein. Stuttgart: Ibidem-Verlag.

Nordquist, S. (2002): Wie Findus zu Pettersson kam. Hamburg: Oetinger.

Oerter, R., Montada, L. (Hrsg.) (2008): Entwicklungspsychologie (6. vollständig überarb. Auflage). Weinheim: Beltz.

O'Hanlon, W. H., Hexum, A. L. (1994): Milton H. Ericksons gesammelte Fälle. Stuttgart: Klett-Cotta.

Ondracek, P., Romanenkova, L., Rückert, N. (2006): Bewältigung von Belastungen. In: Rückert, N., Ondracek, P., Romanenkova, L.: Leib und Seele: Salutogenese und Pathogenese. Berlin: Frank & Timme, S. 19–31.

Papoušek, M. (2007): Das Baby will vor allem eines: verstehen! Psychologie heute, 34/7, S. 39–43.

Papoušek, H., Papoušek, M. (1992): Vorsprachliche Kommunikation: Anfänge, Formen, Störungen und psychotherapeutische Ansätze. Integrative Therapie 1–2, S. 139–155.

Paulus, P. (2000): Schulische Prävention und Gesundheitsförderung. In: Paulus, P., Brückner, G. (Hrsg.): Wege zu einer gesünderen Schule. Handlungsebenen-Handlungsfelder-Bewertungen. Tübingen: DGVT.

Petzold, H. (1993): Integrative fokale Kurzzeittherapie (IFK) und Fokaldiagnostik – Prinzipien, Methoden, Techniken. In: Petzold, H., Sieper, J. (Hrsg.): Integration und Kreation. Modelle und Konzepte der Integrativen Therapie, Agogik und die Arbeit mit kreativen Medien. Paderborn: Junfermann, S. 267–339.

Petzold, H. G. (1997): Das Ressourcenkonzept in der sozial-interventiven Praxeologie und Systemberatung. Integrative Therapie 4, S. 435–471.

Petzold, H. G. (2003): Integrative Therapie. Modelle, Theorien und Methoden für eine schulenübergreifende Psychotherapie. Bde. 1, 2 und 3 (2. Auflage). Paderborn: Junfermann.

Petzold, H., Goffin, J. J. M., Oudhof, J. (1993): Protektive Faktoren und Prozesse – die »positive« Perspektive in der longitudinalen, »klinischen Entwicklungspsychologie« und ihre Umsetzung in die Praxis der Integrativen Therapie. In: Petzold, H. (Hrsg.): Frühe Schädigungen – späte Folgen? Psychotherapie und Babyforschung. Paderborn: Junfermann, S. 345–497.

Pfeiffer, C., Kleimann, M. (2006): Medienkonsum, Schulleistungen und Jugendgewalt. tv diskurs, 2 (10), 42–47.

Pingsten, A. (1999): Grundformen der Salutogenese bei Thomas Manns Felix Krull. Inaugural-Dissertation Universität Würzburg.

Popper, K. R. (1997): Alles Leben ist Problemlösen. Über Erkenntnis, Geschichte und Politik (3. Auflage). München: Piper.

Portman, A. (1951): Biologische Fragmente zu einer Lehre vom Menschen. Basel: Walter.

Rauh, H. (2008): Vorgeburtliche Entwicklung und frühe Kindheit. In: Oerter, R., Montada, L. (Hrsg.): Entwicklungspsychologie (6. vollständig überarb. Auflage). Weinheim: Beltz, S. 149–224.

Ravens-Sieberer, U., Ellert, U., Erhart, M. (2007): Gesundheitsbezogene Lebensqualität von Kindern und Jugendlichen in Deutschland. Bundesgesundheitsbl. – Gesundheitsforsch. – Gesundheitsschutz, 5/6, S. 810–818.

Roth, G. (2003): Aus Sicht des Gehirns. Frankfurt a. M.: Suhrkamp.

Roth, G. (2008): Möglichkeiten und Grenzen von Wissensvermittlung und Wissenserwerb. Erklärungsansätze aus Lernpsychologie und Hirnforschung. In: Caspary, R. (Hrsg.): Lernen und Gehirn (5. Auflage). Freiburg: Herder, S. 54–69.

Rosenthal, R., Jacobsen, L. (1968): Pygmalion in the classroom. New York: Holt. (Dt.: Pygmalion im Unterricht. Weinheim: Beltz, 1971)

Rudow, B. (1994): Die Arbeit des Lehrers. Zur Psychologie der Lehrertätigkeit, Lehrerbelastung und Lehrergesundheit. Göttingen: Huber.

Rückert, N. (2006): Kategorien zur Orientierung. In: Rückert, N., Ondracek, P., Romanenkova, L., Leib und Seele: Salutogenese und Pathogenese. Berlin: Frank & Timme, S. 19–31.

Salisch, M. von (2000): Wenn Kinder sich ärgern. Emotionsregulierung in der Entwicklung. Göttingen: Hogrefe.

Satir, V. (1994): Kommunikation, Selbstwert, Kongruenz. Konzepte und Perspektiven familientherapeutischer Praxis (4. Auflage). Paderborn: Junfermann.

Schiffer, E. (2001): Wie Gesundheit entsteht. Salutogenese: Schatzsuche statt Fehlerfahndung. Weinheim: Beltz.

Schmitz, H. (1986): Phänomenologie der Leiblichkeit. In: Petzold, H. (Hrsg.): Leiblichkeit. Philosophische, gesellschaftliche und therapeutische Perspektiven. Paderborn: Junfermann, S. 71–106.

Schneewind, K. A. (2008): Sozialisation und Erziehung im Kontext der Familie. In: Oerter, R., Montada, L. (Hrsg.): Entwicklungspsychologie (6. vollständig überarb. Auflage). Weinheim: Beltz.

Schulz-Jander, E. M. (2008): Von Kassel nach Haifa. Die Geschichte des glücklichen Juden Hans Mosbacher. Kassel: Euregio-Verlag.

Shavelson, R., Hubner, J., Stanton, G. (1976): Self-concept: Validation of construct interpretations. Review of Educational Research, 46, pp. 407–441.

Short, D., Weinspach, C. (2007): Hoffnung und Resilienz. Therapeutische Strategien von Milton H. Erickson. Heidelberg: Carl-Auer-Systeme Verlag.

Siefer, W., Weber, C. (2006): Ich. Wie wir uns selbst erfinden. Frankfurt a. M. und New York: Campus.

Singer, W. (2002): Der Beobachter im Gehirn. Essays zur Hirnforschung. Frankfurt a. M.: Suhrkamp.

Spiegel Special: Was Kinder klug & glücklich macht. NR. 7/2008.

Spitzer, M. (2000): Erfolgreich lernen in Kindergarten und Schule. DVD.

Spitzer, M. (2002): Lernen. Gehirnforschung und die Schule des Lebens. Heidelberg, Berlin: Spektrum.

Spitzer, M. (2007a): Erfolgreich lernen in Kindergarten und Schule. DVD: Auditorium Netzwerk.

Spitzer, M., Bertram, W. (Hrsg.) (2006): Braintertainment. Expeditionen in die Welt von Geist und Gehirn. Stuttgart: Schatthauer.

Tao, Z. (2008): Ernährungsverhalten und Essstörungsgefahr bei chinesischen Jugendlichen. Eine epidemiologische Studie über Gewichtssorgen, gewichtsregulierende Maßnahmen und andere Einflussfaktoren in Bezug auf ihre Volksgruppen sowie ihre EAT- und BMI-Werte. Dissertation, Sozialwissenschaftliche Fakultät der Universität Göttingen.

Thomas, A., Chess, S. (1980): Temperament und Entwicklung. Stuttgart: Enke.

Uexküll, T. von, Wesiack, W. (2008): Integrierte Medizin als Gesamtkonzept der Heilkunde. Ein bio-psycho-soziales Modell. In: Uexküll, T. von: Psychosomatische Medizin. Modelle ärztlichen Denkens und Handelns (6. Auflage). München: Elsevier, S. 3–42.

UNICEF-Bericht zur Lage von Kindern in Deutschland (2007): Zugriff am 25.1.2009 unter unter http://www.unicef.de/5497.html.

UN-Kinderrechtskonvention vom 20. November 1989. Zugriff am 25.1.2009 unter http://www.aufenthaltstitel.de/unkinderrechtskonvention.html#3

Watzlawick, P., Beavin, J. H., Jackson, D. D. (1990): Menschliche Kommunikation. Bern: Huber. (Originalausgabe: Pragmatics of Human Communication. A Study of Interactional Patterns, New York, 1967)

Weick, K. E. (1995): Sensemaking in organizations. Thousand Oaks, CA: Sage.

Weis, J. (1996): Das Konzept der Salutogenese in der Psychoonkologie. In: Bartsch, H. H., Bengel, J. (Hrsg.): Salutogenese in der Onkologie. Basel: Karger.

Weiß, H. (2007): Frühförderung als protektive Maßnahme – Resilienz im Kleinkindalter. In: Opp, G., Fingerle, M. (Hrsg.): Was Kinder stärkt. Erziehung zwischen Risiko und Resilienz (2. Auflage). München und Basel: Reinhardt, S. 158–174.

Werner, E. E. (2005): What can we learn about resilience from large-scale longitudinal studies? In: S. Goldstein, R. Brooks (Eds.): Handbook of resilience in children. New York: Kluwer Academic.

Werner, E. E., Smith, R. S. (1982): Vulnerable but invincible: A longitudinal study of resilient children and youth. New York: McGraw-Hill.

Wild, B. (2006): Humor ernst genommen. Lächeln, Erheiterung und das Gehirn. In: Spitzer, M., Bertram, W. (Hrsg.) (2006): Braintertainment. Expeditionen in die Welt von Geist und Gehirn. Stuttgart: Schatthauer.

World Health Organization (1994): Ottawa Charta zur Gesundheitsförderung. In: Forschung aktuell. Sonderheft Gesundheitswissenschaften. TU Berlin, Public Health.

World-Vision-Studie: Kinder in Deutschland 2007. Zugriff am 25.1.2009 unter http://www.worldvisionkinderstudie.de

Hilfen für Eltern und Kinder

V&R

Arist von Schlippe /
Michael Grabbe (Hg.)
**Werkstattbuch
Elterncoaching**
Elterliche Präsenz und gewaltloser
Widerstand in der Praxis
2007. 292 Seiten mit 4 Abb. und 6 Tab.,
kartoniert. ISBN 978-3-525-49109-6

Peter Bünder / Annegret Sirring-
haus-Bünder / Angela Helfer
**Lehrbuch der Marte-Meo-
Methode**
Entwicklungsförderung mit
Videounterstützung
Mit einem Vorwort von Arist von Schlip-
pe. 2009. 410 Seiten mit 21 Abb. und
14 Tab. sowie einer DVD, gebunden
ISBN 978-3-525-40206-1

Christian Hawellek /
Arist von Schlippe (Hg.)
**Entwicklung unterstützen
– Unterstützung entwickeln**
Systemisches Coaching nach dem
Marte-Meo-Modell
2005. 263 Seiten mit 32 Abb. und 8 Tab.,
kartoniert. ISBN 978-3-525-46227-0

Martin Baierl
**Familienalltag mit psychisch
auffälligen Jugendlichen**
Ein Elternratgeber
2009. 240 Seiten mit 18 Tab., kartoniert
ISBN 978-3-525-40413-3

Matthias Franz
**PALME – Präventives
Elterntraining für
alleinerziehende Mütter**
Geleitet von Erzieherinnen und Erziehern
Unter Mitarbeit von Tanja Buddenberg,
Jörn Güttgemanns, Daniela Rentsch.
2., ergänzte Auflage 2009. 466 Seiten mit
28 Abb., 3 Tab. und einer CD, gebunden
ISBN 978-3-525-40405-8

Jo Eckardt
Kinder und Trauma
Was Kinder brauchen, die einen Unfall,
einen Todesfall, eine Katastrophe,
Trennung, Missbrauch oder Mobbing
erlebt haben
2005. 160 Seiten mit 2 Tab., kartoniert
ISBN 978-3-525-46225-6

Ulrike Schäfer / Wolf-Dieter Gerber
**AD(H)S – Die
Aufmerksamkeitsdefizit-
Hyperaktivitätsstörung**
Ein Ratgeber für Eltern, Erzieher und
Lehrer
2007. 125 Seiten mit 16 Abb., kartoniert
ISBN 978-3-525-46252-2

Ulrike Schäfer / Eckart Rüther
Heile Seelen
Was macht die Psyche gesund, was
macht sie krank
2007. 239 Seiten mit 13 Abb. und 13
Tab., kartoniert
ISBN 978-3-525-46254-6

Vandenhoeck & Ruprecht

Kinder- /Jugendlichentherapie

V&R

Christoph Möller
JUGEND SUCHT
Ehemals Drogenabhängige berichten

Mit einem Vorwort von Rainer Thomasius
und einem Grußwort von Doris Schröder-
Köpf. 3., erweiterte Auflage 2009. 120
Seiten, kartoniert
ISBN 978-3-525-49123-2

Ornella Garbani Ballnik
Schweigende Kinder
Formen des Mutismus in der pädagogischen und therapeutischen Praxis

2009. 293 Seiten mit 4 Abb. und 3 Tab.,
kartoniert
ISBN 978-3-525-40201-6

Barbara Bräutigam
Die Heilungskräfte
des starken Wanja
Kinder- und Jugendliteratur in der
Beratung und Therapie mit Kindern und
Jugendlichen

Mit einem Vorwort von Jochen Schweitzer.
2009. 186 Seiten, kartoniert
ISBN 978-3-525-40202-3

Jürgen Hardt / Uta Cramer-Düncher /
Matthias Ochs (Hg.)
Verloren in virtuellen Welten
Computerspielsucht im Spannungsfeld
von Psychotherapie und Pädagogik

2009. 152 Seiten mit 11 Abb. und 8 Tab.,
kartoniert
ISBN 978-3-525-40205-4

Nina Heinrichs / Lars Behrmann /
Sabine Härtel / Christoph Nowak
Kinder richtig erziehen
– aber wie?
Eine Auseinandersetzung mit bekannten
Erziehungsratgebern

2007. 159 Seiten mit 3 Abb. und 7 Tab.,
kartoniert. ISBN 978-3-525-49117-1

Susanne Singer / Elmar Brähler
Die »Sense of Coherence Scale«
Testhandbuch zur deutschen Version

Unter Mitarbeit von Jörg Schumacher und
Gabriele Schmutzer.
2007. 104 Seiten mit 3 Abb. und 14 Tab.,
kartoniert. ISBN 978-3-525-49126-3

Claudia Beckert-Zieglschmid /
Elmar Brähler
Der Leipziger Lebensstilfrage-
bogen für Jugendliche (LLfJ)
Ein Instrument zur Arbeit mit
Jugendlichen. Das Handbuch

2007. 143 Seiten mit 2 Abbildungen und
zahlreichen Tabellen, kartoniert
ISBN 978-3-525-49107-2

Rolf Haubl / Frank Dammasch /
Heinz Krebs (Hg.)
Riskante Kindheit
Psychoanalyse und Bildungsprozesse

Schriften des Sigmund-Freud-Instituts. Reihe 3, Band 4. 2009. 283 Seiten mit 5 Abb.,
kartoniert. ISBN 978-3-525-45414-5

Vandenhoeck & Ruprecht